- 김도언 인터뷰집 -

v o l . 1

<김도언 인터뷰집>

법치주의 공화국의 사제들 _ *vol. 1*

초판인쇄	2025년 8월 29일
초판발행	2025년 9월 12일
지은이	김도언
발행인	이수형
발행처	(주)법률신문사
출판등록	1980. 4. 22 제6-46호
주소	서울특별시 서초구 서초대로 396, 1402호
대표전화	02-3472-0602~5
팩스	02-3472-0606
홈페이지	www.lawtimes.co.kr

ISBN	979-11-5919-051-3 (03810)
정가	19,000원

- 김도언 인터뷰집 -

v o l . 1

법치주의 공화국의 사제들

법치와 정의의 올바른 방향을 탐색하다

인터뷰어의 말

〈법률신문〉 대표 이수형 선생님의 뜻밖의 제안으로 시작된 인터뷰였다. '시인이 만나는 법'이라는 타이틀로 한 달에 한두 번씩 법률가들을 만나 그들의 이야기를 잘 듣고 독자들에게 전해달라는 것이었다. 내가 받아들이기로는 '시인이 만나는 법'에서 '법'은 중의적 의미를 지니는 것인데 말 그대로 법률이기도 하지만 방식(How)이나 스킬이기도 하다. 언어와 컨텍스트의 관계를 통찰하는 그 탁월한 감각이 내게 풍요로운 모티프를 안겨주었다.

그래서 2년 동안 60명의 법률가와 법학자를 만났다. 인터뷰이 중에는 법이 내포하는 세계의 외연에서 자유로울 수 없는 분들도 있었다. 이를테면 〈제국의 위안부〉라는 책을 펴낸 이후 명예훼손 혐의로 피소돼 장장 10년에 걸친 투쟁을 감당했던 박유하 교수님이 그렇다.

아무려나 적수공권에 불과하지만 문학적 자의식과 오만으로 가득했던 나는, 그래도 이 땅에서 제일가는 엘리트들이라는 법률가들을 만나고 그들의 이야기를 들으면서 감겨져 있던, 뜨고 싶어도 뜰 수 없었던 눈꺼풀이 조금씩 열리는 느낌을 받았다. 개안이었다고나 할까.

내가 인터뷰이들로부터 배운 것은 법이라는 것이 일정한 전문 분야의 독점적이고 배타적인 지식체계로 존재하지 않는다는 것이었다. 법은 생활과 생계를 매우 직접적인 방식으로 제어하는 동시에 격렬한 영감을 안겨주는 '존재론'이었다. 모든 개인은 존엄과 자유를 추구하기 마련이고 그것은 특히 문학이 앞서서 주장하는 것인데, 그 또한 법과의 대화나 조율을 통해서 확장되거나 보장되었다는 명백한 사실 앞에서 나 같은 문학주의자는 얼마간 겸허해질 수밖에 없었다.

그간 숱한 예술가, 작가, 석학 등을 인터뷰해온 입장에서 말하자면 인터뷰는 사실 상호간 매우 격렬한 내면투쟁이다. 인터뷰 대상이 되는 이의 상처와 욕망을 깊이 들여다보려는 인터뷰어와 그걸 자신이 원하는 만큼만 드러내려는 인터뷰이 사이에 긴장이 생긴다. 나는 그걸 오로지 선의를 가지고 허물어뜨리려고 노력했는데, 적잖은 인터뷰이들이 인터뷰 도중 무장을 해제하는 걸 느낄 수 있었다. 다른 게 아니고 그게 내 보람이었다.

다채로운 서사를 통해 삶과 세계의 원리를 가르쳐준 인터뷰이들께 이 자릴 빌어 깊이 감사드린다. 아울러 인터뷰를 맡겨주신 〈법률신문〉 이수형 선생님과 지속적인 응원을 해주신 이재열 부사장님, 인터뷰 진행을 도와주신 〈법률신문〉 기자님들, 이 책의 편집을 맡아주신 최효선 님께도 각별한 안부인사를 올린다. 그리고 이제 겨우 안도하고 술 한잔 마신다.

2025년 처서, 새절 주옥(酒屋)에서

김도언

차 례

vol.1

김도언 인터뷰집

법치주의 공화국의 사제들

01

헌법적 시선으로 법을 살펴볼 때 사회적 진보가 가능할 것

김진한

법무법인한결 변호사(현 클라스한결 변호사)

인터뷰이에 대해서 사전에 숙지한 정보는사법시험에 합격한 이후에도 꾸준히 헌법을 공부해 국내대학에서 박사학위를 받고 로스쿨 교수로 일하다가 다시 유학을 선택, 독일에서 두 번째 박사학위를 받고 막 돌아와서 로펌에 합류한 분이라는 것이었다.

처음 마주보고 앉았을 때 그는 "제 삶에 극적인 게 없는데 어떡하죠." 라고 말했다. 그 말을 듣고 나는 그에 대한 나름의 직관력이 발동했다. 오늘의 인터뷰이는 매우 섬세하면서도 조밀한 자의식을 가진 사람일 거

김진한 변호사는
2024년 12월 3일
윤석열 대통령의 계엄 선포와
국회의 탄핵 의결에 따른
윤 대통령의 헌법재판소 탄핵심판
과정에서 국회 측 변호인단에 합류,
특유의 전문성을 발휘하며
탄핵이 인용되는 데 일조를 했다.

라는. 그리고 이 자의식은 대체로 타인보다는 자신을 삼엄하게 살피는 데 쓰이고 있을 거라는.

아버지는 제주도에서 빈농으로 살다가 젊은 시절 가난뿐인 고향을 탈출해 상경한 후 사업을 도모했다고 한다. 모험심이 많은 분이어서 남들이 안 한 사업을 했는데, 성북동 산골짜기에서 자동차학원을 시작했다는 것이다. 거의 우리나라 최초의 자동차학원이었다고 했다. 김진한 변호사(55·사법연수원 29기)는 그곳에서 태어났다. 주변에 민가가 거의 없는, 그러니까 도시공동체가 형성되어 있지 않은 한적한 산골에서 외롭게 자랐다는 것이다.

"아버지는 책임감과 성실함을 갖고 악착같이 일을 해 돈을 벌었고 그렇게 번 돈으로 고향인 제주도에 조금씩 농장 부지를 매입했어요. 그러곤 장년 이후에 제주도(제주시 아라동)에서 처음으로 감귤농장을 시작하셨죠. 일을 너무 열심히 하셨는지 병을 얻고는 제가 고등학교 2학년 때 작고하셨는데, 그 직전에 평생 일군 농장을 제주대학교에 장학금으로 기증하셨어요. 그 농장부지에는 현재 제주대학병원이 들어서 있고, 거기 한 귀퉁이에 아버지의 흉상이 서 있어요."

자부심으로 상기돼도 허물이 아닐 이런 말을 그는 별 표정 없이 담담하게 이야기했다. 그런데 그가 속울음을 삼키는 걸 나는 놓치지 않고 보았다. 김 변호사는 땀으로 일군 재산을 다음 세대를 위해 기증하신 아버지의 삶이 압도적으로 다가왔다고 했다. 그리고 당신의 삶이 자신에게 삶의 윤리적 척도가 되었다는 것이다. 지금은 해소되었지만, 아버지의 삶이 하나의 기준이 되면서 사람에 대한 기대치가 엄격해져 타인을 다소 까다롭게 보는 단점이 생긴 적도 있다고 했다. 그는 법학과에 들어간 경위도 단출하게 설명했다.

"한번도 법학을 생각해본 적이 없고 역사에 관심이 많았어요. 고등학교에 훌륭하신 역사선생님이 계셨거든요. 그런데 학력고사를 치르고 나니 갑자기 공부만 해야 하는 삶이 좀 갑갑하게 느껴졌어요. 그즈음 모교를 찾아온 졸업선배들이 법학과를 권유하는 걸 듣고는 법학과를 가게 됐어요. 선배들 말이 법학과를 졸업하면 여러 진로를 선택하는 게 가능하다는 거예요."

그렇게 법학과에 간 그는 적성이 맞지 않다는 걸 깨닫고는 꽤나 방황을 했다고 했다. 학보사에 적을 둔 채 전공과 불화하면서 시간을 보내다가 복학한 이후 헌법의 매력에 빠져서 사법시험을 보게 되었다는 것이다.

"복학을 앞두고 유럽으로 4개월 간 배낭여행을 다녀왔어요. 잠은 기차에서 자고 발이 움직이는 대로 다녔죠. 제가 사실은 자신감도 없고 내성적인 편인데, 배낭여행을 통해서 삶에 대한 시각이 많이 바뀌었어요. 적응한 도시에서 다시 미지의 도시로 옮겨가고 다시 그 도시에 적응했다 싶으면 다시 두려움을 안고 다른 도시로 떠나는 여정을 반복하면서 미래에 대한 불안 같은 걸 떨쳐버릴 수 있었어요. 그 여행을 마치고 돌아와서 '삶이라는 게 이런 거구나, 전문가가 되어 세상에 기여하는 것도 의미가 있겠다'는 생각이 들어서 사법시험을 준비하게 됐어요."

그때 결정적인 계기가 되었던 게 헌법재판소 결정문이었단다.

"헌법재판소 결정문 중 특히 반대의견을 읽으면서 숨구멍을 찾은 기분이었어요. 당시는 전두환 정권이 끝난 지 얼마 안 됐을 때인데 여전히 획일적인 정답만 강요되고 정답에서 벗어나면 비난을 받는 시대였어요. 그런데 헌법을 만나면서 비로소 정답만이 아닌 자유를 상상할 수 있게 되었어요."

그렇다면 그때 헌법은 이 사변적 이상주의자에게 복음 같은 것이었는지도 모르겠다. 당시는 사회주의와 냉전체제의 붕괴 조짐이 보이고 이데올로기라는 이상의 허울이 벗겨지기 시작한 때였다. 20대 초반에 내면지향적인 그에겐 여러 모로 자신의 정수를 아낌없이 쏟을 새로운 이데아가 필요했을 것이다. 헌법에 어지간히 매료됐던지 그는 연수원 졸업 후 특이하게도 헌법재판소 연구관을 지원한다. 결국 그는 동기 중 다른 한 명과 함께 유이하게 헌법재판소 연구관이 된다. 그에게 초창기에서 지금까지 헌법재판소의 위상이나 역할의 변화와 이를 바라보는 우리 사회의 시선을 물었다.

"헌법재판소는 한국 민주주의에 결정적인 기여를 했다고 생각해요. 권력자가 권력을 행사할 때 그것이 옳은 것인지를 돌아보게 하고, 시민들로 하여금 그게 맞느냐고 질문을 던지게 했죠. 죽어 있던 헌법을 살아 있는 헌법으로 만든 게 헌법재판소라고 생각해요. 그런데 아쉬움도 있어요. 헌법재판소는 법률의 위헌성 여부만 판단하거든요. 그런데 법을 만드는 사람들도 헌법의 위반 여부를 생각하면서 입법을 하는데, 헌법에서 공백으로 남아 있는 게 판례거든요. 대법원 판례야말로 국민의 일상생활에 지대한 영향을 미치는 것인데 이 판례를 헌법재판소는 판단이나 견제 대상으로 삼고 있지 않아요. 그래서 옛 권위주의 시대 판례들이 지금도 그대로 쓰이는 경우가 있어요. 헌법재판소가 대법원 판례를 견제할 수 있을 때 대법원도 헌법에 위배되는지를 더 진지하게 돌아보게 될 거고 결과적으로 그 이익이 시민들에게 돌아갈 거라고 생각해요."

대한민국 헌법은 제정 이후 지금까지 아홉 차례 개정됐다. 그런데 그 개정의 모티프가 죄다 권력의 선출 형식과 집권과 통치의 내용을 규정한 것에 집중돼 있다. 이를테면 직선제를 통해 대통령직의 유지를 도모한 발췌개헌(이승만), 내각책임제 개헌(허정), 3선개헌(박정희), 선거인단 간접선거 개헌(전두환), 5년 단임 대통령 직선제 개헌(노태우) 등이 그것이다. 현재 군불이 지펴지고 있는 개헌 논의도 대통령제를 어떻게 수정 보완할 것인가에만 초점이 맞춰져 있다. 법치주의의 기본 목적이 국민의 자유와 행복에 있고 헌법이 그 바탕이 되는 거라면 이처럼 권력 작동 방식뿐 아니라 기본권 같은 좀더 포괄적인 측면에서 개헌 논의가 전개되는 것이 바람직하지 않겠냐는 다분히 유도성 짙은 질문을 그에게 던졌다.

"비유적으로 말하면 시계 안에 톱니바퀴가 많고 그 톱니바퀴 하나하나가 권력인데, 그것이 잘 맞물려 돌아가면 우리 사회가 진보하는 것이고 그렇지 않으면 문제가 발생하는 건데요. 제대로 돌아가지 않는 톱니바퀴는 교체를 해줘야 하거든요. 대통령제라는 톱니바퀴가 있는데, 이것이 제멋대로 돌아간다면 이 톱니바퀴를 제어하는 또 다른 톱니바퀴를 만들어야 해요. 그것이 헌법개정의 역할인 거죠. 지금까지의 개헌은 계속 대통령 이야기만 했어요. 대통령제가 제대로 돌아가게 하려면 대통령제뿐만 아니라 다른 권력기관이나 시스템까지도 함께 들여다봐야 하거든요. 매번 대통령이 실패하는 걸 지켜보았다면 이제는 우리 권력구조의 아킬레스건을 제대로 논의해야 한다고 생각해요."

김 변호사의 말은 그대로 받아 쓰기만 해도 완벽한 문장이 될 만큼 적확하고 비유와 논리 또한 풍요로워서 헌법에 과문한 인터뷰어가 이해하기 수월했다. 자신의 생각을 치밀한 사변과 언설로 머뭇거리지 않고 표현하는 그는 자신을 모범생이라기보다는 아웃사이더라고 표현했는데, 타성에 젖어 있는 인사이더들에게 각성과 영감을 안겨줄 말이 가득했다.

세속적 관점에서 역시나 가장 화제가 될 만한 그의 경력은 박사학위를 두 개나 취득했다는 것이다. 첫 번째 학위는 모교인 고려대에서 취득했는데, 미국연방대법원 제도를 연구한 것이다. 그 계기와 과정이 궁금했다.

"제가 속해 있던 헌법재판소가 미국연방대법원을 공부하기로 했고 제가 미국에 파견을 가게 됐어요. 그게 계기가 되어 미국연방대법원 시스템을 공부하게 됐죠. 미국의 연방대법원은 (얼마 전에 낙태를 불법으로 판단해서 과거로 회귀하는 모습을 보여주긴 했지만) 기본적으로는 자유를 확대해오는 노력을 해왔거든요. 한 해에 1만 건이 넘는 수많은 사건이 들어오는데, 제 연구 논문은 이 중에서 어떤 사건을 심의할 것인지를 결정할 때 그 과정에서 어떤 것들이 고려되고 참작되는지 등을 깊이 들여다본 거예요."

박사과정 중 영광스럽게도 인하대 로스쿨 교수로 임용되었는데, 돌연 그는 3년이 지나 그 자리를 내려놓는다. 그러고는 가족과 함께 독일행 비행기에 오른다.

"로스쿨 교수로서 학생들과 눈마주치는 게 참 좋았어요. 제가 무대공포증 같은 게 있고 그게 일종의 콤플렉스였는데, 교수로 일하는 동안 많이 극복됐어요. 그런데 어느 순간 오버페이스를 했는지 번아웃 같은 게 오더라구요. 그리고 마음속에 있었던 버킷리스트가 살아났어요. 헌법책 쓰는 것, 그리고 아이들이 더 크기 전에 가족들과 함께 자유롭게 살고 싶은 것, 그리고 공부를 더 하고 싶은 것이 그거였어요. 그걸 더 늦기 전에 실행에 옮긴 거죠. 그런데 출근할 곳이 없고 명함이 없는 삶이라는 게 얼마나 나 자신을 위축시키는지를 실감하고는 후회를 할 때도 있었어요."

그는 그 생활을 알심 있게 7년간 밀어붙인다. 그러고는 독일연방헌법재판소의 제도와 운영 등을 연구해 법학박사 학위를 받아든다. 그러니까 그는 미국연방대법원과 독일연방헌법재판소를 깊이 톺아본 우리나라에서는 유일한 법률가라고 할 수 있다. 독일 유학을 준비하면서 장학재단 같은 곳에 지원금을 신청해볼까도 생각해봤는데, 그만두었단다. 그는 자신보다 여유가 없고 더 젊은 친구들에게 지원금이 돌아가는 게 바람직하다고 생각했다는 것이다. 그는 유학 비용 일체를 모두 자비로 충당하는데, 선친이 남겨주신 자산을 거기에 썼다고 했다. 그러니까 선친의 유산을 한국 헌법의 미래를 위해 투자한 셈이다.

그렇다면 그가 인생의 기로에서 중요한 판단과 결정을 할 때 가장 상위에 두는 가치나 기준은 무엇일까. 아마도 선친의 삶이 보여준 무언의 유훈 때문인지, 그가 세속적인 이해나 이익을 좇지 않았던 것은 분명해 보인다.

"비록 내성적이긴 하지만 저에게는 제 가슴을 뛰게 하는 것, 저의 내면이 요구하는 것을 따르는 모험심이랄까 도전 정신 같은 게 있는 것 같아요. 그럴 경우엔 그 길로 가는 걸 주저하지는 않았어요. 마음이 끌리지 않는 것에 인생을 낭비하고 싶지 않다는 생각을 했던 것 같아요. 딱딱한 빵을 오래 씹으면 단맛이 나는 것처럼 선택한 길을 꾸준하게 걸으면서 삶의 유의미한 가치를 남기고도 싶었어요. 그러면서 이 세상이

1밀리미터라도 나아지는 데 보탬이 되면 좋겠다고 생각했죠."

독일에서 박사학위를 받고 돌아온 그는 최근 취직을 했다. 법무법인 한결이 그곳이다. 헌법 전문가인 변호사는 로펌에서는 그닥 환영을 받지 못하는 게 현실이다. 법조계에 들어온 이후 변호사 업무를 보는 것이 처음인 그는 자신이 가진 경쟁력을 뭐라고 선전할 수 있을까.

"우선 헌법 소원을 대리할 수도 있는데요, 사실 헌법은 모든 법에 적용될 수 있거든요. 형법을 다룰 때도 이런 처벌이 정당한가 차별적이지 않은가, 이런 걸 헌법적으로 깊이 들여다볼 수 있습니다. 다른 법을 많이 공부할 기회는 없었지만 헌법적인 시선으로 다른 법을 성찰할 수 있는데 저는 그게 상상력이라고 생각해요. 판례를 적용하는 데 급급한 게 아니라 새로운 상상력을 발휘하는 게 우리나라 법조인들의 과제라고 생각하거든요. 헌법적인 관점을 확대하고 확산시키는 역할을 하고 싶어요. 물론 다른 변호사님들께 많이 배워야 한다는 생각도 하고 있구요. 속으로는 저를 쓰지 않는 로펌은 손해를 보는 것이다라는 생각을 하기도 했어요.(웃음)"

헌법 전문가로서 단단한 자긍심이 느껴지는 그에게 다소 불편한 질문을 던졌다. 헌법을 바라보는 우리 사회의 시선이나 의식은 꾸준히 진화하고 있는데, 왜 사회구성원간의 갈등은 조금도 줄어들지 않고 있는지를. 아니 왜 오히려 증폭되고 있는지를.

“법조인들이 잘못하고 있는 게 있는데요. 알게 모르게 엘리티즘의 구속을 받고 있다는 거예요. 일반 시민의 삶의 형편을 제대로 살피려 하지 않고, 기존 판례가 가장 지혜로운 판결이라고 믿는 거예요. 거기서 법과 현실의 괴리가 발생하고 억울한 일을 당하는 사람들이 나오죠. 법원은 구제기관인데, 법으로부터 억울한 일을 당하면 구제받을 방법이 없거든요. 거기서 설움과 분노 같은 것이 집단적으로 계속 누적된 게 아닌가 싶어요.”

그의 진단은 우리 사회 시스템의 근본적 문제에까지 거침없이 나아갔다.

“우리사회에 왜 이태원 참사 같은 일들이 반복될까. 현장에 경찰관이 있었고 그가 울면서 사람들을 통제하려고 했지만 그게 현장에서 먹히지 않았거든요. 그런데 만약 대통령이 그렇게 말했다면 사람들이 똑같은 반응을 보였을까요. 우리 사회는 발화자의 계급이나 권위에 따라 진리가 결정되는 경향이 있어요. 현장에 있는 경찰관의 말이 가장 진리에 근접해 있는데 그의 말은 무시가 되는 거예요. 안개가 자욱한 밤바다의 함대 조타수가 등대지기의 말을 듣지 않고 제독의 말을 따르면 어떻게 될까요. 거기선 권위나 계급이 중요한 게 아니라 진리를 가장 잘 알고 있는 사람의 말이 중요하거든요.”

역사에 깊은 소양이 있는 만큼 그는 독일 현대사를 비유로 들었다. 고전적 문화민족이라는 것에 도취된 나머지 서구 민주주의 전통이 척박한 독일에서 1차 세계대전 패배 후 민주주의 정착을 위해 애썼던 독일 대통령 프리드리히 에버트가 남겼다는 "민주주의를 위해서는 민주주의자가 필요하다"는 말을 들려준 것. 에버트가 죽은 후 집권한 괴물이 바로 히틀러라고 했다. 민주주의가 법치와 함께 한 국가에 정착되는 과정의 험난함을 설명하기 위해서였다.

김 변호사는 헌법이 중심이 되어 우리 사회의 기본권이 계속 진화하기 위해서는 변호사들의 역할이 중요하다는 걸 강조하기도 했다.

"미국에서는 우리나라로 치면 김앤장이나 태평양에 해당하는 대형로펌에서는 기본권이나 인권 이슈가 첨예한 사회적 사건에는 일급 변호사들이 달려들어서 일을 해요. 특히 연방대법원의 사건의 경우에는 무료로 변론하는 경우도 허다해요. 그들은 그것이 자신들의 명예와 권위가 달려 있다고 생각하거든요. 판례가 바뀌기 위해서는 변호사들이 주장을 해야 해요. 변호사들이 아무런 주장을 하지 않으면 대법원은 새로운 판례를 남기기가 어렵거든요. 변호사가 헌법에 대한 소신이 없어서 아무런 질문을 하지 않으면 판례는 바뀔 수가 없습니다."

마지막으로, 배석한 박수연 기자가 작년에 두 번 재판취소를 한 바 있는 헌법재판소 이야기를 꺼내며 그게 바람직한 것인지, 앞으로 헌재가 지향해야 할 방향이 어떠해야 하는지를 묻자 김 변호사가 망설임 없이 소신껏 답을 했다.

"궁극적으로는 재판취소가 가능해야 한다고 봐요. 기본권이 침해됐다고 봤을 때 제기하는 게 헌법소원인데, 그런 본질적인 것에 충실하면 좋을 것 같아요. 이를테면 대법원 판례 중 옛날 사고에 젖어서 기본권을 돌보지 못한 판단에 대해서 컨트롤하는 게 좋은데, 헌재에 대한 비판으로 들릴 수 있지만 최근의 재판취소는 대기업의 조세, 재산에 대한 것이었다는 게 조금 아쉽고요. 자유나 인권, 기본권이 걸린 문제에 대해선 좀 더 정면대결을 하면 좋을 것 같아요."

김 변호사는 끝까지 흐트러짐이 없었고, 법에 문외한인 인터뷰어를 배려했으며, 몸에 밴 겸손과 겸양을 보여주면서도 소신을 표현할 때는 과단성을 보여주기도 했다. 나는 그것이 헌법주의자의 모습일 거라고 생각했다. 헌법주의자는 다름 아닌 가장 헌신적인 이타주의자인 동시에 가장 완벽한 개인주의자일 거라고. 그리고 그 모습을 그에게서 보았다.

「법률신문 2023년 3월 13일자 게재」

헌법 만나면서
비로소 정답만이 아닌 자유를
상상할 수 있게 돼

사법연수원 수료 후 동기 한명과
헌법재판소 연구관에 지원

헌법재판소, 한국 민주주의에
결정적인 기여

헌법적인 관점을 확산시키는
역할하고 싶어

02

성소수자의 정체성과 자연인의 개성 모두 존중받고 싶어

박한희

희망을만드는법 변호사

인터뷰를 마친 시점의 소회로부터 글을 시작하면, 박한희 변호사(38·변호사시험 6회)를 만나고 난 후 내게 강렬하게 다가온 실존적 질문은 '인간에게 있어 행복의 조건이란 과연 무엇인가'였다.

아마도 이렇게 정리하면 큰 무리는 없지 않을까. 자신의 정체성(identity)을 존중받으면서 개별적 개성(personality)을 인정받는 것. 그런데 일반적인 경우라면 정체성을 존중받는 것엔 별다른 노력이 필요하지 않지만 개성을 인정받는 것에는 각별한 노력과 열정이 필요하다. 그

강릉고와 포항공대를 졸업한 **박한희 변호사**는
서울대 로스쿨을 졸업한 뒤 2017년 제6회 변호사시험에 합격했다.
이후 공익인권 변호사모임 희망을 만드는 법(희망법)에 합류했다.
국내 최초 커밍아웃한 트랜스젠더 변호사로 알려지기도 한 박 변호사는
인권변호사로서 활발히 활동하고 있다.

런데 어떤 사람은 자신의 정체성을 존중받는 데 온 마음과 열정을 쏟아야 한다. 트랜스젠더임을 사회적 층위에서 오픈한 박한희 변호사도 그 과정을 겪은, 아니 여전히 겪고 있는 사람이다. 내가 감히 그의 그 핍진한 노고를 이해할 수 있을까. 걱정과 두려움을 안고 그를 만났다.

세련된 도회풍의 이미지를 가진 그는 삼척 출신이라고 했다. 푸른

바다와 석회암과 석탄 지대로 유명한 강원도의 한적한 소읍.

“삼척이 고향인데 초등학교를 졸업할 즈음 강릉으로 이사를 했어요. 오빠가 강릉에서 학교를 다니고 있었거든요. 저도 거기서 중고등학교를 나왔어요. 저는 제 고향 삼척을 좋아해요. 작고 조용한 곳이기도 하고 공기도 좋고 바다도 있으니까요. 그런데 다만 시골이다 보니 성소수자 정체성 측면에서 저의 고민을 털어놓을 상대를 찾기가 어려워서 상당히 외롭고 답답한 곳이기도 했어요. 그래서 서울 같은 큰 도시를 동경하게 하는 곳이었어요.”

말하자면 그는 (한때) 고향에 대한 애증 같은 것이 있었다는 것인데, 이것은 그가 자신의 성정체성을 두고 혼란을 겪었던 것처럼 인간의 본질적 모순을 상징하는 장면으로 다가왔다. 어떻게 보면 모순은 인간의 공통된 숙명 아닐까. 모든 성질과 지향이 일치하는 이가 과연 얼마나 될까.

“2014년 가족들과 친한 지인들에게 제 성정체성을 알렸어요. 부모님은 어느 정도 짐작을 하고 계셨던지 눈물을 보이긴 했지만 비교적 담담한 반응을 보이셨어요. 제가 공익근무를 삼척시청에서 했는데 (그 무렵 삼척에 다시 귀향하신) 부모님과 같이 사는 동안 저에게 성정체성 문제가 있다는 걸 어렴풋이 느끼셨던 것 같아요. 저는 부모님께 제 상황을 좀더 분명히 인지시켜 드리기 위해 일부러 작은 병원이 아니라 대학병원에서 진단을 받기도 했어요. 부모님이 저의 현실을 받아들이기까지 대략 3년 정도 걸린 것 같아요."

이렇게 커밍아웃을 하기 전까지 그는 공교롭게 남자들로 둘러싸인 학교(남고, 공대)와 남성성이 대세인 직장(대기업 건설회사)을 다녔다. 짐작 못할 바는 아니나 그 시절 그가 피부로 느꼈을 고통이 무엇인지 직접 듣고 싶었다.

"존중받거나 이해받을 거라는 가능성 자체가 보이질 않았어요. 그때의 환경에서 제 또래 성소수자를 접할 기회가 없었으니까요. 악의적인 혐오 발언이 아니더라도 일상 속에서 그들이 언뜻언뜻 내뱉은 말들 속에 편견이나 무지 같은 게 드러나는데, 그런 것들이 상처로 다가왔죠. 동료나 친구로서는 괜찮은 사람들이고 관계도 나쁘진 않았는데, 저 스스로 선을 긋고 제 바운더리 안에 그들을 초대할 수 없었던 거예요. 회사 다닐 때 주말에 보통 저는 성소수자 커뮤니티 같은 데를 갔었거든요. 그런데 동료들이 주말에 뭐 했냐고 물으면 사실대로 말할 수 없어서 그냥 집에 있었다고 말했어요. 그러면 그 다음 주말에 동료들이 밖에 나와서 술 먹자고 불러내는데 또 나갈 수가 없는 거예요. 그들과 분리되는 느낌이 들었죠."

여기서 그의 고통이 명징해진다. 그것은 다름 아닌 고독, 심대한 중층의 고독이라고. 같은 목적하에 이뤄진 커뮤니티에서 자신만 온전히 속할 수 없다는 삼엄한 자각, 그것은 자신을 이질적 존재로 타자화해야만 하는 고독이었을 것이다. 이런 고독의 문제에서 자유로울 수 있는 사람은 사실 없는데 사람들은 자신의 고독은 과장하면서도 타인의 고독엔 무관심하고 냉담하다.

많은 매체를 통해 알려졌지만 박한희 변호사는 자신과 같은 성소수자들을 대면하면서 그들을 도울 수 있는 직업을 찾고 싶어 로스쿨에 진학했고 재학중 커밍아웃을 했다. 그러곤 변호사 시험 합격 후 바로 공익변호사들의 모임인 〈희망을 만드는 법〉에 합류해 의욕적인 활동을 시작한다.

"커밍아웃을 생각할 즈음에 결국 로스쿨을 나오면 변호사가 될 텐데, 과연 취업할 수 있는 로펌이나 직장이 있을까 그런 걱정이 생겼어요. 그때 우연히 '희망법'을 알게 됐어요. 그래서 이메일을 보내 성소수자로서 진로를 고민하고 있는 제 상황을 설명했어요. 그때부터 그분들과 닿아서 소통하게 됐고 졸업할 즈음에는 그분들과 상당히 친해지게 되었어요. 그래서 변호사시험 합격 후 자연스럽게 그곳에 합류하게 됐어요."

여기서 내게 중대한 의문이 생겼다. 트랜스젠더 변호사가 성소수자를 포함해 우리 사회 인권의 사각지대에 놓인 이들을 지원하는 단체에 들어가 공익활동을 하는 것은 어찌 보면 상투적인 일 아닌가. 그러니까 누구나 다 예측가능한 (재미없는) 시나리오라는 것. 차라리 평범한 로펌에 들어가 다른 변호사들과 똑같은 조건에서 일반 사건 등을 맡아 자신의 능력을 유감없이 발휘하는 게 성소수자에 대한 우리 사회의 편견을 줄이는 데 효과적이지 않을까. 행복의 조건 중 하나인 자신의 퍼스낼러티까지 인정받으면서 말이다. 그렇다면 박 변호사에겐 언제라도 일반 로펌에서 일할 생각은 없는 걸까.

"어느 정도 연차가 되어 개업을 하면 일반 변호사 업무에도 뛰어들 수 있겠죠. 그런데, 2020년 숙명여대 성소수자 입학 이슈를 겪으면서 생각을 어느 정도 정리할 수 있었어요. 그때 그분이 저를 롤모델로 언급하면서 수많은 매체와 기자들로부터 연락을 받았어요. 그걸 겪으면서 이게 피할 수 없는 현실이구나. 내가 트랜스젠더를 내려놓고 변호사를 일반적인 직업으로 받아들인다고 해도 성소수자 프레임은 따라올 수밖에 없고 결국 이것도 내가 만든 것이구나 라는 생각을 하게 된 거예요. 피하는 건 책임을 다하지 않는 것이다, 받아들여야겠다는 결론을 내리게 됐어요."

숙연하면서도 결연한 책임감이다. 그러면서도 박 변호사는 자신의 모습이 트랜스젠더 변호사의 전형적인 모습으로, 그들을 대표하는 모습으로 각인되는 것에 여전히 부담을 갖고 있다는 말을 덧붙였다. 그는 성 정체성 자체만으로 사람들에게 존중되고 이해받는 것은 바람직하지 않다고 생각하는 듯했다.

"오픈리 트랜스젠더 변호사는 저밖에 없으니까 그런 전형적인 이미지를 가질 수밖에 없는데, 제가 그것에 맞는가 하는 생각이 늘 따라와요. 강연 요청 같은 것도 들어오는데, 법률가로서의 소신 같은 걸 말해달라는 게 아니라 트랜스젠더 변호사로서의 정체성 같은 걸 듣고 싶어하는 거예요. 그런 것에 저도 좀 피로감을 느끼기도 했어요."

여기에서 상당히 현실적이면서도 꾸밈없이 솔직한 그의 성정과 사회적 지향이 드러난다. 그것은 트랜스젠더 변호사로서의 정체성과는 별개로 우리나라에 등록된 3만 명이 넘는 변호사 중 1인으로서 갖는 분명하고 고유한 기질일 것이다. 우리가 있는 그대로 봐야만 하는.

그가 현재 법률가로서 관심을 갖는 이슈는 성소수자들이 성별 정정 시 성전환수술을 요구하는 현재의 대법원 기준이다. 그에게 그 이슈의 논점을 물었다. 성전환수술을 하지 않고도 성별 정정을 할 수 있는 것이 인권 보호와 존엄의 차원에서 어떤 의미가 있는지를.

"당사자가 내면에서 인식하는 성 정체성과 겉으로 드러나는 성별이

다를 경우 우리 사회는 모든 면에서 불이익을 줘요. 일단 취업이 안 돼요. 생존, 생계문제와 직결되는 거죠. 자신의 존엄을 인정받지 못하고 있는 상황에서 거기에 외과적인 수술까지 요구하는 것은 너무나 큰 부담이 되는 거죠. 건강을 담보로 하는 위험이 있고 비용 문제도 만만찮은 것이고요. 아울러 우리 사회엔 법적 성별이라는 게 뭔가라는 질문이 필요해요. 과거에는 남자 여자 분리 채용이 있었지만 지금은 그게 성차별로 인정되어 불법이잖아요. 법률이 성별을 계속 구분하는 것 자체가 왜 필요한가, 남자와 여자와의 차이를 두는 게 누구에게 유리한가 그런 근본적인 의문도 필요하다고 봅니다."

그렇다면 박 변호사 자신이 먼저 성전환 수술을 하지 않은 성소수자로서 성별정정 소송을 제기해볼 수는 없을까. 그는 여기에 냉철한 답변을 내놓았다.

"제가 직접 그 소송을 제기할 수는 있지만 시기의 문제라고 봐요. 이게 대법원에 올라간다고 했을 때 이걸 받아들일 수 있는 상황인가, 우리 사회가 그런 분위기인가라는 생각을 할 때 좀 회의적이에요. 그런 것이 성숙해진 타이밍을 보면서 섬세하게 판단할 문제인 것 같아요."

박한희 변호사는 살아오는 동안 수없이 많은 선택과 결정의 순간에 자신과 가까운 이들과 함께 할 수 있는가. 자신과 동료들이 행복할 수 있는가를 최우선적인 기준으로 삼았다고 했다. 그런 걸 생각하지 않으면 금방 에너지가 소진되어서 나가떨어질 수도 있다는 것. 사회의 진보는 뛰어난 한 사람의 신념과 열정만으로 이루어지지는 않는다는 말도 했다. 그보다는 함께 지속할 수 있는 가능성을 보는 게 더 중요하다는 것이다. 차별 없는 세상을 만들기 위한 공익활동의 바탕에 고고한 이상을 추구하는 신념만이 아닌 상당히 현실적이고 실리적인 고민을 투여하는 부분에서 오히려 그에게 신뢰와 호감이 갔다. 그는 자신이 속한 '희망법'의 현실을 이야기했다.

"희망법은 법률단체가 아니라 인권단체, 시민단체로서의 성격을 갖고 있고 모든 사건을 무료변론을 하고 있어요. 그런데 후원금이 충분치 않아 매달 적자를 보고 있거든요. 재정은 계속 적자인데 적립되어 있는, 이월된 후원금 등으로 겨우 버티고 있어요. 뜻있는 시민들의 후원금이 모아진다면 많은 힘이 될 것 같아요."

그는 스트레스를 받으면 등산과 게임을 하기도 하지만 주로 술을 마시는 것으로 푼다고 했다. 공교롭게도 인터뷰가 있던 날(2월 22일)에는 동성커플이 국민보험공단을 상대로 피부양자 자격을 인정해달라며 제기했던 행정소송 심판이 있던 날이었는데 승소라는 결과를 받아 든 날이다. 박한희 변호사가 당사자들을 지원해왔기에 참으로 기쁜 날이었던 셈. 그는 저녁에 함께 고생했던 분들과 승소를 축하하는 술자리가 있다고 했다. 그 술이 얼마나 달고 시원했을지 능히 짐작이 갔다.

대화를 모두 마쳤을 때 그는 내게 트랜스젠더 변호사가 아니라 한 사람의 매력적인 개성을 가진 개체로 다가왔다. 그는 성소수자로서의 정체성과 자연인으로서의 개성 사이에서 목하 분투 중인, 자신의 행복한 삶을 타진하는 여타의 평범한 청년과 다를 게 없었다.

"
법적 성별이란 게 뭔가라는 질문과
법률이 성별을 구분하는 것 자체가
왜 필요한지 근본적인 의문이 필요
"

희망법 홈페이지

http://hopeandlaw.org

후원계좌

신한은행 140-009-554992,

공익인권변호사모임 희망을만드는법

「법률신문 2023년 2월 27일자 게재」

03

인문적 감수성과 측은지심의 힘

소병철

더불어민주당 전 국회의원

말도 많고 탈도 많았던 21대 국회가 2024년 5월 29일로 종료됐다. 다음 22대 국회는 역대급 여소야대 정국 속에서 개원할 예정이다. 임기를 마친 21대 의원들의 감상은 저마다 복합적일 것인데, 특히 그 소회가 궁금한 이가 있다. 소병철 더불어민주당 전 국회의원(66·사법연수원 15기)이다.

전남 순천 태생인 소병철, 이제는 전직 의원인 그는 대구고검장과 법무연수원장을 끝으로 검찰을 나온 직후 뜻밖의 선택을 한다. 2013년 당

"

법조인은 평생 결론 두 개 중에

하나만 선택을 하면서 살아왔거든요

검사는 기소냐 불기소냐,

판사의 경우는 인용이냐 기각이냐

선택지가 두 가지인 거죠

그런데 정치에서는 협상을 해서

중간의 대안을 만들어내는 감수성이

필요한데, 법조인 출신들은

쉽지 않은 것 같더라고요

"

시로서는 당연한 관행이었던 전관예우를 뿌리치고 고향의 대학에서 무보수 석좌교수로 봉직한 게 그것이다.

검찰총장, 대법관, 감사원장 등 여덟 차례나 최고위공직 후보에도 올랐던 그에겐 절친으로 알려진 우윤근 의원 등의 적극적인 천거로 정치권 영입 제안이 이어졌지만 그는 정중한 고사로 일관한다. 그러던 그가 정치에 입문한 것은 2020년 21대 국회를 통해서다. 문재인 대통령 측의 삼고초려의 예를 받아들인 것.

국회의원의 소임을 마치기 직전 그의 소회를 듣기 위해 의원회관을 찾았다. 그는 이날도 해병대원 특검법 발의에 거부권을 행사한 대통령을 비판하는 민주당 의원 모임에 참석하느라 10 여분 정도 늦었는데, 의원실에는 인터뷰어 말고도 다른 방문객들이 대기하고 있을 정도로 여전히 바쁜 나날을 보내고 있었다.

특유의 가락이 느껴지는 전라도 억양으로 인사를 해온 그에게 먼저 성장 배경부터 물었다.

"1958년 승주, 지금의 순천에서 태어났는데요, 초등학교 때 반장으로 급식인 옥수수빵을 타오기도 했는데 반장이라고 옥수수빵을 하나씩 더 주기도 하셨어요. 아버지는 공무원 생활을 좀 하시다가 주유소를 운영했는데 교도소에서 출소한 분들이 정기적으로 찾아오곤 했어요. 지금은 법무보호복지공단이라는 데가 있지만 그때는 정부에서 민간 유지들에게 출소자들을 위한 갱생보호소 일을 위탁했는데, 아버지도 그 업무를 대행하면서 출소자들에게 여비를 지급한 거죠. 교도소에서 나온 분들이라 어딘지 위축돼 있고 옷차림이 남루한데, 가까이에서 보면 측은한 마음과 조금 무서운 마음이 같이 들었어요. 그게 어린 저한테는 굉장한 기억으로 각인돼 있어요. 그래서 제가 검사를 하면서도 범죄자들을 조사할 때도 어린 날의 기억이 투사되어 죄지은 사람에게 가지는 증오심이나 적개심 같은 것 없이 측은한 마음으로 대하는 걸 잊지 않았습니다."

실제로 소 검사는 잔뜩 겁먹은 채로 조사를 받는 범죄 피의자의 가족에게 직접 전화를 걸어 상황을 알리고 심지어는 피의자와 통화도 연결해 줬다고 했다. 당시로서는 놀라운 인권 감수성이라 할 것이다. 그 결과 소 검사실에는 언제나 간식거리들이 넘쳐났다고 한다. 피의자 가족이 방문할 때마다 고맙다면서 매점에서 사가지고 온 것들이었다고. 타고난 수재였던 그는 명문 광주일고에 진학, "우리는 피 끓는 학생이다. 오직 바른길만이 우리의 생명이다"라는 광주학생운동탑에 새겨진 문장을 사표 삼아 법대를 지망한다. 성냥만 갖다 대어도 타오를 듯 충정으로 가득 찼던 그에게 그런데 뜻하지 않은 시련이 찾아온다.

"한창 입시공부에 집중해야 할 고2에서 고3으로 올라가던 시기에 철봉을 하던 중 척추뼈가 탈구되는 큰 부상을 입어 수술을 하고 1년 내내 가족이 대소변을 받아내는 등 고생을 했어요. 설상가상으로 아버지 사업이 부도가 나서 결국 할아버지 댁으로 들어가 공부하다가 첫해 입시에 실패했죠. 그런 암울한 시절이 있었는데, 친척분의 도움으로 재수를 해서 서울대 법대에 진학했어요. 당시 학생운동이 활발할 때여서 참여는 해도 주동은 하지 않았는데 몸이 불편하다 보니 그럴 형편도 아니었고요. 당시 법대 분위기도 그랬어요. 학생운동은 사회학과, 국사학과, 경제학과 학생들이 주력이었고요."

사법시험에 패스한 소 검사는 우수한 성적으로 사법연수원을 마치고 고민한 끝에 검찰을 택했다고 했다.

“저희 때는 좀 성격이 조용하고 더 학구적이라 할까 이런 분들이 판사를 하고 성격이 액티브하고 적극적이면 검사를 하는 통념 같은 게 있었어요. 제가 검찰에서 시보를 할 때 가벼운 사건은 직접 검사 역할을 해보기도 했는데, 직접 조사도 하고 공판도 들어가고 그러면서 사람의 호흡 소리를 바로 앞에서 들을 수 있는 게 좋았어요. 성적이 우수해서 서울지법 판사로 발령받을 수도 있었는데, 검사를 택하니까 판사인 연수원 교수님이 굉장히 언짢아하셨던 기억이 나요. 너는 법원을 가야 하는데 웬 검찰이야, 라고 하셨죠.”

검찰에 투신한 그는 노태우 정부의 ‘범죄와의 전쟁’ 당시 조폭 동아파를 척결하고, 또 평소 뇌물의 악습을 근절해야 한다는 소신에 따라 서울지검 서부지청 특수부 근무 당시 불법건축물에 대한 준공검사조서를 허위로 작성해 준공 필증을 받도록 해준 건축사들을 적발했고 공무원, 건축주, 건축브로커, 건축사들을 수사했다고 한다. 신문·잡지 등에 구인광고를 내 이를 보고 찾아온 미성년자와 부녀자 수백 명을 사창가나 유흥업소에 팔아넘긴 인신매매 조직을 수사하기도 하는 등 낭중지추의 능력을 드러내고는 호남 출신이라는 장애에도 요직을 거치며 검사로서 후회 없는 이력을 마친다. 검찰에선 어느 순간부터 자연스럽게 ‘검사는 소병철처럼’이라는 말이 구전되었다고.

이제 국회의원 소병철 이야기를 들어봐야겠다. 정치권의 영입 제안과 수락의 내밀한 사연부터.

"2019년 12월, 문재인 대통령과 특별한 관계에 있는 분이 오셔서 영입 제안을 하시는데, 처음에는 제가 부담스러워하니까 그분이 검찰개혁을 좀 맡아서 해주시면 좋겠다는 거예요. 그때 거부를 하면 오히려 비겁하겠다는 생각이 들더군요. 제가 노무현 대통령 시절부터 검찰 개혁의 정책 부분을 맡아서 해왔고 천정배 법무장관 시절에는 검찰개혁 방안을 만들어서 책자로 내기도 했으니까요."

소 전 의원은 고향 지역구에 출마, 무난히 당선돼 국회에 입성한다. 그리고는 국정의 굵직한 현안부터 지역구민들의 소원까지를 하나하나 중하게 여기며 일했다. 지역구 순천과 전남의 비극적인 과거사를 해결하기 위한 「여수·순천 10·19사건 진상규명 및 희생자 명예회복에 관한 특별법」 제정, 「2023 순천만국제정원박람회 지원 및 사후활용에 관한 특별법」 제정, 순천과 전남의 숙원인 「전라남도 내 의과대학의 설치 및 공공의료인 양성을 위한 특별법안」을 대표발의한 것 등이 그 성과들. 그런데 그는 지난 2월 돌연 불출마를 선언한다. 그렇다면 애초에 각별한 의지를 피력했던 검찰개혁에의 소신은 어찌 되었을까.

"문재인 정부에서는 검찰개혁에 기여하는 기회가 있을 거라고 생각했어요. 그런데 현장에서 보니 정치권에서 생각하는 검찰개혁은 국민이 원하는, 국민을 위하는 방향과는 다소 거리가 있더라구요. 검찰의 권한을 축소하는 데 방점이 있더란 말이죠. 과연 그게 전부를 위한 검찰개혁이 될 수 있을까, 고민이 생겼습니다. 저는 30년 검사를 했으니까 지금 경찰에서 수사하고 사건 처리하는 것만으로는 국민 기대를 충족시킬 수 없다는 걸 체감할 수 있거든요. 제가 영입될 때 검찰개혁과 관련해서 '오늘도 밤늦게까지 된장찌개 한 그릇 먹으면서 일하는 수많은 검사가 자긍심을 갖고 일할 수 있게 해줘야 된다'고 말했는데, 결국은 개혁의 본질이 흐려지면서 검찰 권한의 축소와 박탈로만 집중되더라구요. 이런 상황에서 제가 목소리를 낸들 과연 제대로 울림이 있겠는가 이런 생각에 출마를 고민하기 시작했고 국회 밖에서 제3의 대안을 모색하는 게 낫겠다는 생각에 도달했어요."

그의 발언과 불출마선언문을 보면 정파적 논리에 함몰되어 객관적으로 경선을 관리하는 데 무심했던 소속 정당에 대한 우회적인 비판 메시지가 숨어 있다. 그가 재선을 고집하고 던적스럽게 끝까지 경선에 임했다면 승리했다고 해도 생채기가 남았을 것이다. 그는 명예와 명분을 모두 지키는 판단을 한 걸로 보인다. 소 전 의원은 인터뷰어가 연수원 8기수 후배인 윤 대통령의 실망스러운 국정 운영에 대한 논평을 요구했을 때도 특유의 단정한 기품을 잃지 않고 말했다.

"현직 대통령에 대해 직접적으로 평가를 하는 건 바람직하지 않은 것 같고요. 법조인이 정치를 하는 것에 대해서 어떤 한계를 짚을 수는 있는 것 같아요. 해병대원 특검법도 대통령이 거부했는데요. 좀 아쉬운 대목이에요. 법조인은 평생 결론 두 개 중에 하나만 선택을 하면서 살아왔거든요. 검사의 경우에는 혐의가 있느냐 없느냐, 기소냐 불기소냐, 판사의 경우는 인용이냐 기각이냐 선택지가 두 가지인 거죠. 그런데 정치의 장에서는 그렇지가 않더라구요. 이것도 맞는 부분이 있고 저것도 일리 있는 부분이 있는 거예요. 그래서 협상으로 중간의 대안을 만들어내는 게 바로 정치에서 요구하는 감수성인데, 법조인 출신들은 아무래도 이 부분이 쉽지 않은 것 같더라구요."

21대 국회가 역사 속으로 사라졌다. 21대 국회에 참여해 미련도 후회도 없이 치열하게 일했던 소병철 전 의원에게 21대의 헌정사적 의미를 어떻게 생각하는지 물었다.

"21대 국회뿐만 아니라 문재인 정부를 가장 후하게 평가할 수 있는 것은 우리가 미증유의 코로나 팬데믹을 잘 극복했다는 거예요. 정치적 논란이 없지 않지만 다른 나라에 비해서 잘 대처했고 선진국들도 대한민국을 벤치마킹했거든요. 그리고 역사 발전의 법칙을 보면 대부분 정반합의 과정을 거치지 않습니까. 프랑스 대혁명도 민주주의와 인권이 제대로 구현되는 세상이 오나 했더니 반동이 일어나고 나폴레옹 같은 황제가 나오잖아요. 21대 국회는 사실 대통령 탄핵 이후 탄생한 문 정부에 연동되어 생긴 거예요. 우리가 그걸 경험했기 때문에 반동이 있더라도 다시 되돌아올 수 있는 복원력이 생겼다고 생각해요. 지금 많은 평가들이 있을 수 있지만 다소 빠르다고 생각하고요. 민주주의 발전 과정에서 훗날 21대 국회를 평가할 수 있는 부분이 분명 있다고 봅니다. 국민은 민주당이 발의하면 대통령이 거부권 행사한 것만 기억하시겠지만 내부에서는 수많은 입법이 여야 합치에 의해서 이루어졌거든요. 나중에 평가를 받으리라 생각합니다."

그는 고향 인근 광주에서 살상을 저지르고 정권을 찬탈한 전두환 정권에서 검사 일을 시작했다. 그런 사정으로 마음속에 말 못 할 그림자가 드리워져 있었다고 했다. 누구에게도 그런 수심을 표출할 수 없는 상황에서 그는 문득 얼마나 고독했을까. 그가 일벌레처럼 치열하게 일했던 것은 그런 그림자를 지우려는 노력이었는지 모른다. 전관예우를 수락하면 100억, 200억 원씩 쉽게 축재할 수 있는 특혜를 거부할 때 혼자만 고결한 척한다고 얼마나 많은 질시를 받았을까. 그는 조무제 대법관 같은 딸깍발이 선비가 검찰에도 한 사람쯤 있어야겠다는 생각으로 그런 결단을 내렸다고 했다.

대화를 마칠 즈음, 그에게서 시나브로 진한 인문주의자의 향기를 느낄 수 있었다. 인문주의자는 군자의 다른 이름이다. 군자는 말로 자신을 설명하지 않는다. 뜻과 행동을 합친 지행합일의 실천으로 자신을 넌지시 드러낼 뿐. 그는 직급과 나이를 불문하고 지극한 경어를 사용하고, 고검장 시절 최초로 임신한 여직원의 휴게실을 설치했는가 하면, 2016년 모친상을 당해서도 부음을 전파하지 않고 조용히 가족장으로 치렀다. 타인의 처지를 본능적으로 살피는 인문적 감수성과 측은지심이 소병철 의원의 비급이라는 증거이겠다. 충분히 더 귀하게 쓰여야만 하는.

「법률신문 2024년 5월 30일자 게재」

신문·잡지 등에 구인 광고를 내 이를 보고 찾아온
미성년자와 부녀자 수백 명을 사창가나 유흥업소에 팔아넘긴
인신매매 조직을 수사하기도 하는 등
낭중지추의 능력을 드러내고는 호남 출신이라는 장애에도
요직을 거치며 검사로서 후회 없는 이력을 마친다.
검찰에선 어느 순간부터 자연스럽게
'검사는 소병철처럼'이라는 말이 구전되었다고.

04

앞길을 내다보며 암중모색 중인 '반골'

손영현

국선전담변호사

2000년대 학번으로 학부생일 때부터 불합리한 학내 문제서부터 정치사회적 현안까지 적극적인 목소리를 내던 운동권 출신이라고 했다. 그 반골 같은 기질은 계속 이어져 변호사가 되어서도 민주당 P의원의 선임비서관으로 활동하는 등 다양한 공적 활동에 적극적으로 참여했다는 것이다. 그리고 지금은 국선전담변호사로서 소신 있는 변론을 이어가고 있다고 했다.

공동체 문제, '지금 여기'의 문제에 대한 관심과 태도는 사람마다 다

학점은행제를 활용해 학사를 취득하고 학사장교로 5년간 복무한 뒤 뒤늦게 법조인의 꿈을 이루기 위해 로스쿨에 진학한 **손영현 변호사**는 변시(6회)를 통해 변호사 라이선스를 손에 쥐게 된다. 손 변호사는 현재 또래 법조인들 사이에서도 공익이나 권익에 상당한 관심을 갖고 적극적으로 목소리를 내는 변호사로 알려져 있다.

를 수밖에 없다. 어떤 이는 그냥 무심하게 지나칠 만도 한 문제를 어떤 이는 집요하게 모순을 물고 늘어지며 수정이나 개선책을 모색한다. 손영현 변호사(42, 변시6회)는 태어나기를 후자의 에너지를 가지고 태어난 것처럼 보인다. 그 기원의 줄기를 알고 싶어 성장 환경부터 물었다.

"제가 면사무소 소재지인 시골, 그러니까 울산시 울주군 상북면에서 나고 자랐거든요. 아버지는 동네 한의사였는데요, 의료기관이 보건소 말고는 아버지 계시는 곳이 유일한 그런 곳에서 자랐는데, 시골이다 보니 한의원이 늘 어르신들로 북적거렸고 아버지가 어린이날이나 졸업식을 챙겨주신 적이 없어요. 늘 자리를 지켜야 했으니까요. 동네에서 어떤 분이 돌아가시면 밤이고 새벽이고 아버지를 찾아오는 거예요. 응급차 타고 병원 가는 것도 힘든 외지였으니까요. 그렇게 헌신하는 아버지를 보면서 저도 주변 사람들에게 좋은 일을 할 수 있으면 좋겠다는 생각을 막연히 하게 됐던 것 같아요."

인터뷰이의 요청으로 구체적으로 밝힐 수는 없지만 그는 어머니와 모종의 비밀스러운, 고되고 애틋한 서사를 공유하는 성장기를 보냈다. 아버지에게서는 헌신하는 자세를, 어머니에게서는 넓고 자심한 사랑을 배운 그는 의학전문대학원 진학을 염두에 두고 일단 연세대 화학과에 입학한다. 하지만 학업보다는 학생회 활동과 운동에 전념하다가 학사경고 누적으로 제적을 당한다. 단과대 학생회장을 지내기도 한 그는 재학 중 여성주의와 장애인 인권 운동에 깊이 빠져들었고 이과대 건물 과학관에 아예 없던 여자화장실과 휠체어 경사로 설치를 학교 측에 요구하기도 했다. 또한 재학 당시 평택 미군기지 확장 반대 시위에 나섰다가 경찰서 조사를 받고 유치장 신세를 진 적도 있었는데, 이때 안양경찰서에서 만난 변호사에게서 각별한 인상을 받고 법조인의 길을 걷는 것도 나쁘지 않겠다는 생각을 했단다. 그런데, 영특한 아들이 공부보다는 학생운동에 진력할 때, 속이 타셨을 부모님은 어떤 반응을 보였을까.

“저희 아버지가 한의사이다 보니 〈동의보감〉의 대의 중의 소의에 대한 이야길 많이 들었거든요. 소의는 몸을 낫게 하고, 중의는 마음의 병을 낫게 하고, 대의는 사회의 병을 낫게 한다고요. 그래서 제가 사회문제에 대해 관심을 갖고 현장에서 뛰어다닐 때 딱히 뭐라고 말씀하시지는 않고 암묵적인 지지를 해주셨던 것 같아요. 물론 학업과 운동을 잘 병행했으면 좋았을 테지만요.”

그는 학점은행제를 활용해 학사를 취득하고 학사장교로 5년간 복무한 뒤 뒤늦게 법조인의 꿈을 이루기 위해 로스쿨에 진학한다. 그러곤 변시(6회)를 통해 변호사 라이선스를 손에 쥐게 된다. 손 변호사는 현재 또래 법조인들 사이에서도 공익이나 권익에 상당한 관심을 갖고 적극적으로 목소리를 내는 변호사로 알려져 있다. 필시 주관적인 정보가 개입된 결과일 수도 있지만, 아닌 게 아니라 그의 언변과 인상은 상당히 강직해 보였고 특히 앙다물었을 때의 입술과 눈매에서는 이상주의자의 결기마저 느낄 수 있었다.

여기서 한 가지 의문이 들었다. 개인적으로 법조인은 전문직 종사자를 넘어서 우리 사회가 고비용으로 키워낸 중요한 인적 자원이라는 생각이 드는데, 그리고 경우에 따라서는 사회적 영향력과 발언권을 가질 수도 있는데, 그처럼 다양한 선택지를 가질 수 있는 법조인으로서 국선 전담변호사로 일하면서 공익적인 프로젝트에 관심을 기울이는 이유가 무엇인지, 그러니까 그렇게 사심 없이 사회적 활동을 할 수 있는 기본적인 동력이 무엇인지를.

"고민을 좀 해봤는데 첫 번째는 분노인 것 같아요. 두 번째는 주변의 칭찬과 격려인 것 같고요. 분노는 당연히 어떤 불합리한 것들을 향한 것인데요. 저건 분명 틀린 것인데 왜 아무도 틀렸다고 얘기를 안 할까 하는 의구심이 분노로 이어지더라구요. 분노의 대상은 대개 법원이나 검사들인 경우가 많아요. 제가 국선 전담 업무를 하다 보면 피고인한테도 욕을 먹고 피해자한테도 욕을 먹거든요. 그런데 그때는 아무런 감정이 들지 않아요. 그들은 법을 잘 모르고 변호인이 무슨 일을 하는지 잘 모르니까 당연히 욕할 수 있죠. 그런데 검사가 변호사에게 저의가 의심스럽다는 식으로 함부로 대하고 공격할 때는 분노가 일더라구요."

그의 '분노론'은 법원에 대한 성토로 이어졌는데, 그가 화제로 올린 것은 근년에 각별한 관심을 가지고 있다는 발달장애인법과 관련된 사례였다. 한 발달장애인이 절도죄로 경찰서에 들어왔는데, 발달장애를 호소하니까 수사관들이 등록증을 가지고 오라고 했다는 것이다. 의사소통에 어려움이 있던 발달장애인은 제때 답을 하지 못해 진술조력인의 도움마저 받을 수 없었다고. 발달장애인에겐 법에 따른 보호가 필요했던 것인데, 경찰은 그 보호 의무를 외면하고 거짓말쟁이로 몰아갔다는 것이다. 이 일화에 따르면 발달장애인을 위한 법은 이미 다 만들어져 있는데 수사기관의 무지와 불성실로 실효성이 형편없는 수준을 못 벗어나고 있다는 말이 되겠다. 손 변호사는 여기서 법원의 역할을 강조했다.

"제가 현장에서 느낀 건데요, 이런 문제에 대해 법원이 너무 무관심해요. 그런 법들이 있는데 수사기관이 안 지키면 그걸 법원에서 적극적으로 권고하고 돌려보내야 하는데, 수사기관이 법이나 절차를 안 지키고 증거들을 만들어와도 다 받아주니까 수사기관으로선 더더욱 법을 존중하지 않는 악순환이 되풀이되는 거예요. 국선 전담한 지 3년이 넘었는데 일을 해보니까 수사기관을 망치는 건 법원이라는 생각이 들더군요."

손 변호사는 특이하게도 국회의원 비서관으로 일한 적이 있다. 그와 관련해 입법에 참여했던 소회를 물었다.

"제가 있을 때도 그랬지만 지금도 3천 명의 사람들이 여의도 1번지에 모여서 마치 자신들이 세상을 구할 거라면서 밤을 새며 법을 만드는 일을 하고 있는데 그렇게 해서 법을 만들어도 수사기관이나 법원이 법의 효력을 무시하면서 터무니없는 판결 같은 걸 내리니까 좀 무력하다는 생각이 들었어요."

공익, 인권, 권익 같은 단어에 본능적으로(반사적으로) 반응하는 그에게 처음부터 들었던, 다소간 얄궂은 질문을 던졌다. 그렇게 남달라 보이는 사명감과 소명의식을 가지고 있다면 민변 같은 데 가입하고 사선으로 일하면서 사회적 이슈를 맡을 법도 한데 그러지 않고 상대적으로 활동 폭이 제한적인 국선변호를 하고 있는 이유가 무엇인지, 그리고 국선변호사를 바라보는 우리 사회의 회의적이고 냉소적인 시선에 대해서는 어떤 생각을 가지고 있는지도.

"국선변호사를 하고 있는 이유는 돈이 없기 때문이에요. 와이프와도 이야길 나눈 것인데 여섯 살짜리 아이도 있고, 국선은 안정적으로 페이가 나오니까요. 그리고 국선변호사로서 딱히 냉소적인 시선에 대한 어려움은 못 느껴요. 처음에 별 기대를 안 하시던 분들도 본인이 생각하지 못한 문제점들을 제가 이야기하고 어떤 부분에 대해서는 좀 다퉈볼 필요가 있을 것 같다고 말씀드리고 쟁점들을 정리하고 그분에 대한 기록을 성실하게 파헤쳤다는 걸 보여주면 불신이나 냉소는 금방 없어지더라구요. 사선 같은 경우엔 의뢰인이 페이를 내니까 그의 요구를 상당 부분 수용해줘야 하는 부담이 있는데, 국선은 요구가 너무 과도하고 부당하다 싶으면 그것에 브레이크를 걸 수도 있어요. 오히려 합리적인 부분이 있죠."

그도 로스쿨 출신이지만 로스쿨 도입 이후 변호사 숫자가 대폭 증가

하면서 근 10년 사이 변호사 시장의 환경도 많이 바뀌었고 직능의 사회적 역할 같은 것에도 변화 조짐이 보이는 게 사실이다. 손 변호사는 타인의 권익을 보호하기 위해서는 변호사 자신의 권익도 보호할 줄 알아야 한다는 말을 하기도 했는데, 그에게 변호사의 위상과 권익을 지키기 위해 가장 중요한 게 무엇인지 물었다.

"결국 사명감이라고 생각해요. 지금 의사들도 그렇지만 의제가 무엇이든 민주주의 사회에서 국민들을 설득하지 못하면 아무것도 할 수가 없잖아요. 국민을 설득할 수 있는 건 전문 분야에 있는 이들이 사명감을 가지고 얼마나 최선을 다하고 있는가의 여부거든요. 저는 의대 정원이 증가해야 된다고 생각하는데요. 지금 의사들의 저항이 폭넓은 지지를 받지 못하고 있는 이유에 대해 그들이 간호사들 태움 당할 때 뭐 했고 다른 사회문제나 다른 직능 단체의 문제들에 대해서 어떤 목소리를 냈는지를 돌아볼 필요가 있어요. 사회적 사명감에 대해서 의사 단체가 후한 평가를 못 받으니까 지지를 못 받고 있는 거라고 생각해요."

그에게 앞으로 공직이나 정치권에서 혹여 영입 제안 같은 게 오면 어떻게 할 생각인지 물었다. 나는 공공을 향한 그의 에너지가, 그러니까 그의 몸속에 전차칩처럼 내장되어 그를 움직이고 실천하게 하는 그 공공성의 회로가 궁금하기도 했거니와 마주 앉은 국선전담변호사 사무실이 그에겐 너무나 비좁고 옹색해 보였기 때문이다.

"영입 제안 같은 게 오면 적극적으로 고민해볼 생각이 있습니다. 물론 제가 생각하는 정치적 신념과 일치하는 곳이라는 전제에서요. 저는 청년 정치가 중요하고 계속 인력이 충원되는 게 필요하다고 보는데, 제가 국회에서 일할 당시만 해도 국선 전담의 현실에 대해서는 잘 몰랐거든요. 이렇게 다양한 취약계층이 있는지도 몰랐고요. 이후 그런 경험들을 해보니까 어떤 역할을 할 수도 있을 거라는 생각이 들었어요. 제가 정치를 하게 된다면 예컨대 국회에서 법원행정처장님한테 발달장애인법 준수하고 있냐 이 질문 하나로 몇 년 동안 지지부진하던 일에 돌파구가 생길 수도 있거든요. 그런 일들을 하면 좋겠지만 그 길로 가기 위해 지금 뭔가를 전략적으로 투자하는 건 옳지 않은 것 같아요."

다소간 듬직한 체구에 음전한 말투, 피로에 짓눌린 표정 속에서도 맑게 빛나는 안광, 그리고 사방에 쌓인 서류철 사이에서 진지하게 자신의 앞길을 내다보는 그는 자본만능이라는 신화에 경종을 울리기 위해 암중모색 중인 젊은 맑스를 연상시켰다. 이것은 과장도 아니고 너스레도 아니다.

「법률신문 2024년 4월 22일자 게재」

변호사의 위상과 권익을
지키기 위해 가장 중요한 것은
결국 사명감이라고 생각해요
의제가 무엇이든 민주주의 사회에서
국민들을 설득하지 못하면
아무것도 할 수가 없잖아요

국민을 설득할 수 있는 건
전문 분야에 있는 이들이
사명감을 가지고 얼마나 최선을
다하고 있는가의 여부거든요

05

5명 정원인 공간에 9명…
'콩나물 교도소' 해결 건축에 답 있다

금용명

교도소연구소장

영화나 드라마 등 미디어가 만들어낸 이미지에 어지간히 길들여졌던 것일까. 두 군데 교도소장을 역임하고 퇴임한 분이라는 사전 정보를 접하고는 내심 강직하면서도 완고한 인상의 강골형 이미지를 먼저 떠올렸던 게 사실이다. 그런데 실제로 보게 된 금용명 소장은 지적인 이미지와 음전한 기품이 넘치는 매우 스마트한 인상을 가지고 있었다. 얼핏 오랫동안 텍스트만을 파고 든 학인의 면모도 엿보였고. 그가 그런 인상을 가질 수밖에 없는 소이연은 인터뷰를 진행하면서 자연스럽게 이해되었다.

"
수도권 한 수용소 수용률
남자 145%, 여자 190%
일본 49%와 극단적 대비
수용자 사실상 방치하는 셈
존중받지 못하는 경험하면
재범 확률 그만큼 높아져

사형제로 피해자 위로 못 해
집행자도 트라우마
사형 집행 수당 받으면
그날은 집에 들어가지 않고
술 마시며 돈 다 써
"

그는 경북 안동에서 5남 1녀 중 셋째로 태어났다고 했다. 집안이 3.1 운동 당시 일제에 의해, 그리고 한국전쟁이라는 동족상잔의 비극 속에서는 빨치산을 도왔다는 오해를 받아 풍비박산 나다시피 했단다. 그는 그걸 나중에서야 듣고 알았다고. 그가 지금 형무소와 교도소를 중심에 놓고 연구하며 한국 근현대사에 대해 남다른 관심을 기울이는 것은 집안의 이런 내력과 결코 무관치 않으리라. 사람이 마음을 쓰는 데는 다 필연적인 비사(祕史)가 깃드는 것일 터.

그는 안동교도소장을 끝으로 30년 동안의 교정직 공무원을 마치고 뜻한 바 있어 교도소연구소를 설립했는데, 퇴임시의 심경에 대해 홀가분했고 모든 게 감사하고 과분하다고 느꼈다고 한다. 그것은 그가 그만큼 미련 없이 혼신의 힘을 기울여 직분을 수행했다는 자부심에서 나온 소회이리라. 그가 우리나라 최초의 교도소연구소를 설립하게 된 배경이 궁금했다.

"제가 퇴임을 앞두고 법무부 산하 교정본부 내에 연구팀을 만들어 3년 6개월 정도 이끈 적이 있어요. 교정이 직면하고 있는 현실을 직시하기 위해 네 개의 주제를 가지고 팀원들과 정말 진지하고 치열하게 노력을 했죠. 특히 '교도소 건축'이라는 주제를 열심히 파고들었습니다. 우리나라 교도소 건축이 굉장히 문제가 많거든요. 물론 교도소 조직의 문제, 또 수용자 의료 또 구조적인 문제 등의 주제도 같이 연구했고요. 미국과 일본에도 저와 직원들이 직접 연수 및 시찰을 가서 그들이 수십 년 동안 축적해온 자료들을 수집했습니다. 그런데 제가 연구팀을 떠나면서 그 소중한 자료와 데이터 등 연구 성과가 흩어질 수밖에 없는 상황이었어요. 그래서 퇴임하고 연구소를 만들어야겠다는 생각을 하게 됐습니다."

현재 교도소연구소는 경북 안동에 소재해 있다. 아직은 다른 연구원을 두지 않고 1인 연구소로 운영하고 있지만 교정 및 교도소 연구에 관한한 국내 최고의 전문성과 아카이빙을 구축한 곳으로 독자적인 소용이 매우 크다. 금 소장은 다른 매체와의 인터뷰에서 한국 교도소가 직면한 가장 큰 문제로 재소자의 과밀 문제를 꼽으며 그 심각성을 강조한 바 있다. 한국 대부분의 교도소가 "정원이 5인인 13.15㎡(약 3.98평) 공간에서 두 배에 가까운 9명이 수용되는 초과밀 상태"라는 것이다. 그래서 수용자는 "화장실 1개와 선풍기 1대로 여름 더위와 힘든 싸움을 해야 한다"고. 국내 교정 시설 수용 정원은 약 4만9900명인데 이것도 정확한 건 아니라고 한다. "지난해의 경우 하루 평균 수용 인원은 5만6000명을 넘었고 올해는 6만 명으로 늘어났는데, 수도권에 있는 한 구치소 수용률은 남자 수용동 145%, 여자 수용동 190%에 달한다"는 것이다. 이웃 일본의 수용률 49%와 극단적으로 대비되는 수치다. 금 소장이 유독 교도소 건축이라는 주제에 매달리는 이유는 건축이 과밀 수용의 문제를 해결할 수 있는 근본적인 솔루션이라고 봤기 때문이다.

좁고 열악한 조건에서 존중받지 못한 경험을 하고 사회에 나온 이들은 재범을 저지를 확률이 그만큼 높다는 것도 금 소장의 지론이다. 존중을 받아본 사람만이 존중할 수 있다는 논리인데, 매우 설득력 있게 다가온다.

일반 시민들은 재소자들에 대해 동정과 증오, 연민과 적대라는 이중적인 잣대를 가지고 있는 게 보통이다. 극단적으로는 공동체에 해악을 끼친, 용서해서는 안 되는 반사회적 존재나 괴물 정도로 인식을 하는 경우도 있다. 그렇다면 수많은 재소자들을 상대한 금 소장이 생각하는, 시설 수용자를 향하는 가장 바람직한 시선은 어떤 것일까. 물론 이것은 감정의 영역에 해당하기 때문에 정답은 없겠지만 말이다.

"일반 시민들이 느끼는 부정적인 감정은 당연합니다. 그런데 국가가 분명 잘못하고 있다는 생각이 들어요. 수용자를 교정 당국에만 맡겨두고 사실상 방치하고 있거든요. 수용자들을 국민의 한 사람으로 보고 사회 복귀를 도와줘야 하는데, 관련 정책들이 너무 흔들리고 있어요. 재소자들은 자유의 박탈이라는 형벌을 받고 있거든요. 자유를 구속하는 공간조차도 인간으로서 도저히 살 수 없는 환경을 만들어서 최소한의 인권마저 경시해요. 그러면 이 사람들이 다시 사회로 돌아와서 다른 사람에 대한 존중이나 배려를 하지 못해요. 당연히 수용 시설에 있다 나온 이들에 대한 일반 시민들의 인식도 좋아질 리 없겠죠. 국가도 시민도 수용자들을 같은 공동체의 일원으로 바라볼 필요가 있습니다. 제가 본 한국 재소자들 대부분은 온순합니다. 미국 같은 데서는 교도관들이 다치고 죽는 일이 비일비재하거든요."

재소자들에 대한 관용적인 시선을 요구하는 금 소장에게 딴지를 걸 생각은 아니었지만, 차제에 일부에서 주장하는 엄벌주의와 그 극한에 해당하는 사형제 부활에 대한 생각을 물었다.

"많은 연구들이 사형제에 대해 연구를 하고 있는데, 여전히 사형을 감정적인 차원에서 접근하는 사람들이 많습니다. 피해자를 생각하면 그럴 만도 하죠. 가족 전체의 삶이 송두리째 사라지는 사례도 봤거든요. 하지만 사형제를 유지하는 건 바람직하지 않다고 봅니다. 결국은 응보라는 감정으로는 피해가 해소되지 않거든요. 우리나라뿐 아니라 외국의 여러 나라도 잔혹한 형벌의 역사를 가지고 있는데, 인류 문명이 발전해 오는 동안 사형제를 유지해서 피해자 측의 감정을 충족시킨다고 볼 수는 없거든요. 저는 사형 집행에 직접 참여하진 않았지만 사형을 집행했던 분들과도 이야기를 많이 나눴습니다. 사형 집행에 참여하면 수당이 제법 나오는데, 그날은 집에 들어가지 않고 술을 마시면서 그 돈을 다 쓴다고 해요."

아, 사형 집행에 참여한 교도관들이 평생 짊어질 트라우마를 단 한 번도 생각지 못했던 나 자신의 해찰을 책망하는 순간이었다. 금 소장의 말은 좀더 이어졌다.

"궁극적으로 종신형이라든지 가석방 없는 종신형 같은 처벌이 생길 경우 이 사람들을 조그마한 공간에 고통을 주는 식으로 가둬놓고 교도관에게만 맡기지 말고, 어떤 공간을 주고 거기서 생활하게 하고 자율적으로 꽃 같은 것도 가꾸게 하고 그러면 어떨까 싶습니다. 오랜 수용자를 위한 호스피스 병동도 같이 만들어야 되고요. 그런 공간을 만들어서 거기서 생을 마감하도록 하는 게 바람직하다고 생각해요."

화제를 바꾸기 위해 금 소장에게 수용 시설에서 근무 중 만난 이 중에 가장 인상적인 재소자가 누군지 물었다. 뜻밖의 이름이 나왔다.

“문익환 목사님을 안동교도소에 뵈었어요. 1992년 제 초임 시절이었죠. 당시엔 3일에 한 번씩 24시간 근무를 했는데, 문 목사님은 주간에는 직원이 1대1로 대했어요. 근데 제가 가면 엄청 반가워하면서 들어오라고 하고 방울토마토도 주시고 인생의 선배로서 삶을 마주하는 자세랄까 그런 걸 말씀해주시고, 시인 윤동주의 친구이셨다면서 윤동주 시인 얘기도 하시고 아드님인 배우 문성근 씨 얘기도 하시고, 감옥에서 나가면 라틴어를 공부해 라틴어성경을 한국어로 번역하고 싶다는 말씀도 하셨어요.”

교정 행정, 즉 교도관의 일이란 결국 사람을 바라보는 시선과 태도에 어떤 철학이 담기느냐에 따라 수고에 합당한 실효를 가질 수밖에 없다. 죄를 짓고 법을 어겨서 들어온 사람을 교도관이 어떻게 바라보느냐에 따라 그가 자신의 죄를 성찰해서 시민의 일원으로 돌아가거나 아니면 재범이라는 악순환에 빠질 수도 있을 테다. 그래서 철학적 관점이 가장 중요한 화두가 되어야 하지 않을까 생각하는데 금 소장에게 인간론을 물은 것은 그 때문이다. 기본적으로 어떤 시선으로 인간을 바라보는지.

“안동교도소 초임 시절 덩치 큰 재소자가 다른 재소자와 싸움이 붙어 얻어터지고 눈덩이가 붓고 그랬는데, 그 어머니가 와서 보시고는 정말 슬퍼하시고 걱정을 하시는 거예요. 재소자들도 집에서는 누군가의 자식이기도 하고, 또 가장이기도 한 거죠. 그런 기본적 연민을 가지고 보는 게 제일 중요한 것 같아요.”

인터뷰 내내 인문적 기품과 전문성이 풍부하게 배인 멘션을 구사한 그는 그동안 꾸준히 교정 관련 기록, 사진, 책자 등을 모아 지금은 그 숫자가 수만 점에 이른다고 한다. 일제강점기에 전국 11개 형무소에 신사가 있었다고 하는데, 그 희귀한 신사 사진도 모두 수집했다고 한다. 나중에 한국에 교정박물관 같은 게 만들어지면 적극적으로 도울 생각이라고 했다.

나는 당연히 박물관장은 그의 몫이 되어야 한다는 생각이 들었다. 일은, 그 일을 가장 사랑하는 이에게 가장 먼저 주어져야 한다고.

「법률신문 2024년 11월 4일자 게재」

06

헌법 존중하면 우리가 지향할 가치 새로운 합의 필요 없겠지요

조정희

법무법인 D.CODE 대표변호사

한국에서 전통적으로 세는 나이로 막 50에 들어선 조정희(49·사법연수원 31기) 변호사와 인터뷰어는 거의 같은 세대다. 내가 그의 이야길 들어보고 싶다는 생각을 하게 된 계기는 그가 다양한 사회적 의제에 대해 세대론적 직관에 기대어 늘 예리하면서도 합리적인 인식을 보여주었기 때문이다. 특히 얼마 전 김모 교수가 쏘아 올린 오발탄 '영피프티' 담론이 공론장에서 이슈가 되었을 때도 소셜미디어에 인상적인 논평을 올리기도 했다.

만 스물넷의 나이에 사법시험에 합격한 **조정희 변호사**는
'에버그린'이라는 로펌 대표와의 인연으로 변호사의 길을 걷기로 결심한다.
미국 컬럼비아대 로스쿨에서 LL.M. 마치고 미변호사 자격증 획득한 그는
법무법인 세종의 구성원으로서 경력을 쌓고,
2021년 6월, 과감히 독립해 법무법인 D.CODE를 설립한다.

조 변호사는 그 글에서 "나이 든다는 것이 원래 짜증 나고 힘들고 괴로운 일이기는 하지만 한편 꽤 멋진 일일 수 있는 이유가 '수용'에 있다고 생각"한다면서 그 수용을 거부하는 순간 "나이 듦은 그 자체로 고통이고 괴로움일 수밖에 없고, 피상적인 젊음을 유지해 줄 수 있는 것처럼 보이는 영피프티는 다양한 상품을 팔아먹기 위해 노화의 경계에 있는 사람들에게 최면을 거는 욕망의 프로파간다에 지나지 않는다"고 핵심을 갈파한 것.

그 말에 전적으로 공감하는 전제를 깔고서 마저 물었다. 1970년대생, 현재 50대가 전·후 세대와 달리 설정해야 하는 새로운 윤리학과 시대적 역할은 무엇이 되어야 한다고 보는지를.

"우리 세대를 스킵 된 세대라고 보면서 불평하는 건 별로 멋없는 일 같아요. 끼인 세대가 된 게 다 586 때문은 아니잖아요. 결국 우리 세대만의 정체성을 만드는 것이 중요한 거죠. 정치적으로 586에게 문제가 있었다면 그것을 정확히 비판하면서 자기 지평을 만들었어야 하는 것이고, 우리 세대만의 화두 같은 걸 가지려고 노력했어야 한다고 봐요. 제가 우리 세대의 정체성이라고 느낀 것은 기본적으로 자유주의자들이 많다는 거예요. 한국은 선진국이 되었고 우리 세대가 그에 맞물려 기성세대에 진입했다면 선진국에 맞는 라이프스타일이나 에티튜드를 만들어내는 것도 우리의 역할일 수 있다고 생각해요. 과거의 레거시를 비판적으로 계승하면서 새로운 가치를 구현할 필요가 있는 거죠."

2녀 1남 권속의 생계를 거의 혼자서 책임졌던, 그래서 1분 1초도 허투루 쓰지 않았던 어머니의 모습을 보면서 성장기의 조 변호사는 집안의 유일한 아들로서 부채감을 느꼈다고 했다. 그래서 열심히 살아야겠다는 생각을 했다는 것이다. 기억은 안 나지만 친구들이 상기시켜 주기를, 중학교 다닐 때 법대에 가고 싶다는 말을 했다고 하는데 그것은 어쩌면 일찍이 안정을 희구해야만 했던 상황에서 나온 '자기 암시'였는지도 모른다. 학업 성적이 우수했던 그는 자연스레 법대에 진학하는데, 1~2학년 때는 법대문학회 활동에 주력하면서 회장까지 맡았다고 했다. 그러다가 3학년에 들어서면서 후배들에게 이제부터는 공부를 해야겠다고 양해를 구하곤 사법시험 준비에 들어갔다고. (이런 '모드 전환'은 조 변호사 특유의 남다른 유연함과 실행력을 보여주는 유력한 증거다.) 그러곤 만 스물넷의 나이에 당당히 시험에 합격한다.

"당시 IMF가 터졌고 우리 집이 한 번 더 경제적으로 큰 타격을 입었어요. 더 이상 신세를 질 수도 없었고, 폐를 끼치는 일이 있어선 안 된다고 생각했죠. 그래서 더 절실했던 것 같아요. 비교적 늦지 않게 사법시험에 합격한 건 '공부머리'가 있어서라기보다는 시험이든 업무든 저는 그것을 항상 효율적으로 해결하는 방법을 찾는 습관이 있거든요. 그런 저만의 습속이 사법시험 공부와 잘 맞았던 것 같아요."

나는 이 말이 그가 이 세계를 구성하는 모든 질서와 체계를 통합적 구조주의자의 눈으로 살피고 있음을 드러내는 말로 들렸다. 이것은 그가 변호사의 길을 걷게 되었을 때 기업자문, M&A, 금융, 부동산, 디지털 테크놀러지의 전문가가 되는 것과도 밀접한 연관이 있는 것처럼 느껴졌고.

연수원을 마친 후 공익법무관으로 나간 그는 2년 차에 대검 기획과 법무관으로 콜업돼 검찰을 경험한다. 이후 검찰로부터 지망 권유를 받기도 하지만 당시 '에버그린'이라는 로펌 대표와의 '치명적' 인연으로 변호사의 길을 걷기로 결심한다. (물론 여기에 현실적인 고려도 있었으리라.) 그러곤 미국 유학길에 올라 컬럼비아대 로스쿨에서 LL.M. 마치고 미변호사 자격증을 획득한 후 귀국하는데, 그사이 소속 회사가 대형로펌 세종과 합병되어 세종의 구성원으로서 경력을 시작한 것.

2021년 6월, 세종에서 과감히 독립해 법무법인 D.CODE를 설립해 자신의 전문성을 특화한 조 변호사에게 D.CODE의 지향점과 차별화 전략을 설명해 달라고 했다.

"사실 저희는 종합 로펌으로 민형사 비중도 높고 다양한 서비스를 제공하고 있는데요. D.CODE는 제가 세종에서 디지털 테크팀장을 하다가 나와서 만든 거예요. 2000년대 중후반부터 우리나라의 IT기업들이 많이 성장을 하고 스타트업들도 생기더니 2010년대 중반부터 새로운 스타트업들이 폭발적으로 성장하고 그랬거든요. 제가 자문을 하면서 보니까 이런 회사들의 비즈니스 모델 자체가 IT로 특화돼 있고 그에 따라 데이터와 개인 정보가 매우 중요해지고 거기에 블록체인 회사들까지 등장하니까 전에 없던 새로운 이슈들이 많이 생길 수밖에 없는 구조가 된 거예요. 그래서 D.CODE를 만들면서 그런 영역에 포커스를 맞춰보자는 생각을 하게 된 거죠. 저희만의 전략은 고객들한테 효율적인 서비스를 하자는 거예요. 대형로펌과 비교해 업무는 비슷한데 저희는 작은 회사이기 때문에 좀 더 효율을 기할 수 있는 부분이 있어요. 대형로펌은 전문 팀들이 나뉘어져 있어서 이슈에 접근할 때 다른 팀들과 협의를 하니까 의사결정이 오래 걸릴 수도 있고, 그러다 보면 리걸 피(fee)가 올라갈 수 있거든요. 그리고 저희도 이해상충 이슈가 없는 건 아니지만 대형로펌에서는 그런 게 상존하는 이슈여서 의뢰가 와도 못 하는 일들이 상당히 많아요. 그런 부분에서 저흰 좀 더 효율적으로 속도감을 낼 수 있는 장점이 있죠." 변호사 시장이 과열되어 가는 상황에서 대형로펌의 울타리를 나와 회사를 만들 때 왜 불안감이 없었겠는가. 조 변호사에게 확인차 물으니 그도 불안의 실체를 인정하면서도 걸어보지 않은 길을 걸을 때 느끼는 희열을 좇아가는 쪽을 택했다고 했다. 그는 늘 그렇게 살아왔다는 것이다. 공적 영역과 사적인 영역에서 공히 수많은 결정과 선택의 순간에 조 변호사가 금과옥조로 삼은 기준은 '그 일을 내가 즐겁게 할 수 있느냐'의 여부였다고. 단순한 그 대답이 나에겐 더없이 진솔하고 가깝게 다가왔다.

최근 기업 관련 가장 큰 이슈라고 할 수 있는, 공정거래위원회가 쿠팡에 1400억이라는 천문학적인 과징금을 매긴 것에 대해 전문가인 그의 견해를 묻지 않을 수 없었다.

"쿠팡 과징금 이슈는 계속 진행 중인 사건인데 제가 많은 이커머스 업체들을 자문했지만 사실 이커머스 업체들을 옹호하고자 하는 게 아닌데 이커머스 회사들의 비즈니스 모델 중에 하나가 사실은 자사 PB상품이나 수익성이 높은 상품들을 검색 결과 상단에 올리는 거거든요. 그걸 얼마나 세련되게 하느냐가 관건인데 쿠팡의 경우, 공정위에서 혐의를 잡은 부분들이 분명히 있었던 것 같긴 해요. 그런데 업계의 공공연한 관행이라고 할 때 잘못한 부분이 있다고 해도 이게 사상 최고 과징금을 때릴 만한 일인가에 대해선 섬세한 판단이 필요한 거고, 저는 그걸 법률신문 칼럼에서 '정무적 판단'이라고 표현한 거예요. 현재 우리나라 이커머스 업체들 상황이 상당히 안 좋거든요. 저희 아들만 해도 고등학생인데 중국 이커머스에서 질이 안 좋은 물건을 싸다는 이유로 많이 사더라구요. 고등학생들 사이에선 여기서 물건 안 사면 바보라는 이야기도 있대요. EU 같은 경우, 미국 빅테크 업체에 대해 심한 과징금을 때리는 사례가 있는데, 그건 미국 업체에 대한 뿌리 깊은 견제 의식 같은 게 작용한 것이어서 일부러 좀 많이 때리는 것이고, 우리나라 같은 경우에는 업계 생태계를 좀 깊게 들여다보는 과정도 있어야 한다고 생각해요."

조 변호사의 말은 그대로 자판으로 옮기면 바로 문장이 될 정도로 논리적이고, 거기에 동원하는 사례나 비유도 자신의 주의주장과 한치의 모순도 없이 적확하다. 변호사라는 그의 직업을 감안한다고 해도 언술의 설득력과 매혹이 상당한 것. 나는 거기서 '웰메이드'라는 단어가 떠올랐다. 그는 확실히 변호사이기 이전 한 인간으로서 잘 만들어진, 충분히 연마된, 성숙한 존재 같은 느낌을 안겨준 것.

이번엔 제너럴리스트로서의 조 변호사의 깊이를 시험하는 질문을 던져보았다. 사실 법조인들을 만날 때마다 공통적으로 답을 구했던, 내겐 화두와도 같은 질문으로, 근년 한국 사회에서 상호 격렬하게 부딪쳐온 정치적 정의를 외치는 목소리와 법적 정의를 말하는 목소리, 그 난맥상을 풀 수 있는 해법이 뭐라고 생각하는지를.

"제가 미국에서 유학할 때 제일 놀랐던 게 미국인들의 헌법에 대한 절대적 경외와 존중이었어요. 그들은 중고등학교 때부터 교과 과정에서 헌법을 배우거든요. 예컨대 지금도 미국 사회는 총기 소유 이슈를 두고 다투는데, 총기 소유에 관한 권리가 헌법에 있기 때문이에요. 이처럼 사회 정의와 관련된 이슈의 구체적 근거와 역사적 배경이 헌법에 다 있는 거죠. 미국인들이 헌법을 존중하는 걸 보면서 저는 왜 우리는 87년에 제정한, 역사적 권위가 있는 헌법을 가지고 있으면서 왜 그토록 헌법적 가치에 무심하고, 정치적 이해에 따라 얼마든지 뜯어고칠 수 있다고 보는지 굉장히 큰 불만이 있어요. 제가 솔직히 법률가라서 그런 것이겠지만 지금 한국 사회가 공통적으로 지향해야 하는 가치에 대해 새로운 합의가 필요하다고 생각하지는 않아요. 이미 있는 헌법과 그 가치에 대해 우리가 진영과 정치적 이해를 떠나 존중할 수만 있다면 그것이 상당한 무게감을 가지는 '준거'가 될 수 있거든요. 그러니까 정치적 정의와 법적 정의가 부딪쳐온 상황도 사실 헌법적인 관점에서 보면서 성찰을 해야 한다고 생각해요."

내가 지금까지 같은 질문을 던져서 받은 대답 중에 손에 꼽을 정도로 명쾌하면서도 설득력을 갖는 대답이 그로부터 나왔다. 헌법이 말하자면 정의의 대헌장 같은 역할을 충분히 수행할 수 있다는 것인데, 우리 사회의 구성원들이 다들 눈뜬 봉사에 머물러 있다는 지적일 테다. 인터뷰 말미에 이르러 조 변호사에게 지금까지 사는 동안 가장 기뻤던 일과 슬펐던 일을 꼽아달라고 한 것은 그의 심연을 확인하고 싶었기 때문인데, 그는 두 아이가 태어났을 때와 회사를 만들고 직원들과 첫 회식을 했을 때를 기쁜 일로, 그리고 수년 전, 지금은 건강을 회복한 어머니가 뇌출혈로 쓰러져 병원 수술실에 들어가시면서 눈물을 흘리는 장면을 보고는, 열 시간 이상 병원에서 어머니의 수술이 끝나기를 기다리던 그 영겁과도 같은 시간을 가장 슬픈 일로 꼽았다. 아, 그런데 그런 말을 하는 조 변호사의 눈시울이 붉어지더니 이내 구슬 같은 눈물이 흘러내리는 게 아닌가. 강해 보이는, 그리고 실제로 쿨한 그의 내면 깊숙이 내장되어 있는 측은지심이 드러난 순간인데, 나는 그것도 조 변호사의 남다른 매우 매력적인 자본으로 보였다.

조 변호사는 격렬한 '성장'과 엄혹한 '금기'를 동시에 요구한 1980년대의 이중성에 소년성을 훼손당한 자기 세대의 고독을 알고 있음에 틀림없다. 엄살 부리듯 쉽게 노출해서도 안 되지만 또한 없는 것처럼 위장해서도 안 되는 그 순금 같은 파토스를. 그가 기꺼이 어울리되 휩쓸리지 않는 화이부동(和而不同)의 가장 노련한 실행자처럼 보이는 이유도 그 때문이다.

「법률신문 2024년 7월 25일자 게재」

70년대생이 끼인 세대라 하며
불평하는 건 별로 멋이 없어
586세대에게 문제가 있다면
정확히 비판하며 정체성 만들어야

IT기업 폭발하던 시대 흐름 읽고
디지털 분야에 포커스 맞춰
걸어보지 않은 길 걷는 희열

1987년 제정 역사적 헌법 있는데
왜 그토록 헌법적 가치에 무심한지
진영과 정치적 이해를 떠나 보면
상당한 무게감 가지는 준거 될 것

07

편견에 맞서 싸운다 "비장애인들처럼 살 수 있게 해달라"

김탄진·장애경 부부

탈시설 장애인

'시설'이라는 단어는 국어사전에 등재된 일반명사다. "도구, 기계, 장치 따위를 베풀어 설비함. 또는 그런 설비"라고 설명되어 있는, 가치중립적이면서도 인공적인 개념이라고 할 수 있다. 그런데 시설이라는 말을 떠올릴 때마다 악몽에 시달리는 이들이 있다. 바로 장애인수용시설에서 생활하다가 그곳을 떠나온 이들이 그렇다.

세상 사람들은 왜 장애인들이 시설을 떠나는지 얕은 의문을 가질 수밖에 없다. 장애인들을 위한 최적화된 지원과 보호자들이 있는 곳을 그

'일심동체'를 실행으로 보여주며
사나운 세상에 맞서 씩씩하게 살아가는 **김탄진·장애경 부부**.
현실은 만만치않지만 표정은 밝다.

들은 왜 떠나고 싶어 한단 말인가. 그런데, 그런 의문은 장애인에게도 독립을 향한 자율적 욕망이 있다는 걸 망각할 때나 나올 수 있는 것이다. 이를테면 비장애인이 공동생활의 엄격한 규율이나 사생활 침해 등에 염증을 느끼고 단독생활을 추구하는 것과 마찬가지로 장애인에게도 그럴 욕구와 권리가 있다는 걸 무시할 때 말이다.

시설 밖에서 아무리 힘들고 서러워도 시설에 있을 때보다는 낫다,고 말하는 탈시설장애인부부 김탄진(57)·장애경(56) 씨를 만난 곳은 동숭동,

한국방송통신대학교 옆 노들장애인야학 6번 교실에서였다.

이들은 올해로 결혼 16년차 부부다. 월계동 주공아파트에서 알콩달콩 자식 같은 세 마리의 앵무새와 함께 생활한다. 이들 부부에게 먼저 16년이라는 시간을 부부로 지내오는 동안 다툼 같은 건 없었는지를 물었다. 먼저 남편 김탄진 씨가 입을 열었다.

"우리도 사람인데 왜 다툼이 없겠어요. 가만 생각해보면 제가 부족한 게 많아요. 한 공간에서 살다 보면 서운한 마음도 들고 다툼도 생기는데, 애경이가 많은 걸 배려해주고 있어요. 고맙다는 말을 전하고 싶어요."

아내 얘기도 들어보지 않을 수 없다. 장애경 씨에게선 좀더 구체적이고 진솔한 얘기가 나왔다.

"결혼을 안 했으면 모를까 결혼을 하고 같이 생활하니까 다툼이 없을 수 없어요. 서운한 마음도 있고요. 그런데, 다툴 때는 다투더라도 계속 대화도 해야 하고 말을 걸면 남편도 대답을 해야 하는데, 대답을 잘 안 해서 제가 또 그걸 잘 못 참아서 또 다투게 되고.(웃음)"

아내의 말을 듣고 있던 김탄진 씨가 파안대소를 한다. 김탄진, 장애경 부부는 둘 다 중증뇌병변 장애가 있다. 그런데 부부의 말인즉슨 그런

장애를 안고 있는 부부더라도 비장애인 부부의 그것처럼 부부싸움은 칼로 물베기라는 것이다.

이들이 처음 만난 것은 1996년 의정부의 재활원에서다. 장애경 씨가 먼저 들어와서 생활하던 시설에 강원도 요양원에 있던 김탄진 씨가 옮겨온 것. 밥조차 혼자 먹을 수 없고 언어 사용이 불편한 김탄진 씨와는 달리 언어 구사가 가능했던 장애경 씨가 기꺼이 새로운 식구가 된 김 씨의 손과 입이 되어주기로 한 것. 그러다가 보치아(장애인올림픽 종목 중의 하나로, 선수들이 공을 경기장 안으로 굴리거나 발로 차서 보내 표적구에 가장 가까이 던진 공에 대하여 1점이 주어지는 종목) 대회 연습을 하고 대회에 출전하는 와중에 서로 호감을 느꼈고, 이것이 연인 감정으로 발전하기에 이른다.

사실 인터뷰어로서 이들 부부를 만나고 두 사람의 매력을 확인하는 데 시간이 그리 오래 걸리지 않았다. 김탄진 씨는 뇌병변장애인의 것이라고는 믿을 수 없을 정도의 의지력과 지성, 감수성을 갖추고 있었고, 장애경 씨는 해맑고 순수한 동심의 소유자였다.

그렇게 재활원 안에서 조심스레 연인으로 지내던 2008년, 탄진 씨는 애경 씨와 결혼을 하겠다는 의사를 공개적으로 소원했다가 재활원 원장 부부와 장애경 씨의 가족, 그리고 원장으로부터 지시를 받은 시설 동료들로부터 조직적인 방해를 받기에 이른다. 평소의 인권 탄압, 장애인복지수급료 착취에도 심한 거부감을 갖고 있는 김탄진 씨는 결국 2009년 탈시설 운동을 하는 단체의 도움을 받아 혼자 재활원을 나와 체험홈으로 들어간다. 김 씨가 가족이 없는 무연고자였기에 비교적 탈시설이 용이했던 것. 사랑하는 연인을 시설에 두고 혼자서 나올 때의 탄진 씨가 느꼈을 비탄과 절망은 어땠을까. 당시의 심경은 애경 씨에게 보낸 문자에 고스란히 드러난다.

"애경아, 안녕! 나도 잘 있어. 하지만 니가 보고 싶어 미치겠어. 애경아, 니가 보고 싶고 너를 사랑해!"

시설에 남겨진 장애경 씨도 연인이 보고 싶은 마음에 애가 타는 건 마찬가지였다. 결국 김탄진 씨가 시설을 나가고 두 달쯤 지난 어느날 밤, 장애경 씨는 팔과 무릎으로 기어서 '탈출'을 감행한다. 천신만고 끝에 행인의 도움을 받아 경찰서로 가게 되었고, 그곳에서의 조사와 신분 확인 등을 거친 후 탈시설 단체 활동가의 도움으로 장애인들의 자립생활을 돕기 위해 만들어진 혜화동의 평원제에 들어오게 된다. 눈물겨운 의지로 영화보다도 극적인 탈시설에 성공한 것. 두 사람은 곧 부부의 연을 맺고 2011년에는 결혼식도 올린다.

이들 부부에게 현재 하루의 일과가 어떻게 돌아가는지 물었다. 그렇게 물은 이유는 이들에게도 다른 사람과 똑같은 일상이 있다는 것을 꼭

두 귀로 듣고 확인하고 싶은 마음이 있었기 때문이다. 김탄진 씨의 대답이다.

“아침 7시에 일어나서 커피와 담배를 해요. 그리고 새들과 인사를 나누죠. 텔레비전에서 영화 채널을 틀고 씻으러 욕실까지 열심히 이동해요. 이때가 유일하게 스스로 몸을 움직이는 시간이거든요. 그러곤 1시간 넘게 기다려서 장애인 콜택시를 타고 노들야학으로 이동해서 4층 식당에서 점심을 먹어요. 내가 혼자서 먹을 수 있는 메뉴가 그리 많지 않아 활동지원사가 주로 밥을 비벼줘요. 남들은 그 밥을 보고 개밥이라고 놀리기도 하지만 보기만 그렇지 정말 맛있어요. 점심 먹고 1시간 남짓 애경과 마로니에 공원에 바람 쐬러 가거나 근처 커피가게에서 커피를 마시면서 시간을 보내고 2시부터 시작하는 수업을 들어요. 그날그날 몸 상태가 달라서 어떤 날은 열심히 수업을 듣고 또 어떤 날은 졸기도 하고 수업이 다 끝나면 다시 ‘장콜’을 타고 집으로 가요. 집에 오면 온몸에 기운이 빠져서 한동안 바닥에 널브러져 있어요. 그러다가 저녁을 먹고 스마트폰으로 게임을 좀 하는데 주로 장기를 둬요. 그러곤 애경과 대화를 나누다가 열두 시쯤 잠을 자죠.”

교통수단 말고는 정말이지 비장애인과 별다를 게 없는 심상한 일상이다. 여기에 과연 어떤 섣부른 동정과 연민의 시선이 붙어야 할까. 김탄진 씨는 야학을 통해 검정고시를 모두 통과해서 사이버대학까지 졸업할 정도로 학구열과 지력이 뛰어나고 지금은 쓰고 있지 않지만 한때 시 창작에 매진할 정도로 문학적 감수성도 탁월하다. 야학에서 학생회장도 맡았었다고. 장애경 씨는 그런 김탄진 씨의 대변인이자 보호자 역할을 맡는다. 사실 누군가를 대변하고 보호한다는 것은 얼마나 숭고한 일인가. 그것은 삶의 동반자만에게만 주어지는 의무이고 권리이기도 하다.

탈시설에 성공한 후 이들은 탈시설장애인들의 권익, 예컨대 이동권 확보를 위한 투쟁에도 활발히 참여하고 있다. 육체적 장애를 딛고 거리에서 투쟁한다는 것이 얼마나 힘들고 고된 일인지는 좀체 상상이 가지 않는다. 그런데 김탄진 씨와 장애경 씨가 이구동성으로 이런 말을 들려준다.

"더운 여름날 시위를 하려면 육체적으로 힘들고, 또 시민들로부터 노골적인 욕설을 듣기도 해요. 하지만 정신적으로 말로 표현할 수 없는 희열감을 느껴요. 저도 무언가 더 나은 사회를 위한 투쟁에 참여하고 있다는 보람이 제가 살아 있다는 느낌을 갖게 해주거든요."

탈시설 장애인들이 우리 사회와 국가에게 바라는 것은 무엇이냐는 질문에는 확고한 표정으로 더욱 명료한 답을 들려줬다.

"다른 건 없어요. 아주 간단해요. 우리도 비장애인들처럼 생활할 수 있게 해달라는 거예요."

차제에, 이를테면 50년 전이나 30년 전, 10년 전보다는 조금씩 더디게나마 장애인이나 사회적 약자들의 권익을 생각하는 목소리들이 우리 사회에 늘어나고 있는데 두 부부가 보기에 한국 사회의 현행 법제에서 어떤 문제가 가장 피부에 와닿고 있는지 물었다.

"법을 만드는 자들이 우리 같은 탈시설 장애인들이 어떻게 살고 있는지 체감도 못하면서 아주 쉽게 말을 하고 법을 만들고 있어요. 저희만 해도 국민기초생활보장법에 의해 생계급여를 수급하고 있는데 근로를 한 이후로는 생계급여가 나오지 않고 있어요. 3~4년 전부터 종로구청에서 문화예술 모니터링요원 일을 하면서 각각 100만 원 정도씩 받고 있는데 이게 수입으로 잡혀 매달 50여만 원씩 나오던 생계급여가 안 나오더라구요. 기초생활보장법은 말그대로 가장 기본적인 생활의 조건을 보장해주는 제도잖아요. 반면 장애인의 근로는 일시적이면서 제한적인 것이구요. 그렇다면 생계급여도 계속 나와야 한다고 생각해요. 생계급여 자체가 높은 물가에 비해 현저히 적긴 하지만요."

듣고 보니 국민기초생활보장법 적용과 생계급여 지급의 운용에 적잖은 문제가 있는 것처럼 보인다. 법에 따르면 생계급여를 받기 위해서는 근로 능력이 없어야 하고, 소득이 있더라도 일정 금액 이하여야 한다. 만약 근로능력이 있는 사람이라면 자활사업에 참여하는 조건으로 조건부 수급자가 될 수 있다. 생계급여를 받기 위해서는 소득이 생계급여 수급 조건인 중위소득 100분의 30을 넘어서는 안 된다. 2인 가족은 2024년 기준 114만8435원이다. 그런데 김탄진·장애경 부부는 둘이 합쳐 이 금액 이상의 수입이 있어, 국가에서는 법령 자구 그대로 적용해 생계급여 지급을 중단해버린 것이다. 내 눈엔 행정편의를 넘어 행정폭력주의로 보인다. 근로능력이 있고 없고를 증명해내는 것, 버는 금액이 적은데도 급여 수급 기준 금액은 더 적어 둘 중 하나를 선택해야 하는 것. 이들 모두가 빈곤의 형벌화일 수도 있다.

부부는 인터뷰 내내 서로의 말에 공감의 눈빛을 교환한다. 두 사람은 이렇게 부부로서 '일심동체'를 말이 아닌 실행의 개념으로 지키면서 사나운 세상에 씩씩하게 맞서고 있지만, 안타까운 일도 있다. 부부의 연을 맺은 지 벌써 십수 년이건만, 원래 연락이 닿던 장애경 씨 원가족과의 연락마저 수년 전 끊겨버린 것이다. 전화를 해도 받지 않는다고 했다. 처음부터 시설을 나가는 것도, 장애인과의 결혼도 한사코 반대했던 가족이었다.

끝으로 김탄진 씨는 의미심장한 비화 한 토막을 들려줬다.

"결혼을 하고 신혼 살림집으로 지하 단칸방을 구하기 위해 은행 대출을 받아야 했어요. 그때 보증인과 함께 은행에 갔는데 은행 직원이 나한테 말해보라고 했지만 나는 언어 장애도 있어서 말을 못했죠. 그런 상황에서 은행장이 와서 잠시 기다려보라고 했고 잠시 뒤 보증인이 얘기를 잘해서 대출을 받을 수 있었어요. 그런데 그때 보증을 서준 친구가 사업을 하던 장애인 후배였는데, 6년 전 집에 화재가 나서 먼저 하늘나라에 갔어요. 은혜를 갚고 싶은데, 이젠 그럴 수 없어 그게 너무 슬퍼요."

장애인의 보증을 장애인이 섰다는 것. 이것은 비장애인인 우리에게 통렬한 부끄러움과 함께 매우 상징적인 패러독스를 안겨주는 것 아닌가. 가족에게마저 외면 당한 장애인의 신용과 삶을 장애인이 보증해야만 하는 현실의 날선 표정. 인터뷰어는 가슴 시릴 정도로 선뜩한 각성을 느꼈다.

「법률신문 2024년 7월 15일자 게재」

"
수용시설서 생활하다가 '탈출'
결혼 16년차 중증 뇌병변장애

"구청 모니터링 해 100만원 받으니
50여 만원 나오던 생계급여 끊어"
행정 폭력, 빈곤의 형벌화 아닌가
기초생활보장법 적용·운용에 문제
"

08

국내 유일의 '식품전문 변호사'…
방황 끝에 열 번째 만에 선택한 직업

김태민

변호사

인터뷰 전날 김태민 변호사(50·변호사시험 1회)에게 문자를 보냈다. 혹시 사전에 인터뷰어가 준비한 질문 내용을 보기를 원하는지를 묻는 내용이었다. 그러자 그는 그럴 필요가 없다는 뜻으로 다음과 같은 답장을 보냈다. "아닙니다, 생방송을 좋아합니다."

거기서부터 어쩔 수 없이 그에 대한 숨길 수 없는 호기심이 솟았다. 그동안 인터뷰했던 대부분의 법률가들은 예측가능한 것을 선호하는 직

식품영양학을 공부하고 식품의약품안전처에서 근무한 **김태민 변호사**에게 변호사는 10번 째 직업이다. 김 변호사는 한식조리사, 영양사 등 자격증을 가지고 있으면서 보험설계사로도 일하는 'N잡러'이다. 네 아이의 아빠이기도 한 그는 드라마 작가나 추리소설 작가, 건강식품 브랜드 론칭 그리고 아직은 알 수 없는 무언가를 끊임없이 꿈꾸고 있다.

업적 자의식 때문인지 사전 질문지를 받아볼 수 있기를 바랐던 것에 반해 김 변호사는 사뭇 다른 태도를 보인 것.

그의 색다른 면목은 대면했을 때도 확인됐다. 김 변호사는 말쑥한 남방 위에 니트를 받쳐입은 캐주얼 차림이었다. 수트에 타이를 맨 법률가들의 전형적 입성과는 확연히 달랐는데 거기에다 엄청난 동안이기까지 해서 IT기업의 대리급 직원 같은 활력마저 느껴졌다. 형식에 구애받지 않는 자유로움은 내가 알고 있는 자존감 높은 이들의 특징인데 그에게 성장 배경부터 물었다.

"부모님은 모두 경상도분이고 저는 서울에서 태어났어요. 부모님 대에 서울에 올라온 건데 왕십리 쪽에서 태어나서 천호동, 명일동 등에서 중고등학교를 다녔어요. 아버지는 직장에 다니고 어머니는 집안일을 하는 평범한 가정이었구요. 그런데 어느 날 아버지가 '각자 책임을 다하자'라는 가훈을 말씀하셨어요. 그때는 지나치게 개인적인 책임만 강조하는 삭막한 가훈처럼 느껴졌는데, 지금 생각하면 가족 구성원이 최소한 자기가 할 일을 다할 때 서로 신뢰가 생기고 가족으로서의 원만한 관계가 유지된다는 걸 가르치고 싶었던 게 아닌가 싶어요. 그 말씀대로 아버지는 가장의 역할을 다했고 어머니는 내조와 양육에 집중하신 거죠. 학생인 저와 동생은 공부를 열심히 하면 됐고요. 책임감과 자유라는 말을 그때 배웠달까요."

세속적 호기심이라는 측면에서 보면 그와 인터뷰를 하게 된 모티프가 될 텐데, 김태민 변호사에게 변호사는 물경 열 번째 직업이다. 그것도 30대 후반에 선택한. 그는 점수에 맞춰 서울대 식품영양학과에 진학한 뒤 적응하는 데 실패해 5년 만에 그만두고 상명대에 입학했으나 금방 곧 자퇴하고 군역을 치르고 돌아와서는 다시 인천대에 입학해 학사 자격을 비로소 손에 쥔다. 그런데 그의 노마드적 행보는 30대까지도 이어진다. 학원 강사, 중소기업 해외 영업자, 외국인 투자유치 계약직 공무원, 식품의약품안전처 공무원 등이 그가 손에 쥐어본 명함의 화려한(?) 내력인 것. 결정타는 주변에서 만류하는 데도 식약처 공무원 자리를 내려놓고 로스쿨에 들어가 변시를 보겠다고 결정한 대목. 무엇이 그토록 그를 헤매게 한 것일까.

"지금 돌아보면 삶이 20대 때나 30대 때나 지금이나 사실 크게 다르지 않다고 생각해요. 저는 다른 사람들이 볼 때 왜 저걸 하지, 이런 소릴 들으면서 불필요해 보이는 시도들을 한 거예요. 당연히 다 성공할 수 없으니까 많은 실패를 했죠. 그래도 나에게 맞는 것을 꼭 찾고 싶었고 그러기 위해서 늘 새로운 시도를 해야 한다고 생각했어요. 나에게 맞는 걸 끊임없이 찾는 게 잘못하는 건 아니니까요. 삶은 내가 만족하고 행복할 수 있는 걸 찾는 과정이라고 생각해요. 학교나 전공도 마찬가지고, 직업도 그렇죠. 가장 오래 일한 곳이 식약청에 2년 2개월이고 다른 곳에선 1년 8개월, 몇 개월 이런 식으로 옮겨 다녔는데, 이게 아니라는 생각이 들면 과감히 그만뒀어요. 그렇게 배수의 진을 쳐서 돌아갈 수 없게 만들어야 절실한 마음이 생겼거든요. 맞지 않아서 중단한다고 해서 인생이 망가진다는 생각은 안 들었어요. 그렇게 생각하는 건 지금도 마찬가지예요."

지금도 마찬가지라는 건 무슨 뜻일까?

"변호사가 제 천직이라는 생각은 들지 않는다는 거예요. 변호사를 하고 싶었으면 사법시험 때부터 준비했겠죠. 그런데 제가 다른 일을 하면서 생활을 도모하던 중 로스쿨이 생겼고 변시를 봐서 변호사가 되면 공무원보다는 생활에 여유가 있을 것 같아서 선택한 거예요. 생계유지를 위해 택할 수 있는 직업 중 한 가지였던 거죠. 이 직업의 매력이라면 이전에 가져보았던 직업보다는 좀더 많은 수입을 안겨주고(웃음), 사실 사람 만나는 걸 그닥 좋아하지 않는 성향인 제 입장에서 보면 저를 필요로 해서 찾아오는 분들을 만나 그들의 이야기를 듣고 저만의 경험과 전문성을 살려서 의뢰인들을 도울 수 있다는 보람이 있다는 거예요."

등록 변호사 숫자가 3만 명을 훌쩍 넘어선 시대다. 당연히 당사자들이 가지는 직업적 자의식도 모래사장을 투과한 빛의 스펙트럼처럼 분화될 수밖에 없을 텐데, 어떤 사람들은 여전히 변호사를 어떤 '지위'나 '권한'으로 간주하면서 배타적인 이익을 꾀하는 데 집중한다. 삶의 풍속이 다 거기서 거기라고 말한다면 이는 얼마나 쉬우면서도 허망한가. 그런데 내 눈에 김태민 변호사가 신선하게 다가왔던 건 그의 직업적 무의식이 무명을 좇는 도가적 미니멀리즘을 연상시켰기 때문이다. 뭔가를 내려놓고 지워버린 자에게서 느껴지는 허허로운 자유 같은 것. 대부분은 경쟁에 참여해 이기고 타인보다 지배적인 위치에 설 때 자신의 존재감을 확인하고 거기서 쾌감을 느끼는데, 그는 이런 통속적 대열에서 좀 이탈해 있는 사람으로 보였던 것.

"사는 동안에 높은 자리에 올라가고 싶지도 않았고 올라가 본 적도 없어요. 지금도 마찬가지인데, 제가 대형로펌 일원도 아니고 개인 변호사잖아요. 저는 이게 생업이기 때문에 하는 것이고 어떤 영향력을 도모하지도 않아요. 술도 안 마시기 때문에 사람들 만나서 친교를 하고 '형동생' 관계 맺고 이러는 걸 좋아하지도 않고 그런 것에 익숙하지도 않구요. 그런데 제가 법조 시장의 주류 문화나 질서를 거부한다고 말할 수도 없는 것이, 제가 법대를 나와서 판검사를 하다가 변호사가 된 것도 아니잖아요. 게다가 늦은 나이에 변호사를 시작했으니 주류에 합류할 수 없다는 걸 다 알고 받아들이면서 이 직업을 선택한 거예요."

아무려나 그는 현재 우리나라에서 유일한 식품전문, 식약처 공무원 출신 변호사다. 식품전문 변호사라는 캐릭터를 그도 적극적으로 미는 인상이다. 식품전문 변호사로서 그가 맡았던 가장 인상적인 사건 하나를 들려달라고 했다.

"해방 이후 식품 사건 중에 처음으로 벌금 120억이 걸린 사건이 있었어요. 식당에서 쓰는 향미유라는 게 있어요. 삼겹살 같은 걸 찍어 먹으라고 참기름에 식용유를 섞어서 내놓는 거예요. 그런데 향미유에서 발암물질 벤젠이 검출된 적이 있어요. 그런데 벤젠이라는 게 생수에도 있고 공기 중에도 있는 것인데 당시 1심에서 수사관과 검사 그리고 판사까지 먹는 것에 벤젠을 넣었다고 오해를 했던 것 같아요. 회사 관계자들이

3년 6개월 징역받고 벌금 합계가 2백 억이 떨어졌어요. 회사는 연매출 80억 정도 되는 중소기업이었는데요. 그런데 제가 2심부터 대리를 맡아서 최종제품에서 벤젠은 극소량이 나왔고 중간 원료에서 나왔는데 그건 최종 처리 과정에서 걸러진다는 걸 논증해서 무죄를 받고 그게 확정이 됐어요. 그런데 안타까운 건 회사는 이미 소송의 이미지 때문에 망하고 만 거예요. 그 사건이 제가 식품전문 변호사로서 식품업계에 이름이 알려지게 되는 모멘텀이 되었어요."

인터뷰하는 내내 그는 일관되게 직업으로서의 변호사를 객관화시켜 설명하는 데 공을 들였다. 보통 율사에게 따라붙는 공익, 봉사, 정의실현, 억강부약 같은 거창한 개념들은 생계와 밥벌이의 숭고함 앞에서는 공허한 것들이라고 생각하는 것일까. 아니면 오히려 아버지가 물려준 가훈, 자기 위치에서 주어진 책임을 다하고 자기 자신에게 자족하는 것이 우리 세대 또는 우리 시대의 윤리가 될 수 있다는 말을 하고 싶었던 걸까. 다음 말을 듣고 나는 그의 직업적 감수성을 좀더 구체적으로 가늠할 수 있었다.

"제가 변호사 되기 전 몇몇 직업을 거쳤는데, 가장 많이 받은 월급이, 물론 시간이 지나긴 했지만 250만 원이었어요. 그런데 제 또래 변호사들은 예컨대 4~5백만 원을 벌면서 시작했을 거예요. 그렇다면 저에겐 250이 기준이 되지만 그들에게는 400~500이 기준이 되는 거예요. 제가 뒤늦게 변호사가 되어보니 300만 원이 기본 사건이고 500짜리 사건 1천짜리 사건도 있더라구요. 저는 그게 고마웠어요. 상대적으로 기준점이 다른 거니까. 제가 다른 변호사들과 생각이 좀 다른 게 일반적으로 한국 사회에서 사는 사람들은 월수입 300에 안도하면서 원룸이나 전세로 살면서 더 나은 삶을 꿈꾸잖아요. 제 경험으로 만들어진 정서나 감수성은 여기에 맞닿아 있어요. 제가 첫 직장생활을 인천 남동공단 제조회사에서 시작했는데, 그 회사 사장님은 대졸자들 먹물을 빼야 한다면서 입사하자마자 공장에서 연수를 시켰어요. 그때 3개월 제조 현장에서 연수를 했는데, 학교에서나 책으로 배울 수 없는 걸 느낀 시간이었죠."

그는 의연하면서도 흔쾌한 표정으로 말했지만, 그리고 그 표정은 그가 지금 자신의 삶을 긍정하고 있음을 뚜렷히 드러내고 있었지만, 나는 그에게서 일말의 진한 고독의 자취를 느꼈다. 아무도 이해하지도, 알아주지도 않는 길고 긴 암중모색의 시간을 견디는 동안 그가 수천 번 수만 번 떨쳐냈을 회유와 유혹 앞에서의 고독을. 그런데 그는 그걸 견뎌내고 지금 열 번째만에 찾은 직업의 윤리를 수행하고 있다.

"김예원 변호사님처럼 장애우들에 대한 사회적 관심을 환기하는 데 애쓰시는 변호사님들도 물론 계시지만 판검사 지내신 분 중 변호사가 되자마자 '장사꾼'처럼 돼버리는 분들도 있는 게 현실이잖아요. 저는 여전히 삶의 중요한 가치가 뭔지, 제가 무얼 잘할 수 있는지를 찾고 있어요. 무얼 하면 정말 행복할 수 있고 만족할 수 있을까를 계속 궁리하는 거죠. 그런데 정말 모르겠어요. 변호사는 생계에 유리한 직업이지만 다른 무언가가, 제가 행복할 수 있고 만족할 수 있는 무언가가 있을지도 모르거든요."

그의 말을 듣고 '속지 않는 자, 방황한다'는 말이 떠올랐다. 사람들은 안착하기 위해, 안정을 도모하기 위해 기꺼이 현실의 수많은 논리와 타협한다. 말이 타협이지 속는 것이다. 돈과 자본에 속고, 성공의 신화에 속고, 종교의 복음에 속고, 정치적 신념에 속은 자들은 그것을 추구하는 삶에 온전히 자신의 삶을 겹쳐놓는다. 그러니 방황할 필요가 없다. 자신이 정한 길을 착실히 가면 되니까. 그런데, 그 무엇에도 속지 않은 자는 결국 방황할 뿐이다. 끝없이 그 내면에선 바람이 불 것이다. 내 눈에는 김태민 변호사가 딱 그런 이처럼 보였다. 그에게 부러운 것은 없는지 물었다.

"저도 돈많은 사람들이 부러워요(웃음). 그런데 제가 제일 부러운 건 여유 있는 삶, 시간의 여유 같은 거예요. 무엇보다 제가 지금 초등학교 6학년짜리 딸, 2학년짜리 쌍둥이 남자애들, 일곱 살짜리 막내딸이 있는데, 그애들이 지금 한참 아빠가 필요한 시기잖아요. 아이들과 많은 시간을 보내는 분들이 제일 부럽죠. 사실은 제가 만나본 사람 중에 저보다 행복하게 사는 분을 보질 못했어요. 제가 지금 이 정도로 살고 있고 행복하게 살고 있을 거라고는 생각하지 못했기 때문에 저는 지금이 참 감사해요."

그는 법률신문 리걸에듀센터와 공동 기획으로 막 법조시장에 나온 변호사들 중 영업방법을 배운 적도 없고 자신의 분야를 전문화하거나 영역을 넓히는 방법을 배운 적이 없는 이들을 대상으로 맞춤한 커리큘럼을 만들어서 교육사업을 하기로 했다는 계획을 밝혔다. 그 일환으로 그에 필요한 정보를 담은 책을 내자는 데 합의해서 원고를 법률신문 측에 넘겼다는 것이다. 책 출판과 교육을 통해 경쟁이 치열한 변호사 시장에서 틈새시장을 찾아서 자신처럼 생존하는 변호사도 있다는 걸 보여주고 싶다고 했다.

끝으로 그는 방황을 피할 수 없는 젊은 세대에게 조언 한 마디를 해달라는 요구에 이렇게 말했다.

"방황을 해야 한다면 작은 것에서라도 성취감을 경험하는 방황을 하라고 조언하고 싶어요. 성취가 없으면 방황의 피로감에 빠지게 되거든요. 작은 거지만 하나라도 성취를 하면 거기서 자신감을 얻고 또 다른 것을 찾을 수 있는 동력이 되거든요. 너무 큰 것을 좇는 방황을 하기보다는 계속 작은 시도를 하는 방황을 하면 좋겠어요. 그게 제 경험에 비추어보니 꺾이지 않고 지금까지 온 비결 같아요."

'생방송'은 이렇게 훈훈하게 끝났다. 그는 바로 집으로 퇴근해 아이들과 놀 생각이라고 했다. 그때가 오후 세 시가 조금 넘은 시간이었다.

「법률신문 2023년 12월 18일자 게재」

09

정직함과 당당함으로 자신의 세계를 경영하는 법조의 힙합 여전사

채다은

법무법인 한중 변호사

채다은 변호사(41)는 마치 완충된 배터리를 장착한 채 무대에 오르는 아이돌처럼 씩씩해 보였다. 또랑또랑한 하이톤의 말투는 거침없었고, 거기에 담긴 내용은 자신의 삶을 통해 이미 충분히 숙성시킨, 설득력 높은 경험칙들이 대부분이었다. 나는 채 변호사의 캐릭터에 분명히 매력적인 요소가 있다는 걸 감지했는데, 차츰 인터뷰가 진행되면서 그것이 자신의 콤플렉스에 대한 정직한 수용과 그 대가로 얻은 귀한 자유와 당당함이 아닐까라는 생각이 들었다. 우선 울산이라는 그의 태생지와 늦둥이라는 배경이 내겐 범상찮게 다가왔다.

채다은 변호사는 울산여고와 이화여대 컴퓨터학과,
한국외대 로스쿨을 졸업했다. 2015년 제4회 변호사시험에 합격하고 개업하며
변호사로서 첫발을 내디뎠다. 2017년 1월부터 2019년 1월까지 서울지방변호사회의
이사를 맡았으며 현재 대한변호사협회 국제위원, 국제통역번역협회 일본어전문번역사,
한국여성변호사회 총무 이사, 대한변호사협회 이사, 언론중재위원회 조정 중재 자문변호사를 맡
고 있다. 대한변호사협회 대변인을 역임했으며 현재 한국청소년활동진흥원 강사,
경기도 소청심사위원회 위원, 관세청 적극행정 지원위원회 위원,
대한체육회장 선거운영위원회 위원 등으로 활동 중이다.

"외지인들이 많은 울산에서 나고 자랐어요. 친구들 중에도 사투리를 쓰는 사람이 거의 없을 정도였고요. 제가 완전히 늦둥이이고 오빠와는 띠동갑이어서 뭐든 빨리 해야 한다는 생각을 하게 되었어요. 그런데 대학도 재수하고, 사법시험도 뜻대로 되지 않더라구요.(웃음) 선한 부모님이 특별히 물려주신 건 없지만, 사랑은 충분히 받고 자란 셈이에요. 대학에 가서는 아르바이트를 해서 수업료를 해결하는 등 자립심도 강했어요. 사실 고등학교 때 신나게 놀았어요. 학구적이거나 모범생이 아니었죠. 야자 빼고 노래방도 가고 친구들과 정말 재미있게 놀았어요. 제가 여중 여고를 나왔는데, 세상에서 제일 행복한 학생이었다고 할까요. 그게 아무런 제지도 받지 않고 가능했던 건 제가 고등학교에 들어갈 때 울산시 전체에서 차석을 했기 때문이에요. 부모님이나 선생님이 걱정을 안 하셨어요. 믿는 구석이 있어서 저렇게 놀고 있겠지라고 생각하신 거죠. 그런데 결국은 대학은 재수를 하게 됐죠."

인공적인 이미지가 승한 산업도시에서 늦둥이로 태어난 그에겐 세상이 일종의 미증유의 개척지처럼 다가온 게 아니었을까. 도전 정신과 모험을 자극하는 세계 말이다. 채 변호사는 대학에서는 의외로 컴퓨터를 전공했다고 한다. 자신은 뼛속까지 이과이고 0과 1로 만들어진 디지털 인간이었다는 것이다. 사람들이 정의라는 개념을 물으면 자신은 justice보다 definition이 먼저 생각났다고. 그랬던 그가 어떻게 지금 변호사라는 직업을 가지게 되었을까.

"제가 원래 사람에 대한 관심이 많았어요. 대학에서 컴퓨터 언어, 코딩을 배웠는데 논리, 로직은 이해되는데 재미가 없는 거예요. 그런데 어느 날 법대 수업을 들었는데, 판례를 들으면서 흥미를 느낀 거예요. 3학년 올라갈 즈음인가 사시를 볼 생각을 하고 신림동에 들어가 공부를 시작했어요. 저는 전국적인 시험, 범위가 없는 시험은 잘 쳤거든요. 중간고사 같은 건 못 봤지만요.(웃음) 집에서도 가타부타 말없이 제가 하고 싶은 걸 존중했구요. 시험공부에 필요한 비용도 다 제가 수학과외를 하면서 충당했어요. 다른 수험생들이 그룹스터디 같은 걸 하러 다닐 때 저는 과외하러 가면서 몰래 운 적도 있어요."

생활과 시험을 온전히 혼자서 감내하는 동안의 하중이 못내 무거웠을까. 채 변호사는 사법시험에서 고배를 마신다. 그러는 와중에 로스쿨 제도가 도입되고 그는 교수님과 상담 끝에 로스쿨에 들어가 다시 한번 법조인의 길을 모색하기로 한다. 이때를 회상하는데, 정직하고 쿨한 고백이 나왔다.

"사시 준비하다가 로스쿨에 들어가면 2군의 느낌, 어딘지 모르게 패잔병 같은 느낌이 있어요. 그런데 로스쿨 교수님과 상담을 하면서 너는 법대에 학적이 없으니 로스쿨에 들어가 학위 과정을 밟으면서 공부를 해보는 게 좋겠다는 말씀을 듣고 로스쿨에 들어갔죠. 사람들은 보통 로스쿨이 돈이 있는 집의 자제들이 유리하다고 하는데 제 입장에선 아르바이트 걱정 없이 공부에만 집중할 수 있던 유일한 시기가 바로 로스쿨이었어요. 장학금도 받을 수 있고 수업료도 대출받을 수 있었으니까요. 그래서 공부에 집중할 수 있었죠."

변호사 시험 4회로 변호사 자격증을 취득한 채 변호사는 취업이 안 돼 잠시 슬럼프를 겪었다고 했다. 30대 중반의 여자변호사를 환영하는 로펌이 많지 않았다는 것이다. 그러다가 선배 추천으로 모 변호사 사무실에 들어가 9개월 정도 일을 하다가, 마음에 맞는 동료들과 같이 나와서 개업을 했고, 이후에 혼자서 다시 독립을 해 일하다가 별산 체제로 올해 2월에 한중에 합류해 오늘에 이르렀다고 했다. 변호사 9년차, 채다은 변호사는 그 사이 형사전문으로 자신을 특화해 제법 실력을 인정받고 법조계 동료 선후배들에게서도 양질의 평판을 얻었다. 그는 변호사 3만 명 시대, 변호사의 위상이나 역할에 대해서도 과거와는 다른 생각을 해야 한다는 소신을 어떤 인터뷰에서 피력하기도 했다. 특히 피의자나 가해자를 대리하는 것도 변호사의 매우 중요한 역할임을 강조했다.

"분명히 죄가 되는 경우엔 그걸 받아들이게 하는 것도 변호사의 일이고 피해자에게 사과를 하게 하는 것도 변호사의 일이며, 말도 안 되는 변명을 할 때 제지하는 것도 변호사가 해야 하는 일 중 하나예요. 변호사는 어느 쪽을 대리하느냐가 중요한 게 아니라 양자 사이의 분쟁과 갈등을 조정하고 조율하는 역할을 하는 존재예요. 상대를 적으로 보아선 안 되는 거죠. 사실 성폭력 가해자 중에는 자기 죄를 전혀 받아들이지 못하는 사람들이 많은데, 사회가 요구하는 성인지감수성이 없어서 모르는 것일 수 있거든요. 그때는 그들에게 자신의 죄를 받아들이게 하는 게 중요해요. 합의금도 제시해 주고요. 피해자 입장에서는 가해자가 재산이

전혀 없을 경우 한 푼도 못 받을 수 있어요. 피해자는 이런 사실을 이해 못하고 당연히 몇천만 원은 받을 수 있다고 막연히 생각하는 거예요. 그러면 변호사가 이거라도 받아야 한다고, 그게 이득이라고 현실을 직시하게 해줄 수 있어야 해요."

이럴 때는 '뼛속까지 이과'라는 채 변호사의 앞선 고백에 자연스레 고개가 끄덕여진다. 한 사람의 죄를 묻고 동시에 피해자를 위무하는 형사 사건에서 삼엄하게 지켜내야 할 균형을 읽어내는 것이 어디 쉬운 일일까. 그런데 채 변호사는 그걸 특유의 첨예한 이성과 분별력으로 소음 없이 해내고 있는 것.

그렇다면 채 변호사는 어떤 이유로 개업 변호사, 형사전문 변호사의 길을 걷게 되었을까. 강단이 있어 보이는 말투와 호기심 가득한 눈빛을 보건대, 형사 사건들이 거느리고 있는 수많은 인간들의 화소(話素)에 끌렸던 건 아닐까. 사람에 관심이 많다고 했으니, 내 추측이 전혀 근거가 없지는 않을 터인데,

"형사 사건이 재밌어요. 사업주 입장에서 테이블 회전이 일단 빠르고요. 형사는 빨리 끝나는데, 민사는 정말 길게 끌거든요.(웃음) 형사 사건이 재밌는 이유는 수사단계에서 변호인이 동석할 수 있는데, 그 과정에서 인간의 허약한 내면이나 욕망, 위선 같은 원형적 모습들을 깊이 관찰

하고 이해할 수 있는 기회를 갖게 되는 것도 좋아요. 형사 사건은 인간에게 죄라는 굴레를 씌우냐 마느냐 하는 거잖아요. 그 과정에서 변호사가 개입할 수 있는 여지가 민사보다는 많다는 것도 형사사건의 매력이에요. 의뢰인의 경우 변호사 상담을 나에게만 오는 게 아니거든요. 그런데 그분들 말이 제가 다른 변호사와 달리 사소한 것들을 다 물어본대요. 제 입장에선 그 사람의 사소한 스토리를 알아야 그를 위해 가장 섬세한 조력을 할 수 있거든요. 법원에선 피의자가 이미 저지른 죄와 앞으로 죄를 지을 가능성을 보고 판결을 해요. 저도 그래서 피의자를 만나면 왜 그랬냐고 꼭 물어봐요. 제가 맡은 사건 중 병원에서 일하는 젊은 남자가 발가벗고 뛰어다니는 소동을 벌이다가 기소된 일이 있었는데, 이야길 들어보니 3교대 계약직으로 뛰면서 노모 병원비도 대고 삶이 팍팍하더라구요. 그런데 정신병동에서 환자들에게 많이 맞았다고 해요. 그래서 스트레스가 쌓이다가 충동이 있어서 그런 일을 벌였다는 거였죠. 기소됐을 때가 피고인이 해당 병원에서 정식 직원 된 지 석 달 됐을 때였거든요. 제가 그래서 판결 결과에 따라 회사에서 짤릴 수 있으니 한 번만 선처해 달라고 판사님에게 말했어요. 그랬더니 판사님께서 검토해 보겠다고 하시더라고요. 결국 그 사건은 선고 유예가 나왔어요. 기대 이상의 결과였죠. 결국 판결의 결과인 처벌의 수위가 한 사람의 인생을 좌지우지 할 수 있다는 걸 피력했기 때문이었다고 생각합니다."

채 변호사는 세 권의 책을 펴낸 작가이기도 하다. 특히 성폭력 사건을 경험하면서 정립된 자신의 입장과 소신을 정리한 책 〈당신 탓이 아니다〉에는 무고죄에 대한 그의 각별한 관심이 드러나 있다. 우리 사회엔 무고죄를 양성간 이슈와 연결시켜 다소 관대하게 보는 경향이 있고, 무고죄 처벌을 강화하려는 움직임이 있을 경우 여성주의자들이 반발을 하는 경우도 심심찮게 볼 수 있다. 성적 평등의 문제와 맞물려 무고죄의 진실을 정확하게 직시하지 못하는 문제에 대해 채 변호사는 분명한 어조로 무고죄를 남자와 여자라는 프레임으로 봐서는 안 된다고 말한다.

"왜 무고죄를 여성 남성 프레임으로 보는지 모르겠어요. 무고는 허위의 사실로 타인을 신고한 경우를 말하는 거예요. 의도적인 거짓말로 상대에게 피해를 주는 것인데, 여기에 왜 여성 남성이 들어가는지 모르겠어요. 무고죄는 모든 형사사건에 적용되지만, 특히 성범죄 사건에서 허위의 사실을 가리는 건 매우 중요해요. 객관적인 증거가 없이 피해자의 진술로만 인정될 수도 있기 때문이죠. 어떤 중년의 여자가 택시를 탔는데, 무슨 이유에서인지 기사와 언쟁이 생긴 거예요. 그 여성은 화가 났다는 이유로 경찰서로 달려가 운전기사가 자신을 강제추행했다고 허위 신고를 한 사건이 있었어요. 이 사건에서는 택시 차량의 실내 블랙박스 영상을 다 살펴보고 나서야 여자가 새빨간 거짓말로 운전기사를 무고했다는 걸 알게 된 거예요. 만약 무고라는 게 안 밝혀졌다면 어떻게 됐을까요. 그 택시기사는 직장을 잃게 될 뻔한 거예요. 성범죄자 취업제한 규정에 따르면 성범죄자는 택시기사를 할 수 없거든요. 또 한 가지 덧붙이자면, 요즘은 교수 임용을 할 때 성범죄 경력 조회 동의서를 받아요. 일반적인 범죄 전력이 아니라, 성범죄로 특정해서 말이죠. 좀 과장되게 말하자면 사람을 찌르거나 심하게 다치게 한 사람도 교수를 할 수 있는데, 여자 엉덩이를 만진 사람은 교수를 못하는 거라고도 볼 수 있단 말이에요. 그만큼 성범죄 전과가 가지는 파장은 여타 범죄와는 비교도 안 될 만큼 어마어마하게 큽니다. 그렇기 때문에 고소를 당한 쪽의 위험만큼 허위의 사실로 무고를 하는 사람도 강하게 처벌해야 하는 게 대등한 거 아니냐는 생각을 하게 되는 겁니다. 형사 사건의 피의자가 된다는 건 정말 무서운 일이에요. 형사 고소를 당해서 입건되면 혐의없음이 나와도 수사의 대상이 되었다는 입건 기록은 그대로 남거든요. 그렇기 때문에 무고는 남의 인생에 돌이킬 수 없는 사회적 타격을 주는 거예요. 성범죄 사건을 맡다 보면 무고로 보이는 사건도 적지 않고 애매한 사건도 많아요. 성범죄 사건을 안 해본 분들이 무고죄에 대해 현실과 동떨어진 이야기를 하는 거예요. 남의 손이 내 몸에 닿았을 때 기분이 나쁠 수는 있겠지만 그게 다 성범죄는 아니거든요. 최근에 에스컬레이터를 타면서 동행인 여성을 에스코트하느라 어깨를 터치한 남성 사건을 한 적이 있는데요. 강제추행으로 벌금형이 나왔어요. 법정에서도 최후변론하면서 재판장님께 왜 이게 성범죄냐고 물었어요. 불쾌하면 민사로 해결하면 되거든요. 예전에 성범죄 사건을 쉬쉬하던 것도 정상적인 사회가 아니었지만, 굳이 사람 간에 흔히 발생할 수 있는 사소한 스킨십까지 일일이 범죄로 규정하고 처벌하기 시작하면 그것 역시 올바르지 않은 일이라 생각합니다."

마치 소신이라는 것은 이렇게 표현하는 것이라는 걸 알려주기라도 하는 것처럼 그 어떤 눈치도 보지 않는 거침없고 솔직한 발언이다. 채 변호사의 말은, 내면에서의 독한 회의와 숱한 경험칙을 거쳐서 만들어진 소신은 이렇게 당당하고 아름다울 수 있다는 것을 또한 보여준다. 이런 소신은 2~30대 젊은 친구들에 대한 선배로서의 조언 몇 마디를 부탁했을 때도 이어졌는데, 내용이 이렇다.

"젊은 친구들에게 제가 꼰대처럼 보일 수도 있는데요. 지금은 사실 자신이 의지만 있으면 예전보다 훨씬 무언가를 습득한다거나 공부하는 것이 쉬워졌어요. 인터넷에 들어가면 무한의 가능성이 있거든요. 예전에는 돈있는 친구들이 과외를 받으면서 상대적으로 유리하게 정보를 습득했는데, 지금은 그렇지 않아요. 저는 원래 노력 안 하는 친구들이 투덜대는 경향이 있다고 생각해요. 열심히 하면 기회가 얼마든지 있어요. 저성장시대의 박탈감을 모르는 건 아니지만 또 예전에는 없던 기회도 생겼거든요. 아이디어와 에너지만 있으면 원하는 삶을 살 수 있어요. 유튜브 파고들어서 성공하는 젊은 친구들도 있잖아요."

이쯤되니 내 눈에 채 변호사가 그냥 에너지 충만한 아이돌이 아니라, 거침없는 세계관을 피력하는 힙합 전사처럼 보인다. 법조의 여전사. 아직 미혼이라는 채 변호사는 대학 때부터 독학으로 시작한 일본어가 원어민 수준이고 번역사 자격증도 가지고 있단다. 도장깨기식으로 EBS

일본어회화를 통으로 외워버렸다고. 그리고 여가 시간은 온전히 자신을 위해 쓴다고 한다. 아무리 바쁘더라도 시간을 쪼개고 쪼개서 정말 미친 듯이 논다는 것. 스킨스쿠버도 하고, 승마도 하고, 최근엔 와인 공부도 하느라 프랑스 와이너리에도 다녀왔단다. 물경 1년에 자동차 운행 거리가 4만킬로미터에 달한다고.

그녀에게 마지막으로 10년 후에는 무엇을 하고 있을 것 같으냐는 질문을 던졌다.

"언젠가 친구들이 저한테 '다른 사람은 몇 년 후에 무슨 일을 하고 있을지 예측이 되는데, 너는 모르겠다'고 하더라고요. 미리미리 뭘 계획하고 살기보다는 어떤 일에 흥미가 생기고 재미가 있을 것 같으면 뛰어가서 일단 해보고, 이리 튀고 저리 튀고 그렇게 해왔거든요. 10년 후에도 저는 그게 뭐가 될지는 모르지만 제가 제일 하고 싶어하는 일을 즐겁게 하고 있을 것 같아요."

그렇다. 정해진 궤도를 천년 만년 도는 별이 아름다우면 얼마나 아름답겠는가. 그보다는 단 한 번 궤도를 이탈함으로써 선명하게 붉은 줄을 저 푸른 허공에 긋는 별똥별이 아름답지. 채 변호사는 그걸 나면서부터 아는 사람인 것 같다.

「법률신문 2023년 10월 9일자 게재」

피의자나 가해자를 대리하는 게 변호사 역할
죄가 되면 받아들이게 하고 변명할 땐 제지
양자 사이의 분쟁과 갈등을 조정-조율해야

10

존재 자체가 메시지인 사람

이소영

제주대 사회교육과 교수

명문대 법대에 진학했지만 가족 등 주변 사람들의 기대를 '저버리고' 문학과 역사 등 '이야기'에 대한 각별한 관심으로 법철학을 공부하고 지금은 국립대학교 사범대에서 학생들을 가르치고 있는 분이라고 했다. 2년 전 출간과 동시에 화제가 되었고 지금도 꾸준히 읽히고 있는 단행본 『별것 아닌 선의』를 펴내는 등 글쓰기에도 문인 뺨치는 능력을 가진 분이라고 했다. 제주대학교 사회교육과 이소영 교수(44) 얘기다. 첫인상은 대학원 석사 과정에 적을 둔 학생처럼 앳돼 보였고 목소리도 딱 그만큼 수줍은 듯한 청량기가 묻어났다. 그런데 이 교수의 연구자

이소영 교수는 고려대 법대를 졸업하고 같은 학교에서 박사 학위를 받았다. 하버드대 옌칭연구소, 파리 사회과학고등연구원을 거쳐 한양대 비교역사문화연구소에서 연구교수를 지냈고 독일 튀빙겐대에서 강의했다. 미약한 힘으로나마 서로를 돌볼 수 있기를, 상처를 주고받는 대신 공감과 연민을 나눌 수 있기를 소망한다.

로서의 이력은 그 질량이 압도적이며 그 내용은 더없이 치열하다. 파리 사회과학고등연구원에서 포닥을 했고, 독일 튀빙겐대학교 초청으로 한 학기 동안 강의를 했으며, 하버드옌칭연구소 지원을 받아 그곳에서 박사논문을 마무리했다. 그러곤 2015년 가을학기부터 전임이 되었다. 그런 그의 마음밭을 만든 것과 공부를 추동했던 것은 무엇이었을까.

"보통은 나고 자란 곳이 개인의 성정에 영향을 미친다고 하는데, 저는 사실상 원가족과 절연을 해서 제 경우엔 가족보다는 이후에 만났던 사람들, 특히 대학과 대학원, 사회생활을 하면서 만났던 좋은 선생님들에게서 영향을 받은 것 같아요. 그분들에게서 신뢰하는 법이라든가 잘못해도 용서받을 수 있는 법 같은 걸 배웠죠. 처음 대학에 들어와서 공부를 해보니 법학이 저랑 잘 안 맞더라구요. 그때는 그랬다고 생각했는데 지금 생각해 보면 공부를 제대로 하는 법을 몰랐던 것 같아요. 고학년이 되었을 때는 집안 사정까지 겹쳐서 학원 강사 등의 아르바이트를 하면서 공부에 집중할 수도 없었죠. 그런데 앞에서 말한 좋은 분들의 도움으로 계속 공부의 끈을 놓지 않을 수 있었던 것 같아요."

학부를 마쳤을 때, 고시공부를 할 생각은 여전히 없었고, 공부에는 이제 막 흥미를 느끼고 있었고 그래서 문학으로 전공을 바꿔 대학원에 진학하는 선택지를 두고 고민을 했었다고 한다. 그런데 그는 결국 법을 포기하지 않는 쪽을 택한다. 그때 그가 문학을 택하지 않은 게 내 생각엔 헤아리기 그지 없는 우리 문학판의 불행인데, 이 교수는 이때의 이야길 이렇게 들려주었다.

"막연히 대학원에 가서 문학을 공부하고 싶다는 생각을 했는데, 제가 재밌게 들었던 법사회학 수업을 하신 이상돈 교수님과 상담을 하는 과정에서 법학을 계속 공부하면서 기초법 같은 걸 하면 문학에 대한 관심도 충족될 수 있을 거라는 생각을 하게 됐어요. 그래서 대학원에서도 법학을 전공하게 됐죠. 지금 생각해 보면 저에겐 법을 왜 선택했냐보다는 법을 어떻게 하면 버리지 않을 수 있느냐가 화두였던 것 같아요. 대학원에서 비로소 법 공부가 재밌게 느껴졌어요."

이후 학인으로서 이 교수의 관심은 법철학에서 법문학, 법사회학으로 이어졌는데, 법학이라는 큰 학제에서 보면 모두 작고 생소한 카테고리다. 공부를 마친 후 진로 등을 고민한다면 상당히 불리한 선택일 수밖에 없을 터인데, 왜 그는 좁고 험한 길을 걷기로 한 것일까.

"이를테면 법학에서 형법이나 민법 같은 경우엔 다양한 연구소도 있는데, 제가 공부한 법문학, 법철학은 의학으로 치면 기초의학처럼 선택지가 많지 않았어요. 그런데 고시 공부를 아예 지워버린 저에게는 어떻게 하면 공부를 계속할 수 있을까가 고민이었어요. 막연하게나마 좋아하는 걸 읽고 쓰고 가르치면서 제가 좋아하는 커피를 마실 수 있으면 좋겠다고 생각했어요. 그걸 가능하게 했던 것이 법철학, 법문학이었던 거죠."

그렇다면 법철학은 뭐고 법문학은 무엇일까. 이 교수에게 설명을 요청했다.

"저명한 법철학자들이 많아서 제가 그걸 정의하는 건 좀 조심스러운데요. 법철학은 법의 존재론이라고 말할 수 있을 것 같아요. 법은 무엇이고 무엇이어야 하는가를 탐문하는 학문이죠. 그리고 제가 가장 각별한 관심을 가진 법문학은 네 가지 정도로 그 영역을 설명할 수 있을 것 같은데요. 먼저 문학 작품 속에 나타난 재판과 법에 대한 관념, 무의식 등을 다룬 '문학 속의 법', 저작권이나 검열의 문제를 다루는 '문학에 대한 법 개입', 판결문이 인용하는 판례와 법적 수사 및 비평을 다루는 '문학으로서의 법', 낯설게 하기나 상호텍스트성을 다루는 '법과 문학의 방법론'이 그거예요. 이를테면 문학은 법철학이라는 주제를 구현하는 유용한 텍스트며 도구라고 할 수 있죠."

공부를 해왔고 여전히 하고 있는 주제에 대한 이야기를 할 때, 예의 이 교수의 눈빛은 지적 호기심과 허기에 목마른 학생의 그것처럼 반짝반짝 빛났다. 그런데 그의 설명을 들으면서도 한 가지 의문이 들었다. 문학은 심대한 체계이고 인류 정신사의 축이고 문화예술의 근음이라고 할 수 있는데, 법이 학문의 주제로서 또는 학제적 분류로 문학과 동위에 놓이는 것이 내 눈에는 어쩐지 비대칭으로 보였기 때문이다. 그러자 알토란 같은 부연 설명이 나왔다.

"법과 문학은 알고 보면 서로 주고받을 수 있는 게 많아요. 예컨대 법이 생명권을 이야기할 때 문학은 『엠마의 행복』 같은 독일 소설을 통해 개인의 '죽을 권리'를 앞서서 보여주기도 하거든요. 또 법이 관념으로서의 성평등을 얘기할 때도 문학은 성적 다양성을 구체적으로 이야기하면서 그 가치를 보여주거든요. 새로운 감수성, 새롭게 생성중인 어떤 감성이나 시대적 가치를 문학이 보여줄 때 법은 그것을 잘 관찰할 수 있죠."

이 교수를 인터뷰이로 추천한 분의 말에 의하면 그는, (앞에서 살짝 언급하기도 했지만) 가족사와 관련해서 평이하다고는 할 수 없는 성장기와 학습기를 거친 걸로 보인다. 실제로 매우 내향적인 성격이었고 말수도 적어서 학창 시절 생활기록부에는 빠짐없이 '조용한'이라는 말이 적혀 있었다고. 현직 대학교수에 이미 40을 넘긴 이 교수에게 이런 표현이 가당할 리는 없겠지만 그는 사회화 과정을 계속 부단하면서도 치열하게 밟고 있는 것처럼 보인다. 그의 책 『별것 아닌 선의』도 내 독법에 의하면 공동체의 무해한 구성원이 되기 위해 그 자신이 치른 격렬한 수행과 수업의 기록인데 그 행간에는 마치 미움이나 원망 같은 그을음이 날아간 자리에 천천히 흘러들면서 굳는 쇳물 같은 견결한 성찰과 각성이 가득하다. 동시대와 동시대인에게 갖는 그의 섬려한 배려, 그리고 자신에 대해 갖는 엄격함이 그에겐 DNA 같은 것일까. 대학에서 학생들에게 '법교수님'으로 불린다는 그는 학생들에게 제대로 가르치기 위해 학부 시절 상대적으로 힘들어했던 민법을 다시 공부하기도 했단다.

읽고 쓰고 배우고 가르치는 일을 정말로 사랑한다는 이 교수는 그러면서도 자신의 한계와 자격에 대한 의심을 멈추지 않는 염결성도 보였다. 10년 후엔 무슨 일을 하고 있을 것 같냐는 질문에 그는 이렇게 답했다.

"내가 공부할 때 바랐던 만큼 내가 좋은 학자인가,라고 자문을 할 때 만족스럽지 않은 답이 나오게 되는데요. 그래도 원하는 공부를 하고, 또 공부를 하는 게 여전히 즐겁고, 또 학생들을 가르치고, 또 그것으로 생계를 이어갈 수 있기 때문에 여기에 만족하고 감사하고 있어요. 10년 후에도 저에게 별 문제가 없다면 읽고 쓰고 배우고 가르치는 일을 하고 있을 것 같아요. 가만 보니 대학 사회에서 새 글을 쓰고 새로운 연구를 하는 게 가장 빨리 끊기는 것 같더라구요. 강의하고 가르치는 일은 계속 하는데, 공부하는 걸 일찍 놓으시는 분들이 계시는 거죠. 저는 글쓰고 공부하는 일을 가급적 오래 하고 싶어요. 학자가 새로운 이야기를 하려면 엄정해야 한다는 걸 느끼고 있는데, 제가 공부하는 과정에서 만난 선생님이나 동료들로부터 좋은 배움을 얻은 게 저에겐 행운이라고 할 수 있어요."

이 교수는 단순한 학인이 아니라 한 사회의 구성원이면서 그 사회의 선의와 비용으로 길러진 지식인이기도 하다. 거기에 희유한 법 전문가이다. 그런 자의식을 염두에 두고 우리 사회 각종 현안이나 법적 이슈에 대한 생각을 허심탄회하게 이야기해 달라고 했다.

"이것은 제가 공부를 하고 있는 분야니까 말할 수 있는데, 법을 통한 과거청산 같은 문제에 대해서, 그러니까 역사 해석을 법을 통해 규제하는 것에 대해서는 다소 부정적이에요. 그 밖의 다른 현안은 전문가가 아니기 때문에 말하는 게 부적절하다고 생각해요. 그런데, 강력한 폭력사건이나 대형 참사가 발생했을 때 우리 사회가 몇몇 사람과 관련자들을 악마화하고, 신상을 공개하고, 처벌을 강화하고, 그렇게 사람들이 분노를 쏟아내면서 그 문제가 해결되었다고 생각하는 경향이 있는데, 그게 결국은 착시이고, 결과적으로 우리 사회의 구조적 문제가 해결된 건 아니잖아요. 그런 식으로 정치적 진영을 떠나 '저렴한' 방식으로 문제를 대하는 문화에 대해서는 비판적이에요."

이 교수는 자신의 책에서도 '분노 없는 연민'과 '연민 없는 분노'라는 표현을 통해 우리 사회 대중과 개인이 가장 쉬운 방식으로 사회적 부채감을 털어내는 관행적 태도를 비판한 바 있다. 적선을 한 시민의 미담에 대한 우리 사회의 두 가지 반응을 일화로 들려주면서 타인에 대한 연민이나 애정 없이 분노만 표출하는 것도 서글픈 일이지만, 또한 그것을 적대시하면서, 자기 위안을 목적으로 값싼 연민을 표하는 방식으로 공동체 문제로부터 쉽게 도피하는 것도 문제라는 것이다. 그런데 이 교수는 다소간 분명한 어조로 "착한 척한다고 비난하면 달게 받겠다. 나는 냉소보다는 차라리 위선을 택하려 한다."라는 매우 인상적인 언술을 책에 쓴 바 있다. 그 말의 뜻을 구체화해 달라고 요청하자 이런 답이 돌아왔다.

"일전에 지인이 제 책에서 그 문장을 읽으며 브레히트의 〈임시 야간 숙소〉가 연상되었다고 하신 적 있어요. '그러한 방법으로 이 세계가 달라지지 않'겠지만, '몇 명의 사내들이 임시 야간 숙소를 얻고, 바람은 하룻밤 동안 그들을 비켜가고, 그들에게 내리려던 눈은 길 위로 떨어질' 거라는 시속의 문장이 생각났다는 거예요. 혹독한 시대를 줄여가는 지난한 과정에서 사람들이 버티기 위해선 임시 야간 숙소의 온기 같은 게 필수적일 텐데 그러한 온기 한 조각이 더해진 세상이 그것마저 지워진 세상보다는 낫다는 걸 표현한 것이었어요."

미디어가, 그러니까 미디어의 형식이 곧 메시지가 된다는 말도 있는 것처럼 인간의 존재 방식 자체가 메시지가 되는 사람이 있다. 나에겐 이소영 교수가 그런 존재처럼 보였다. 그의 발화나 언술은 작고 미소하지만(이 교수가 좋아하는 표현) 그것은 북아메리카의 황야를 적시는 미시시피 강의 발원인 빙하호(아이테스카호)의 작은 얼음조각처럼 마르지 않고 자꾸 얼고 녹으며 흐르는 것이라고 믿는다. 그러니까 없어질 것 같은데 없어지지 않고 늘 있는 것.

새삼 그런 이 교수의 거처가, 그러니까 공부하고, 배회하고, 모색하며 울고 웃는 그의 배후지가 제주도라는 것이 내겐 더없는 문학적 상징처럼 느껴졌다. 거긴 반성 없는 관습으로 가득 찬 중앙이 불편해하면서도 어쩌면 동경하기도 하는 가장 찬란한 유배지였으니까.

「법률신문 2023년 8월 28일자 게재」

법문학은 법철학을 구현하는 유용한 텍스트
작품 속에 나타난 재판과 법의 관념 등 다뤄
법과 문학은 알고 보면 서로 주고받는 게 많아

11

해커 공격에 100% 안전한 곳은 없다

박찬암

사이버보안회사 스틸리언 대표

얼마 전 법조계와 시민사회로부터 폭넓은 존경을 받고 있는 한 변호사로부터 흥미로운 이야길 들었다. 작년 9월 사법부 최고 기관인 대법원 도서관 홈페이지에 해커가 침입했는데, 실제적인 피해를 입히진 않고 마음만 먹으면 언제든 해킹할 수 있다는 흔적만 남기고는 사라졌다는 것이다. (당시 대법원도 도서관 서버에서 악성코드가 확인됐다는 걸 인정한 바 있다.) 이 얘길 들려준 변호사는 우리나라 법원과 검찰도 사이버보안 문제에서 결코 안전할 수 없다는 것을 암시하는 사례라면서 이에 대해서 법조 구성원들이 각별한 경각심을 가질 필요가 있다고 말했다. 우리나라 최고

박찬암 스틸리언 대표이사는
부산 남산고등학교와 인하대학교 컴퓨터공학과를 졸업했다.
박 대표이사는 HITB CTF 세계 해킹대회와 CODEGATE 국제해킹방어대회에서
우승을 했고, 2018년 美 포브스에서 아시아의 영향력 있는 30세 이하 30인으로,
2020년에는 역대 최연소, 존경 받는 기업인으로 선정됐다.
이어 국방부 정책자원위원회와 국방혁신특별자문위원회,
서울동부지방검찰청 등에서 사이버 보안 자문위원을 맡고 있다.

의 해킹 천재라는 박찬암(34) 스틸리언 대표와의 인터뷰 배경에는 이에 대한 개인적 교감과 동일한 문제의식이 깔려 있다.

먼저 '해커'들에 대해 내가 가지고 있는 이미지란 게 영화나 드라마에서 묘사된 피상을 벗어나지 못하는 수준임을 고백해야겠다. 무서우리만치 두뇌 회전이 빠르고 문제에 대한 몰입도는 상상을 초월하면서 타인

과 사회적 유대의 고리는 약한, 다시 말해 타자화와 사회화를 거부하는 외골수 같은 '관성화'된 이미지라고 할까. 박찬암 대표의 첫인상도 사실은 (내가 방금 고백한 것과 같은 편견 때문이겠지만) 그것들과 크게 다르지 않았다.

아직은 앳된 소년처럼 상기된 외양에 눈동자의 초점은 꿈을 꾸듯 자주 움직였고 말씨 또한 어눌한 편이었는데, 마치 인류의 숙제로 남아 있던 난제, '푸앵카레 추측(Poincare Conjecture)' 같은 걸 푸는 데 푹 빠져 있다가 현실로 불려 나온 페렐만 같은 인상이었다고 할까. 그런데 대화를 나누면서 그는 빠르게 한국을 대표하는 사이버보안 회사의 CEO다운 현실감각을 회복하고는 인터뷰에 적응했다.

"어렸을 때 공부는 잘 안 했고 수업 시간에 칠판을 보면서도 컴퓨터 생각만 했던 것 같아요. 컴퓨터는 초등학교 2학년 때 부모님이 학원에 보내주셔서 만나게 됐어요. 게임도 하고 워드프로세서 자격증 시험 준비도 하면서 컴퓨터에 점점 빠져들었죠. 워드프로세서 자격증 시험은 세 번 이상 떨어졌어요.(웃음) 해킹은 초등학교 5학년 때 시작했어요. 모범적인 학생이라곤 할 수 없었고 컴퓨터에만 빠져 밤도 새고 그러니까 부모님이 걱정도 하셨는데, 중2 때 해킹 대회에서 입상한 이후로는 계속 지지해 주셨어요."

박 대표는 1989년, 부산에서 기계설비 분야에 종사하는 가장의 장남으로 태어났단다. 고등학교를 졸업할 때까지 부산에서 살다가 대학에 진학하면서 고향을 떠났다고 했다. 그가 기억하는 고향집은 노환이 있던 할머니와 할아버지까지 함께 모셔서 가정 형편이 늘 빠듯한 편이었단다. 명민한 감수성으로 그런 삶의 조건이 가르치는 의미를 받아들이고 있던 그에게 컴퓨터는 일종의 해방구이자 솔루션이었을 것이다.

그는 해킹 천재로 이름을 날리면서 학창 시절 도합 열 번 정도 나갔던 대회에서 거의 매번 1등을 거머쥔다. 그랬던 그는 주변의 예상과는 달리 일반고로 진학한 뒤 수시 특기전형으로 대학에 입학한다.

"컴퓨터전문고등학교에 진학할까 생각도 해봤는데, 일반고에 진학해서 컴퓨터 이외의 다른 분야도 공부하고 싶더라구요. 그런데 막상 일반고에 들어가니까 컴퓨터에 대한 열정 때문에 다른 과목 공부를 제대로 하지는 못했어요. 입시 준비도 좀 달랐죠. 다른 학생처럼 야자를 한 것도 아니구요. 학교에서 선생님들이나 친구들의 배려가 있었고 그에 대해서 고마운 마음을 가지고 있어요."

박 대표는 '글로벌리더전형'으로 입학한 대학에서 물 만난 고기처럼 컴퓨터 해킹을 무섭게 파고든다. 그러곤 대학 2학년 때 국제해킹대회에서 우승을 차지하는 대형 사고를 친다. 눈에 씌워져 있던 꺼풀이 벗겨졌다고나 할까. 그의 특별한 재능을 눈여겨본 IT회사에서 그에게 취업을 제안한 것도 그즈음인데, 덕분에 그는 3학년 때부터 직장 생활을 경험했다고. 박 대표가 대학을 졸업한 것은 한참 뒤로 직장 생활과 병역특례까지 마치고 와서 스틸리언을 창업한 후였다.

그에게 내 딴엔 근원적이면서도 원초적이랄 수 있는 질문을 던졌다. 컴퓨터라는 기계, 또는 기계를 움직이는 언어를 꿰뚫은 천재들이라면, 마땅히 독자적인 세계에 침잠하고 그것을 끝없이 탐닉하는 게 일반적인데, 어떻게 창업이란 걸 할 생각을 했냐고. 창업이란 사람들을 모아서 공동의 목표를 향해서 나아가는 것이고, 협업의 문화와 조직의 규율도 만들어야 하는데 어떻게 단독자의 천재성을 가진 이가 창업까지 하게 됐는지 궁금했던 것. 질문은 쓸데없이 무거웠는데, 그에게선 가벼운 대답이 들려왔다. 여기엔 회사 이름에 대한 설명도 가미됐다.

"초등학교 때 꿈이 두 개 있었어요. 해커가 되고 싶은 것과 벤처 창업가가 되고 싶다는 게 그거예요. 당시 영화 같은 데서 본 해커들이 정말 멋있게 느껴졌거든요. 그리고 그때 닷컴 같은 벤처창업 열풍이 불었는데 그걸 보면서 그런 꿈을 꾼 거예요. 스틸리언이라는 회사 이름은 제가 지은 건데 해킹 등 IT 분야에서 첨단을 달리는 미국 사람들은 외계인을 고문해서 기술을 얻고 있다는 농담이 있었거든요. 그런데 저희는 고문은 잔인하니까 훔친다는 개념으로 가자, 그렇게 해서 스틸리언이라는 회사 이름이 나온 거예요."

실제로 박 대표가 내민 스틸리언 명함에는 외계인의 머리 모양이 형상화되어 있다. 바탕인 보라색은 외계인의 신비와 초현실적인 분위기를 상징한다고. 이번엔 그에게 무지를 가장해 단도직입적으로 해킹의 매력이 무엇인지를 물었다. 사전에 질문이 공유되지 않았는데도, 그의 대답은 흔쾌하게 흘러나왔다. 그게 철학으로 이미 그의 삶에 깊이 배인 까닭이겠다.

"해킹은 그 누구보다도 깊게 파는 게 매력이에요. 어떤 시스템이 있다면 그 근본적인 원리까지 알아야 가능한 게 해킹이거든요. 소프트웨어나 프로그램을 개발하는 사람들도 시스템의 원리를 파고드는 사람이지만 해킹은 그들보다 더 들어가야 한다는 거예요. 그리고 깊이 파는 것에 그치지 않고 다른 사람들이 생각하지 못한 결함의 원리까지도 알아내야 해요. 그래야 어떻게 망가뜨릴 수 있는지를 알 수 있거든요. 분석, 고찰, 창의성이 필요한 거죠. 생화학무기를 만들어내는 사람들이 인체의 생리적 체계를 깊이 알아야 하는 것과 똑같은 거예요."

그는 화이트해커로 불린다. 대법원, 검찰, 외교부, 국방부, 그리고 이름을 대면 알 만한 대기업과 금융그룹 등이 그의 고객이다. 말 그대로 우리 사회의 근간을 이루는 기관의 사이버안보를 책임지고 있는 것. 그렇다면 나쁜 쪽으로 해킹 기술을 쓰고 싶은 적은 없었을까. 그러자 의외의 고백이 나왔다.

"제가 나이가 어릴 때 한창 공부할 때의 일인데, 윤리적, 법적 테두리를 잘 몰랐기 때문에 문제가 될 만한 실수를 한 적이 있었어요. 그때 사회로부터 관용을 받은 적이 있어요. 그때 깨달았어요. 당장에는 악의적인 해킹이 재밌고 돈이 될 수 있지만 인생을 길게 보면 그 한 번의 악마적 쾌감 때문에 인생을 두고두고 후회하고 자책하면서 살면 안 되겠다는 걸 느낀 거죠."

2015년 2월 창업한 스틸리언은 고용노동부, 중소벤처기업부, 과학기술정보통신부, 미래창조과학부,대한상공회의소 등 수많은 정부부처와 국가기관으로부터 기업 역량을 인정받아 우량기업으로 선정되는 등 그 역량을 인증 받았다. 이를테면 그것은 외부로부터의 인정과 평가일 텐데, 박 대표가 스스로 가장 크게 자부하는 건 무엇인지 물었다.

"회사가 9년 차인데, 매출이나 고용 측면에서 매년 후퇴한 적이 없이 성장했다는 걸 가장 뿌듯하게 느껴요. 저희가 보안회사로는 아직 안랩처럼 큰 회사는 아닌데, 해커 기반으로 하는 회사 중에서는 그래도 우리나라에서 1등이고 그런 대표성을 가지고 있다는 점에서 자부심을 많이 느끼고 있습니다. 그래서 선도 기업으로서 본보기가 되려고 노력도 많이 하고 있어요."

스틸리언의 대표 상품은 앱수트(AppSuit) 시리즈로 스틸리언에서 백퍼센트 자체 개발한 모바일 앱 보안 솔루션이다. 국가 공인 GS(Good

Software) 인증 1등급을 획득한 앱수트는 다수의 고객사 경쟁 평가에서 최우수 기술력 보유 제품으로 선정되기도 했다. 이에 대한 그의 설명을 들었다.

"앱이라는 게 그냥 두면 공격을 당하기 쉽거든요. 그런 앱에 수트Suit를 입힌다는 개념이에요. 마블 시리즈의 아이언맨이 강력한 힘을 발휘하는 수트를 입는 것처럼 특별한 외피를 입히는 거죠. 그게 일반 사용자들에게는 보이지 않는데, 해커들이 뚫으려고 하면 기능을 발휘하게 돼요. 우리 앱수트를 이용하는 어플리케이션을 사용하는 분들이 계산해 보니 5천만 명이 넘더라구요."

여기서 짓궂은 호기심이 고개를 들었다. 악마의 속삭임에 혹한 해커 입장에서 보면, 해킹을 막아주는 솔루션을 고객들에게 제공하는 스틸리언은 한번쯤 손을 봐주고 싶은 눈엣가시 같은 존재일 터. 그동안 해커들로부터 위협이나 공격을 당한 적은 없었을까.

"아, 물론 저희 회사도 해커들로부터 해킹 공격을 받은 적이 있어요. 다른 보안 회사들은 그런 걸 쉬쉬하곤 하는데, 저는 그 당시 공격받은 사실을 인정하고 적극적으로 대처를 했어요. 유관기관과 발빠르게 논의하면서 해결책을 찾았죠. 다른 보안회사 같은 경우엔 공격받은 사실이 알려지길 바라지 않는 경향이 있어요. 정보 전문 회사로서 자신들의 이미

지나 회사의 위상이 안 좋아질까를 걱정한 거죠. 그런데 저희는 우리에게 일어난 일을 그대로 받아들이면서 정공법으로 대응을 했어요."

지극히 정직하면서도 쿨한 박 대표의 성향이 드러나는 답변이 아닐 수 없다. 그는 좀 더 이야길 부연해서, 해킹 이슈는 언제든지 발생할 수 있으며, 보안 회사로서 중요한 것은 이슈가 발생했을 때 얼마나 발빠르고 정확하게 문제를 발견해 대처를 할 수 있느냐는 것이라면서 백퍼센트 완벽한 보안은 없다고 생각해야 한다고 말했다. 그걸 전제할 때 효과적인 솔루션도 준비할 수 있다는 것. 그렇다면 대법원 도서관 해킹 시도 건에 대해서 그는 어떤 심증을 가지고 있을까. 막대한 공판 기록과 고급 정보들이 축적되어 있는 대법원이 해커들에게 뚫린다는 것은 상상하는 것만으로도 끔찍한 재앙이지 않은가.

"저희도 대법원과 일을 한 적이 있는데, 최근에 알려진 해커들이 대법원 사이트에 침투를 시도했는지 저로선 알 수 없어요. 그런데 백퍼센트 안전한 보안은 없다는 전제 하에 대법원 시스템도 뚫릴 수 있다고 봐야 해요. 대법원도 그런 생각을 하고 있어야 하구요. 해킹은 비유하자면 자연재해라고 보면 돼요. 예측하기도 어렵고 막는 것도 어렵죠. 그렇기 때문에 해킹을 당했을 때 평소에 어떻게 대처할지 시스템을 만들어놓고 피해를 최소화하는 방향으로 가야 해요. 그럴 경우 일정 부분 예방도 가능하거든요. 여기서 중요한 것은 이런 문제를 해커의 관점에서 바라보는 거예요. 일반적인 관점에서 보면 해킹이 이해가 안 되거든요. 일반적 관점에서 돌리는 시뮬레이션은 해커의 관점에서 돌려보는 시뮬레이션과는 다를 수밖에 없어요. 일반적 관점은 지나치게 이상적이죠. 현실은 그렇지 않거든요. 상상도 못한 데서 뚫리니까요."

이쯤 되니 처음에 외골수 또는 오타쿠 이미지로 다가왔던 그에게서 현실과 이상의 균형감각, 윤리적 감수성, 천재적 분별력, 차분하고 냉정한 열정, 우리 사회와 공동체에 대한 뜨거운 관심 등이 죄 드러나 보인다. 천재 해커 출신 사이버보안 회사의 젊은 CEO로서 그는 마음만 먹으면 지금보다 훨씬 유명해지고 보다 강력한 사회적 권력을 가질 수도 있을 것이다. 그런데 지금까지 그가 보인 행보는 '정중동'에 가깝다. 이에 대한 그의 생각을 물었다.

"저에게도 욕망이 다 있거든요. 돈에 대한 욕망, 인정 욕망, 유명해지고 싶은 욕망 등이 다 있어요. 그런데 예전에 인기 있는 TV 프로그램에 출연한 적이 있는데, 그날 이후 갑자기 여기저기서 많은 연락이 오고 다양한 섭외 및 출연 요청 같은 게 있었는데 제가 다 거절했어요. 저에게는 본질적인 것에 충실해야 한다는 그런 원칙이 있거든요. 사실 이게 당연한 것인데, 이걸 망각해서는 안 된다고 생각해요."

이력만 놓고 보면 박 대표는 일반적인 학창 생활과 사회화 과정을 거치지 않았다고 할 수 있다. 그런데 그와 대화를 나눌수록 깊은 인상을 받은 것은, 인간과 세계의 구조를 읽어내는 그의 안정적인 관점과 철학이었다. 이것은 확실히 천재 과의 외골수들에게서는 잘 보이지 않는, 아니 볼 수 없는 희유한 장점이라 할 수 있다. 그것은 다음의 말에서도 재차 확인되었다.

"탈세도 하고 횡령도 하는 기업들도 간혹 있는데, 그런 기업은 결국 사회의 암덩어리가 되는 거잖아요. 그런데 사회적으로 어려운 사람도 챙기고 고용도 늘리면 기업이 그 사회의 동력이 된다고 생각해요. 회사가 사회적으로 좋은 역할을 해야겠다는 마음을 먹게 되면 자연스럽게 회사도 성장하는 것 같아요. 우리 회사의 핵심 가치, 그러니까 제가 가장 중요하게 생각하는 게 integrity 정직성이거든요. 정직성, 투명성, 도덕성 이게 제일 중요하다고 생각해요. 회사 DNA에 이런 게 뿌리를 내리고 있으면 회사는 저절로 성장한다고 생각해요.

그는 노점에서 물건을 파는 노파들에게 정을 베풀던 아버지로부터 인간에 대한 사랑이나 책임감을 물려받은 것 같다고 했다. 그의 아버지는 넉넉하지 않은 집안의 맏이로서 동생들을 위해 진학을 포기하기도 했다고. 또한 노환중인 할머니 할아버지를 끝까지 모셨던 어머니에게선 헌신하는 자세를 배웠다고 했다. 화이트해커의 유전자는 가족이라는 토양에서 자란 것이라는 대단히 평속하면서도 비범한 진실을 여기서 확인한다.

아직 미혼이라는 그는 '미드'와 고전명작 영화를 보는 것이 일상의 취미라고 했다. 그에게 어서 외계에서라도 훔친 피앙세가 나타났으면 좋겠다고 말하면 지나친 오지랖일까.

「법률신문 2023년 8월 7일자 게재」

"
해킹은 비유하자면 자연재해 해당
예측하기 어렵고 막는 것도 불가능
평소에 대처 가능한 시스템 만들어
해킹피해 최소화 방향으로 대비해야
"

12

학폭피해 사망자 어머니 "변호사님 왜 그러셨어요?"

이기철

고 박주원 양 어머니

2023년 4월 5일 '학폭' 피해 사망자 고 박주원 양 어머니 이기철 씨는 자신의 SNS에 깜짝 놀랄 만한 포스팅을 올린다. 가해학생 가족과 학교와 교육청을 상대로 7년여 간 소송을 벌여왔는데, 법률대리를 맡은 변호사가 재판에 3회나 불출석해 최종 패소 결정이 났다는 것이다. 그는 법원이 그런 결정을 내리고 5개월이 지나서야 그 얘길 변호사에게서 들을 수 있었다고 했다. 포스팅의 일부를 옮기면 다음과 같다.

"그 순간 숨을 쉴 수가 없었습니다. 가슴은 바위로 내려친 것 같았고

"
변호사가 불출석해 패소 결정
7년간 진행된 소송 물거품
변협의 '솜방망이 징계'에 실망

사람들이 무심코 던지는 억측들
모든 자살은 사회적 타살이다
"

등줄기는 찌릿한 통증이 거침없이 밀려왔습니다. (……) 정신을 차리고 도대체 왜 재판기일에 안 간 거냐고 물었습니다. 한 번은 법원까지 갔으나 쓰러져서 못 갔고 두 번째 기일은 수첩에 다음날로 날짜를 잘못 적어놔서 못 갔는데 다시 재판을 할 수 있을 거라 생각했고 판사가 자신에게 잘못 알려주는 바람에 그렇게 됐답니다. 저는 이해할 수도 없고 이해해서도 안 되는 일을 저지른 변호사에게 어떻게 책임질 거냐고, 변호사인 당신의 직무태만과 무능으로 주원이 소송을 말아 먹었는데 그 결과를 왜 내가, 우리 가족이 감당해야 하는 거냐고, 이제 어떻게 할 거냐고 울

부짖으며 물어도 꽉 닫은 입은 아무 말이 없었습니다."

절절한 망단감과 배신감 등이 행간을 가득 채우고 있다. 이 글은 큰 사회적 파장을 일으켰고 말도 안 되는 문제를 일으킨 변호사는 공분을 샀다. 당사자는 이미 널리 알려진 것처럼 권경애 변호사로 평소 SNS에서 정치적인 이슈와 관련 자신의 소신 발언을 많이 해온 인사다. 아마 그래서 더욱 충격이 컸을 것이다. 누구보다도 약자를 이해할 것 같은 사람이었기 때문에.

이기철 씨의 둘째 딸 박주원 양은 열여섯이던 2015년 5월, 초등학교 이래의 학교폭력으로 고통받다가 스스로의 삶을 마감하려고 건물 아래로 몸을 던진다. 병원에 실려 간 아이는 35일을 버티다가 마지막까지 붙들고 있던 삶의 끈을 놓는다. 그때 주원 양의 부모와 가족이 느꼈을 고통의 심급이 어땠을지를 상상하는 건 어렵지도 않지만 쉽지도 않다. 그건 아마 불가능한 영역일 것이다.

나는 개인에게 지속적인 트라우마를 안기는 데 그치지 않고 피해자의 가정을 파괴하는 데까지 그 후과가 미친다는 측면에서 학폭을 상당히 치명적인 폭력이라고 보는 쪽이다. 더욱이 박주원 양의 경우처럼 피해가 사망에까지 이른 경우라면 그 가족으로부터 달아난 안정과 평화는 돌이킬 수 없는 것이 돼버린다. 내가 이기철 씨 가족에게 찾아왔던 그

터무니없이 짧았던 행복의 시간대를 물었던 것은 그 때문이다. 그가 현재 처해 있는 비극성과 보색대비를 하기 위해.

"저는 디자인을 전공했고, 책 만드는 회사에서 북디자이너로 일했어요. 그 일을 재미있게 몇 년 했는데, 제가 돌아다니는 걸 좋아하다 보니 안에서 일하는 직업과는 다른 일을 해보고 싶더라구요. 그래서 이벤트 플래너가 되기 위해 직업 교육을 하는 학원에 들어갔는데 거기서 동기인 남편을 만났어요. 결혼한 해가 1993년이고, 96년에 첫째를 99년에 주원이를 낳았죠. 양재동에서 신혼살림을 하다가, 비록 빚을 냈지만 개포동 주공아파트를 하나 사서 입주했어요. 남편과 저는 그 누구의 도움 받지 않고 두 사람의 힘으로 살자는 다짐을 했었는데, 그 약속대로 우리 힘으로 집을 장만하니까 참 뿌듯하더라구요."

개포동 주공아파트, 따뜻한 불빛이 드리치는 작은 거실에서 서로를 살갑게 보듬는 어린 딸들과 젊은 부부의 모습이 눈앞에 그려진다. 그런데 그 찰나, 이기철 씨의 입에서 뜻밖의 이야기가 나왔다.

"주원이가 학교폭력에 처음 노출된 게 초등학교 3, 4학년 때였는데요. 사실 지금까지 한 번도 밝히지 않은 사건이 있었어요. 체험학습을 갔던 아이가 도착했다기에 아이를 데리러 학교엘 갔는데, 주원이 이야길 들어보니 체험학습 버스기사가 선생님이 자리를 비운 사이 여자아이들 몸을 만지면서 추행을 한 거예요. 피해를 입은 아이는 주원이까지 모두 다섯 명이래요. 깜짝 놀란 제가 문제를 해결하기 위해 다른 피해 학생 어머니들을 접촉하는데, 이상하게도 다들 우물쭈물하면서 회피하는 분위기예요. 이건 그냥 지나갈 일이 아니라고 생각한 저는 어머니들을 설득했지만, 남편이 일을 크게 만들지 말라고 한다면서 발을 빼더라구요. 당시 아이들을 끝까지 케어하지 못한 담임 교사는 승진 문제가 걸려 있었는데, 이해하기 어려운 태도를 보였어요. 그래서 저랑 남편만 학교 교장실에 가서 버스기사와 담임 교사를 만났어요. 그런데 그 이후로 주원이가 괴롭힘의 대상이 됐던 거예요. 교사는 그걸 방조했구요."

우리 사회는 문제의 소지를 발견하고 그걸 공론화하는 사람을 앞에서는 온갖 말로 칭찬하지만, 그것이 자신들의 치부를 드러내는 일일 때는 지극히 적대적으로, 방어적으로 변한다. 잘못된 건 잘못됐다고 말하고, 틀린 것은 틀렸다고 말하면서 우리 사회가 좀 더 안전하고 서로를 신뢰하는 사회로 나아가는 데 힘쓰는 이들을, 나서기 좋아하고 싸우기 좋아하는 사람이라고 함부로 모독한다. 이기철 씨의 말은 좀더 이어졌다.

"거기가 강남이었기 때문에 더 그랬는지는 모르지만, 부모는 자신들의 체면을 생각하고 학교는 명예와 평판을 생각한 거겠죠. 문제가 발생하면 문제를 일으킨 학생이든 피해 학생이든 돈으로 해결을 보려고 해요. 그러곤 유학을 가거나 하죠. 그렇게 사건을 덮으려고 해요."

아, 깔끔한 돈의 효율성이라니. 이기철 씨의 말대로 그건 그냥 덮는 것이다. 그런 구조 아래에서 폭력이라는 욕망이 싸놓은 유충과 구더기들이 그대로 흉물로 자라고 있는데도. 똑같은 사건이 재발될 수 있는 구조는 조금도 손상되지 않은 것. 여기서 이야기를 다시 권경애 변호사로 돌린다.

학폭 피해 사망자 유족의 상처가 조금이나마 씻길 수 있는 중요한 소송을 망쳐버린 권경애 변호사는 결국 대한변호사협회 징계위원회에 회부됐고 조사위원회의 조사 및 권고를 거쳐 지난 6월 19일 정직 1년의 징계가 확정됐다. 그런데 그날 징계위원회의가 열린 변협 사무실 회의장 앞에는 박주원 양의 영정을 안은 이기철 씨가 서 있었다. 영구제명을 요구했던 그는 징계 결과에 또다시 절망하며 징계위원회와 변협에 대한 강한 불신을 토로했다.

"변호사법에 따르면 '쓰리아웃' 제도라고 영구제명을 하려면 똑같은 잘못을 세 번 해야 한 대요. 같은 잘못을 그렇게 기다려주는 게 일단 이해가 안 돼요. 그리고 변협이 국가기관도 아닌데 잘못을 저지른 회원의 징계권을 가지고 있는 것도 이해할 수 없어요. 변호사법을 개정해 그 징계권한을 박탈해야 해요. 조사위원회나 징계위원회라면 권경애 변호사가 지난 7년 동안 대리인으로서 어떻게 변론 활동을 했는지, 그 과정이 얼마나 부실했고 불성실했는지 찾아봐야 하잖아요. 그런데 양승철 변호사(이기철 씨가 권경애 변호사를 상대로 낸 손해배상청구 소송의 대리인)가 쓴 손해배상청구 소장만을 요청하더라구요. 성의가 없는 거지요."

사감이 섞일 만한 이야기인데도 감정적 왜곡이나 논리적 비약이 전혀 없이 이기철 씨의 변협에 대한 성토는 계속 이어졌다.

"그들은 피해자 측의 말은 원래 안 듣고 징계 대상인 회원이 만든 사유서만 참고를 한대요. 원래 그렇게 해왔다는 거예요. 이번 사안도 언론 앞에서는 있을 수 없는 일이 발생했고 최고수위의 징계가 내려질 거라고 말해놓고는, 원래 과태료 정도 사안인데 정직 1년이라는 중징계를 내린 거라고 내심을 알 수 없는 이야길 한 거예요."

나는 TV 뉴스 화면을 통해 딸아이의 영정사진을 가슴에 품고 변협이 내놓은 징계결과에 분노하는, 이기철 씨의 얼굴을 보았다. 그는 한없이 외로워 보였다. 세상에 믿고 어깨를 기댈 사람이 하나도 없는 이의 맹렬한 고독감을 그 얼굴에서 보았다. 그렇다면 무엇을 말하려고 딸아이의 영정사진까지 갖고 현장에 갔던 것일까.

"징계위원회 열리기 전 jtbc 기자로부터 연락을 받았는데, 조사위원회가 징계위에 정직 6개월 이상을 권했다는데 들었냐고 묻더라구요. 저는 그때부터 이들이 장난을 치는구나라는 생각이 들었어요. 왜 이런 내용을 미리 언론에 흘릴까 하는 의심이 들더라구요. 그래서 가만있으면 안 되겠다는 생각이 들어서 주원이 영정을 들고 직접 가기로 한 거예요. 그래서 회의실 문을 지키고 있었는데, 30분이 지나도 징계위원들이 안 나타나더라구요."

이기철 씨는 징계위원회의 구성에서부터 그들의 결정이 결국 '제 식구 감싸기'로 흘러갈 수밖에 없는 구조라는 말을 했다. 그가 징계위원으로 위촉된 이들의 직업을 보니 법학교수까지 포함해 9인 대부분이 범법조계 인사로 구성되어 있었다는 것이다. 즉시 의문이 들었다. 국민참여재판의 배심원처럼 교사나, 자동차 딜러, 소설가 같은 다양한 직업군에 속하는 인사들을 변협 징계위원회에 참여시키면 왜 안 되는 걸까. 변협 스스로 불신을 자초했다는 생각.

그런데 이기철 씨가 학폭 사건 관련해 처음부터 소송을 생각했던 건 아니었다고 했다. 당연히 권경애 변호사를 대리인으로 염두에 두었던 것도 아니라고.

"주원이 장례식 치르고 나자 학폭 피해자의 가족들이 어떻게 살고 있는지 궁금해졌어요. 그래서 학폭피해자모임을 시작했어요. 적지 않은 가족이 해체되거나 부모가 이혼하거나 한쪽이 죽거나 그런 망가진 상태로 살고 계시더라구요. 아이를 잊지 못해 거의 미친 엄마, 그 엄마 때문에 고통받는 또 다른 자녀, 그 집의 아빠가 모두 망가지는 거예요. 그런데 당시 친한 친구가 저에게 너는 그러지 말고 지혜로울 수 있으면 좋겠다고 하더라구요. 마침 다른 분의 권유도 있었고, 그래서 싸워야겠다고 마음먹고 소송을 결심하게 됐죠."

여기서 이기철 씨는 권경애 변호사를 만나기 전에 접촉했던 다른 변호사들에게서도 절망한 이야기를 들려줬다.

"주원이 유골이 있는 사찰의 주지스님이 주원이 사건을 세상에 알려야 한다, 언론에도 알려야 하고 소송도 해야 한다고 권하셨어요. 그래서 그분 소개로 대형로펌 변호사와 한겨레 임원을 만났는데, 대형로펌 변호사와는 네 시간 정도 이야길 나눴는데 학폭을 잘 모른다면서 발을 빼더라구요. 그러면서 적지 않은 거액의 상담료를 청구하는 거예요. 도저히 수긍할 수 없어 못 줬어요. 한겨레 임원은 은광여고 이사진과 친분이 있어 기사를 못 쓴다고 했구요. 한번은 학폭 전문변호사를 만나러 갔더니 직원이 그 변호사가 지금 어딜 갔다면서 자신과 얘기를 나누면 된다, 이런 적도 있었어요. 그때 지인이 소개해준 권경애 변호사를 알게 됐고 이런 소이연을 다 이야기했어요. 그걸 듣더니 제가 하겠습니다, 해보겠습니다. 이러더라구요."

그렇게 적극적이었던 권 변호사도 그렇고, 앞서 만나본 다른 변호사들도 그렇고, 교통사고를 당한 이를 벼랑에서 밀어버린 격이 바로 이런 경우를 두고 하는 말 아닐까. 그런데 다행스럽게도 그에겐 믿을 만한 든든한 아군이 있었다. 시민운동과 활동가들의 모임에서 만나 알게 된 재심 전문 박준영 변호사가 그다. (그렇다, 법에 속고 변호사에게 속아도, 서민 일반이 최후에 기댈 곳은 역시 법이고 변호사다.)

"사실 권경애 변호사로부터 소송이 취하되었다는 이야길 듣고 제일 먼저 연락을 드린 분이 박 변호사님이에요. 제가 아무도 믿을 사람이 없다고, 바짓가랑이를 붙잡는 심정으로 전부 설명을 드렸더니, 이건 어마어마한 사건이라고 하시면서 이건 어머니 혼자 해결 못하니 법률적 도움을 받아야 하는데, 자기는 재심 사건이 너무 많아 못한다, 그러더라구요. 그러면서 자기 집안 사건을 맡길 정도로 신뢰하는 분이 있다면서 양승철 변호사님을 소개해 주셨어요."

현재 양승철 변호사는 이기철 씨를 대리해 권경애 변호사를 상대로 한 손해배상청구 소송을 진행중이다. 그와 관련한 이야기를 들어봤다.

"1심 판결이 있고 도저히 수긍할 수 없었어요. 그래서 항소를 하겠다고 했고 권경애 변호사가 만나서 얘기하자고 해서 만났는데, 뭔가 전략적인 이야기가 나올 줄 알았는데, 계약부터 하자고 해요. 1심 판결에 대해서도 증거가 부족하고, 증인이 부족해서 이런 말만 하는 거예요. 그런데 양승철 변호사가 전체기록을 뽑아서 분석한 걸 같이 봤는데, 제대로 싸운 게 없다고 하더라구요. 예를 들어 은광여고가 학폭위를 열지 않은 것과 진선여중의 당시 잘못들을 어느 정도 재판부가 인정했다면, 학폭과 3년 후의 자살과의 인과관계를 가지고 싸울 게 아니라 그런 잘못들에 대해 집중적으로 싸웠어야 한다는 거예요."

원컨 원치 않건 우리 시대 가장 상징적인 학폭 피해자 가족인 이기철 씨에게 학교폭력의 근절과 피해자에 대한 적절한 치유와 회복을 위해 우리 사회가 모색해야 할 일은 무엇인지, 어떤 문제들이 발목을 잡고 있는지를 물었다.

"피해자 모임에서 학교폭력은폐방지법 법안 발의 준비를 했는데요. 피해자들의 치유와 회복을 생각해야 한다는 관점에서 움직이려고 했는데, 무슨 문제가 있었냐면, 법안 발의의 필요성에는 동의하지만 개별적인 내 문제, 내 사건부터 먼저 해결해야 한다는 생각이 앞서더라구요. 현재 걸려 있는 자신의 소송에 신경을 써야 하기 때문에 전체적인 구조를 보는 게 어려운 거죠. 몇 년 전에 국회 정책토론회에 가서 발제를 했는데, 나중에 문체부 장관까지 지낸 모 의원이 앉아서 졸다가 나가버리더라구요. 또 학교폭력, 아동폭력 문제를 다룬 어떤 토론회에 갔더니 5년 동안 연구를 했다는 연구원이 좀 엉뚱한 얘길 하기에 제가 손을 들고 물어봤어요. 당사자를 몇 명이나 만나봤냐고, 그랬더니 한 명도 만난 적이 없다고 하더라구요. 그러면서 전문가라면서 발제를 하고 있는 거예요. 당연히 피해 당사자를 만나 이야길 들어봐야죠."

기승전결이 완미한 논리력과 풍부한 표현력을 가진 이기철 씨의 이야기를 듣다 보니 어느 사이 예정된 인터뷰 시간이 훌쩍 넘어갔다. 그래서 마지막으로 내가 내심 경이로운 눈으로 보고 있던 걸 물었다. 대표적인 산재 피해자인 태안화력발전소 고 김용균 씨의 어머니 김미숙 씨에게서도 느낀 것인데, 나는 여자이면서 어머니인 그분의 강고하면서도 헌신적인 투쟁이 눈부시도록 아름답고 빛나 보였는데, 그 오라를 이기철 씨에게서도 느꼈던 것. 단순히 말하면 주원이의 아빠가 나설 수도 있을 이런 싸움을 왜 직접 나서게 됐는지, 그 소이연을 들려달라고 했다.

"아까도 얘기했지만 학폭 피해자 모임을 하면서 피해자 가족들이 어떻게 살아가고 있는지를 살펴봤어요. 3년 만에 아버지가 삶을 마치는 것도 봤고, 이혼하고 망가지는 것도 봤죠. 저는 대한민국에서 여자로 살면서 남자들의 가부장적 한계를 보았는데, 한 가족에 중한 위기가 닥쳤을 때 그냥 뚝 부러져버릴 수 있는 게 남자들, 아빠들이더라구요. 나는 남자니까 아빠니까 나는 버텨야 해, 이런 자존심과 사회적 위신 때문에 그렇게 꺾여지는 거예요. 우리 주원이 아빠도 정말 순한 사람이어서 운전할 때 상대 차 운전자가 잘못해도 아무 말도 못할 정도에요. 저도 내성적인데, 그렇게 순한 사람이랑 살다 보니 '싸움닭'이 되더라구요. 주원이가 세브란스병원 중환자실에서 35일을 있다가 갔는데 그때 남편이 저한테 그러더라구요. 나랑 결혼하지 않았으면 당신이 이런 고통을 겪지 않아도 될 텐데 너무 미안하다고요. 그래서 제가, 아냐, 내가 당신과 결혼한 건 내 선택이야, 자책하지 말라고 그랬어요. 한 번도 남편을 책망한 적도 없고 어떻게 해달라고 요구하지 않았어요. 남편은 지금 공황장애로 아무 일도 못하고 있어요."

가부장제의 역설적인 진실, 그리고 섬약한 남편에 대한 사랑을 말하는 그 대목에서 그의 목소리가 떨리더니 눈가에 이슬이 맺혔다. 어린 딸아이가 사경을 헤매고 있는 중환자실 앞에서 눈물의 언어로 서로를 씻긴 이들 부부가 개포동 주공아파트 한 칸에 막 입주했을 때, 그들은 얼마나 안도하면서 자신들의 행복을 감사했을까.

모든 자살은 사회적 타살이라는 말은 여러 층위에서 유효하다. 자살로 삶을 마친 이가 거기에 이르기까지의 우리 사회가 보여준 태도는 말할 것도 없거니와 스스로 지상에서 육신을 물린 이후 타인들이 무심코 던지는 시선이나 허다한 억측 역시 자살이 사회적 타살이란 혐의를 뒷받침한다. 학폭 피해자 고 박주원 양의 자살은 사회적 타살의 모든 구성요건을 충족시키고 있는 모양새지만 아직 이 서사는 끝나지 않았다. 여기, 드물고 정한 갈매나무 같은 투사가 어머니라는 이름으로 서 있기 때문이다.

「법률신문 2023년 7월 24일자 게재」

우리 사회는 문제의 소지를 발견하고
그걸 공론화하는 사람을 앞에서는 온갖 말로 칭찬하지만,
그것이 자신들의 치부를 드러내는 일일 때는
지극히 적대적으로, 방어적으로 변한다.
잘못된 건 잘못됐다고 말하고,
틀린 것은 틀렸다고 말하면서
우리 사회가 좀 더 안전하고
서로를 신뢰하는 사회로 나아가는 데 힘쓰는 이들을,
나서기 좋아하고 싸우기 좋아하는 사람이라고
함부로 모독한다.

13

'골리앗' 퀄컴과의 싸움서 이긴 '법조계의 다윗'

역대 최대 행정소송을 승리로 이끈

최승재

법무법인 클라스 변호사(현 클라스한결 변호사)

1조300억 원이 넘는 역대 최대의 과징금을 두고 공정거래위원회를 대리해 6년간을 끈 행정소송에서 승리를 이끌어내는 데 결정적 역할을 한 변호사라고 했다. 상대는 미국에 본사를 둔 퀄컴이라는 글로벌기업과 그를 대리한 국내 굴지의 대형로펌의 변호인단이었단다. 그래서 법조계 일각에서는 흔한 비유지만 이 소송을 다윗과 골리앗의 싸움으로 보았다는 것이다.

나는 그래서 그를 만나기 전 그가 치밀한 전략가이자 열정적 투쟁가

최승재 변호사는 부산 용인고와 서울대 독어교육과를 졸업했다. 서울대대학원 국제법 석사 및 경제법 박사, 서울시립대 대학원 세무학 박사과정을 수료했다. 1997년 제39회 사법시험에 합격, 2000년 사법연수원을 제29기로 수료하고 삼성 SDI 기업변호사로 첫 발을 내디뎠다. 이어 한국 마이크로소프트 기업변호사, 경북대 로스쿨 교수, 대법원 재판연구관을 지내고 김앤장 법률사무소와 법무법인 다래 등에서 변호사로 일했다. 한국 엔터테인먼트법학회 회장을 역임했으며 현재 언론중재위원회 중재위원, 국세청 조세법률고문, 금융감독원 분쟁조정위원 등으로 활동 중이다.

유형이 아닐까 싶었다. 그런데 이런 내 예상은 대화를 시작하고 채 20분이 안 돼 보기 좋게 빗나갔다. 최승재(51·사법연수원 29기) 변호사는 상당히 사변적인 사람이었고, 언술과 표정 같은 표현을 매개하는 개별 단위까지 상대방을 섬세하게 배려하는 사람이었다. 게다가 그는 겸양이 몸에 밴 것처럼 보였는데 그것은 승소 판결 당시를 이렇게 회고하는 데서 드러났다.

“공정위 사무관과 대법원에 가서 판결을 들었는데, 저에겐 이기고 지고의 문제보다 중요한 사례가 될 수 있는 사건의 결과를 보는 게 의미가 있었어요. 그런데 사무관은 승소 판결이 나자마자 보도자료 돌려야 한다면서 갑자기 급해지는데, 저는 남들이 알아주고 말고가 중요한 게 아니었어요. 사실 인터뷰를 몇 군데 한 것도 친한 후배 변호사가 그렇게 가만있으면 안 된다고 해서 한 것인데….(웃음)”

사전에 미리 말하면, 이 인터뷰는 퀄컴 사건이 노정한 법리적 이슈나 법제적 의미를 전달하는 데 목적이 있는 게 아니라, 그것을 숙명으로 받아들인 한 변호사가 그 사건 앞에 당도하기까지의 고유하면서도 징후적인 서사를 전달하는 데 있다. 먼저 그 서사의 첫 줄이 될 성장 배경을 물었다.

“부산에서 태어났어요. 반송이라는 동네에서 자랐죠. 당시 ‘도시빈민’들이 모여드는 부산 주변부였어요. 할아버지가 일제 강점기 일본 유학생 신분이어서 아버지는 동경에서 태어났다고 해요. 부모님은 초등학교 앞에서 문방구를 하셨어요. 제가 ‘문방구집 아들’이었던 거죠. 저는 밑에 동생 둘이 있는 장남이에요. 부모님은 매일 아침 다섯 시에 일어나 일을 시작해 밤늦게 들어오셨어요. 제가 공부를 해야겠다고 마음먹은 건 초등학교 2학년 때 아버지가 앉은뱅이 책상 하나를 사주신 게 계기가 됐는데요. 어느 날 시장에 가보니까 부모님이 엄청 고생을 하시는 거예요. 어린 나이에 그게 참 애처롭게 보였어요. 부모님이 밤늦게 일을 마치고 집에 오셨을 때 제가 공부하는 모습을 보시면 그렇게 좋아하셨어요. '시골집 장남'인 내가 뭘 할 수 있을까. 그런 생각을 하다가 공부를 택한 거예요."

타고난 수재인데다 적성도 맞고, 거기에 적실한 모티프까지 있었던 최승재 변호사는 '공부하는 일'에 매진해 서울대 독어교육과에 입학한다. 원래는 의사가 되면 돈을 잘 벌 수 있다는 말을 듣고 이과를 가려고 했지만, 당시 고등학교 교감 선생님의 지극히 '고전적인' 설득에 그는 문과로 진로를 바꿨다고 했다.

"고1 마칠 즈음 어느 날 교감 선생님이 불러서는 우리 학교가 신생학교이고 너는 수석으로 입학했으니 문과를 가는 게 좋겠다고 진지하게 권유하시는 거예요. 의사라는 직업을 희망했던 것도 저의 자발적인 의지는 아니었기 때문에 말씀을 따라 문과를 갔어요. 그러면서 대학은 법대를 가야겠다고 생각했어요. 하지만 그러지 못한 것은 우리의 비극적인 현대사의 어떤 이념적 이슈에 할아버지가 연루되어 있었기 때문이에요. (그는 이 사실을 밝히지 말아주길 바랐는데, 이게 그의 삶을 이해하는 중요한 실마리라는 생각이 들어 축약해서 넣었다.) 아버지로부터 그 말을 들었을 때 청천벽력이었어요. 그래도 부전공을 법학으로 했어요. 당시가 혼란스러운 시대였고 제가 할 수 있는 건 책을 파고드는 것밖에 없었어요. 전공학점, 계절학기 같은 걸

다 합해서 150학점 넘게 이수하고 7학기만에 조기졸업을 했어요. 당시 중앙도서관이 저에겐 가장 안온한 곳이었어요. 그때 꿈이 중앙도서관에 있는 모든 책을 다 읽는 거였어요."

최 변호사가 대학에 입학한 해는 1990년. 정부는 규제하고 있던 과외를 풀어준다. 그런데 그가 서울에 올라와 보니 아는 사람이 아무도 없었다고 했다. 그 흔한 '사돈의 팔촌'조차 없었다고. 그래서 그는 모든 걸 혼자 힘으로 해결하기로 한다. 서울에 연고가 있는 다른 친구들이 소개를 받아 고액이 보장되는 과외 자리를 찾아갈 때, 그는 학교 구직센터에 의존해 겨우 일을 구할 수 있었단다. 과외 수입으로 생활비 쓰고 읽고 싶은 책도 사고 나머지 반 정도는 부모님에게 보냈다고 했다.

"그 시절 늘 곤궁했던 기억이 있어요. 선배들에게 넉살 좋게 밥 좀 사 달라고도 할 수 있는데, 이상하게 자존심 때문인지 그런 말이 안 나오더라구요. 좀 역설적이지만 그게 지갑에 돈이 있는 친구들은 쉽게 할 수 있는 말이지만 진짜 돈이 없는 사람 입장에서는 쉽게 꺼낼 수 있는 말이 아니더라구요."

워낙 공부를 좋아했던 그는 석사를 법대로 진학하면서 대학교수가 되어 학생들을 가르치고 싶다는 꿈을 갖게 된다. 사법시험을 본 것도 사실은 교수로 가르칠 때 변호사 실무 경험이 도움이 될 거라는 판단에서였다고. 자기말마따나 형편이 여유롭지 않은 '시골집 장남'이라면 으레 입신과 출세에 대한 욕망을 품기 마련이다. 자기 능력과 보상을 빨리 교환해 곤궁한 기억으로부터 해방되기를 바라는 게 인지상정일 터. 그런데 그것은 그 주체를 짓누르는 일종의 중압감이다. 우리는 종종 '없는 집안'의 수재들이 중압감을 못 이겨 삶을 그르치는 경우를 보기도 한다. 그런데 들어보니 최 변호사는 자기자신과 정직하게 대면하고 앎을 희구하는 즐거움을 향유하면서 그 중압감을 자연스럽게 무화시켰던 것 같다.

"저는 중압감을 그다지 많이 느끼진 않았어요. 오히려 선생님들이 기대를 많이 했던 것 같아요. 저는 그럴수록 제가 좋아하는 일, 옳다고 생각하는 일에 매진했어요. 성공해서 부모님이 좋은 차를 타시게 하고 좋은 음식을 드시게 해드리고 싶다는 생각이 저라고 왜 없었겠어요. 그런데 저는 학문을 하고 싶었어요. 늘 제가 선택하는 걸 믿고 지켜봐주신 부모님께 죄송한 마음이었죠."

석사를 마친 그는 박사과정을 밟기 위해, 후일 공정거래위원장이 되는 서울대 권오승 교수를 찾아간다. 그런데 그때 뜻밖의 조언을 듣는다.

"교수님이 말씀하시길 법학을 제대로 하려면 박사만 해서는 안 된다. 실무를 경험해 봐야 한다는 거예요. 저는 그 말을 박사과정을 안 받아주겠다는 말씀을 돌려서 하신 거라는 생각이 들었어요. 그래서 사법시험 준비를 시작했어요. 그런데 시험 합격하고 연수원을 나올 즈음 우연히 신문 한 조각을 봤는데, 삼성에서 변호사를 뽑는다는 공채 공고가 났더라구요. 그전까지 삼성은 전관 출신이 아니면 변호사를 뽑지 않았거든요. 우연 같은 일이 거푸 일어난 거죠. 그래서 원래는 헌법재판소를 가고 싶었는데, 삼성에 들어가게 됐어요. 그러자 친척들이 '아니 판사를 해야지 왜 그런 데를 들어가' 이런 얘기들을 많이 하더라구요. 판사가 되고 안 되고가 문제가 아니라 저는 목적이 달랐던 거예요."

이후 그는 마이크로소프트로 옮겨 공정위와 마이크로소프트 간의 분쟁에서 마이크로소프트를 대리하게 되고, 송사가 끝난 후 그토록 바라던 경북대 로스쿨 교수로 가게 된다. 그런데 이번 퀄컴 사건에서 여실히 증명된 스페셜리스트로서의 그의 전문 분야, 지적재산권법, 특히 특허법, 공정거래법에는 어떻게 관심을 갖게 된 걸까.(그는 이 분야의 대표적인 3대 사건이랄 수 있는 공정거래위원회 대 마이크로소프트 사건, 삼성 대 애플 사건, 공정거래위원회 대 퀄컴 사건에 모두 관여한 바 있다.)

"어떤 변호사가 될 것인가가 늘 고민거리였는데, 법조인은 두 부류가 있다고 생각했어요. 배분을 잘하는, 그러니까 배분적 정의에 기여하는 법조인이 있고, 또 하나는 생산하는 이들을 돕는 법조인이 있다고요. 저는 후자, 그러니까 우리 부모님처럼 양심을 속이지 않고 성실하게 사는 사람들이 보상받는 사회를 만드는 데 기여하는 변호사가 되어야겠다고 생각했어요. 그런데 공부를 해보니, 지식재산권법이나 특허법이라는 것이 세상에 없던 것을 발명하고 만들어내는 사람들을 보호하고 지켜주는 분야더라구요. 이걸 파고드는 게 내가 살고 싶은 삶이라는 생각이 들었어요."

여기에는 또 하나의 필연 같은 우연이 개입한다. 연수원에 있을 당시 미국에 견문을 갈 일이 있었는데, 현지 서점에 갔다가 《Science and Law》라는 책이 유독 눈에 띄더라는 것이다. 그때 머리를 둔탁하게 때리는 어떤 느낌이 있었다고 했다.

여기서 인터뷰의 계기가 된 퀄컴 사건에 대해서 언급을 안 할 수 없는데, 그가 공정거래위원회를 대리하게 된 배경에도 학인으로서 그가 성실하게 밟아온 프로세스와 성과물이 매개로 작용했다. 그가 쓴 책을 읽은 공정거래위원회 공무원이 찾아와서 대리를 부탁했다는 것이다. 공교롭게 그는 퀄컴 측 관계자로부터도 변호인단에 합류해달라는 제안을 받았다고 했다.

"2010년 박사학위 논문을 발전시켜 책을 펴냈어요. 그런데 그 책을 보시고 공정위에 계신 분이 부탁을 하더라구요. 그런데 신기한 게, 아직 퀄컴 사건이 불거지지 않았을 때 표준특허라는 개념으로 논문을 쓰려고 했고 그 사례로 퀄컴을 연구하려고 했었어요. 그런데 권오승 교수님도 그렇고 주변에서는 선행논문도 없고, 사건도 아직 없고, 사례도 없으니 논문 주제로는 어렵지 않겠냐는 말씀을 하셨어요. 그런데 저는 마이크로소프트에 있을 때부터 지식재산권이나 특허법, 공정거래법이 분명히 나중에 중요한 이슈가 될 거라는 확신이 있었어요."

그런데 변호사로서 막대한 보상을 기대할 수 있는 퀄컴을 대리할 수도 있었을 텐데, 그는 왜 공정위의 제안을 받아들인 것일까.

"앞의 두 사건 그러니까 공정위 대 마이크로소프트 사건, 삼성 대 애플 사건은 어느 편을 택했다기보다는 사건 자체를 택했다고 볼 수 있는데, 이번 공정위와 퀄컴 소송에서는 제가 대리인을 선택했다고 볼 수 있어요. 인생은 유한한 것인데, 내가 생각하는 옳은 일을 해야 한다는 내면의 명령이 있었어요, 돈이나 이익의 크기가 아니라 옳다고 생각하는 일을 하라는. 제가 퀄컴을 대리했으면 '원 오브 뎀'이고, 메인이 될 수 없었을 거예요. 일은 적으면서 수입은 많으니까 사실 나쁠 게 없죠. 그런데 그걸 택하시는 분들도 나름 이유가 있겠지만 저는 퀄컴을 택할 수 없었어요. 퀄컴이 잘못했다는 생각이 들었으니까요. 힘 있는 아이가 힘없는 아이의 팔을 비튼 셈이에요. 1등을 한 학생을 나쁘다고 할 순 없지만, 그 아이가 다른 아이의 책까지 빼앗았다면 나쁜 것이죠."

자신이 예측하고 준비해온 것들을 현실이라는 공간에서 만났을 때의 쾌감, 어떤 징후나 조짐을 그 누구보다도 먼저 감지했다는 것에 대한 자기만족은 얼마나 달콤한가. 아, 내가 맞았구나라는 그 쾌감은. 그런데 그는 여기서도 겸손하다.

"마이크로소프트 대 공정위 때는 마이크로소프트 사내변호사로, 삼성 대 애플 때는 김앤장 변호사로 애플을, 퀄컴과 공정위 때는 공정위 대리인으로 있었는데, 준비를 해도 때가 안 올 수도 있는 건데요, 저에게 그런 계제가 왔다는 건 감사한 일이죠."

사람들이 오해를 하는 게 있는데, 자기 삶에 치열하다는 것이 어떤 목적에 뜨겁게 육박하는 삶만을 의미하는 건 아니라는 것이다. 세속이 권장하는 것들을 삼가고 금욕하면서 내면의 율격을 지키는 것 역시 뜨거움 못지않은 치열함이라는 것이다. 최 교수는 내가 볼 때 자신의 내재율, 그 심장의 박동, 피의 온도와 지향을 누구보다 잘 알고 있는 사람이다. 자신의 내재율을 존중하며 그것을 따라서 사는 일종의 수행을 실천한 사람인 것.

최 교수가 단독으로 쓴 책 중에 《미국특허법》이라는 게 있는데, 2021년 그 책의 개정판을 내면서 그는 실력 있는 후배들 이름을 저자로 넣었다고 했다. 보통 후배들의 작업 성과에 살짝 이름을 얹는 선배들이 많은데, 최 변호사는 정반대의 일을 한 것이다. 이것은 선행 연구의 성취와 성과를 후배 세대에게 자연스럽게 넘겨주는 것이면서 유한한 삶의 영역을 확장하는 것일 터이다. 윤리적이고 철학적이고 종교적이면서 심지어는 진화생물학적 통찰이 담긴 것 아닌가. 아닌 게 아니라 그는 다음 생에는 가톨릭 사제로 살고 싶다고 했다.

인터뷰를 마칠 즈음 나는 최 변호사에게서 좀처럼 보기 드문, '회의하는 리얼리스트'의 모습을 보았다고 느꼈다. 그는 첨단의 현실 이슈를 미리 예지하고 준비했다는 측면에서 냉엄한 리얼리스트이지만 유한한 삶을 자각하고 숙명에 얽힌 의지의 작용과 반작용, 우연과 필연을 분별하고 성찰한다는 면에서는 범신론적 회의주의자다.

학인으로서 그가 지켜온 기품과 앞을 내다본 자로서의 자부심, 전문성에 대한 자기확신, 그리고 변방을 향한 따뜻한 사랑이 그와 같은 아주 희유한 캐릭터를 만들어낸 게 아닌가 싶었다. 그가 항상 옳거나 이길 수만은 없을 것이다. 그런데 내가 말할 수 있는 건 그는 그것까지도 이미 넉넉히 내다본 사람일 거라는 나의 믿음이다.

「법률신문 2023년 7월 17일자 게재」

자신이 예측하고 준비해온 것들을
현실 공간에서 만났을 때의 쾌감
"아, 내가 맞았구나" 감사가 절로
다음 생은 가톨릭 사제로 살고 싶어

14

시대의 요구를 읽고 '이미 알아버린 자'가 걷는 길

민명기

로앤굿 대표

리걸테크 시장에서 돌풍을 일으키고 있는 기업의 창업자라고 했다. 혁신에 대한 믿음과 세상을 읽는 통찰력을 바탕으로 창업 3년 만에 법률 시장의 판도를 바꿀 수 있는 잠재력을 가진 기업으로 키웠다고 했다. 미래에셋벤처투자 HB인베스트먼트 등 기라성 같은 투자회사로부터 약정받은 금액만 100억을 돌파했다고 한다. 그들이 만든 법률서비스 플랫폼은 론칭 2년 만에 연간 이용자 200만 명, 의뢰건수 4만 건을 달성했는데, 착수금 기준으로는 1400억 원에 달하는 규모란다.

> 변호사는 그 전문성에 집중하고
> 의뢰인 중심으로 마케팅 광고보다는 솔루션에 집중하며
> 의뢰인을 중심에 둬야 법률시장을 바꿀 수 있어

민명기 대표는 서울 서라벌고등학교와 서울대 경제학과를 졸업하고 2013년 제55회 사법시험에 합격했다. 2017 년 사법연수원을 제46기로 수료한 이후 대한법률구조공단 공익법무관, 법무부 장관정책보좌관실 공익법무관, 서울고검 공익법무관으로 근무했다. 2020년부터 법무법인 세종에서 M&A 담당 변호사로 근무하다 리걸테크 스타트업 ' 로앤굿'을 창업했다.

로앤굿 유리벽 앞에서 초인종을 눌렀을 때 문을 열어준 이는 뜻밖에도 민명기(36, 사법연수원 45기) 대표 본인이었다. 그는 영민한 스타트업 창업가의 전형적인 모습을 갖고 있었다. 눈빛은 지적 호기심과 모험심으로 빛났고 헤어스타일과 옷매무새가 부지런함과 꼼꼼함을 반영하듯 반듯했다. 빠르지도 느리지도 않은 서울 말씨 역시 맑고 정확해서 귀에 잘

들어왔다. 자아도취 형의 괴물이 아닌 걸 확인해서 다행이라는 생각이 들었다.

그는 인터뷰 테이블에 앉자 마자 매일경제와 전날 가진 인터뷰 기사를 보여주었다. 자신이 기자에게 했던 다소 센 말, 그러니까 변협에 대고 "AI 앞에서 삭발을 하며 항의를 할 생각이냐" 같은 말이 기사에 그대로 인용됐다며 당혹스러워한 것이다.

리걸테크를 선도했던 '로톡'이 이슈화되는 과정에서 후발주자인 로앤굿이 폭풍 성장을 하다 보니 변협에서는 민명기 대표를 예의주시하는 모양새다. 그를 자신들이 오랫동안 구축해온 세계의 질서를 해치는 이단아 정도로 본 것일까. 민 대표의 성장 배경이 궁금했다.

"서울 강북 노원에서 20년 정도를 살았어요. 중계동 백사마을로 알려진 동네 바로 옆이에요. 태어난 곳은 다른 곳인데, 다섯 살 이후로 그 동네에서 살았어요. 전남 해남 출신인 아버지는 공무원이었어요. 고대 경제학과를 나오셨는데, 예전부터 약자와 서민 편이었어요. 어려서부터 돈이나 물질에 대한 관심을 두지 않게끔 가르치셨어요. 집안 형편이 결코 여유롭지 않았는데 세속적 욕심을 자제하는 자세를 배웠달까요. 대신에 사회적인 가치를 실현하는 게 중요하다는 말씀을 하셨어요. 아버지 세대 때는 모든 게 관 중심으로 성장했는데 우리 사회가 민간이 변화를 이끌 때 사회적 가치의 크기도 커질 거라는 말씀을 해주셨어요. 어머니는 이대 사범대를 나오셨고 교직을 갖는 대신 집에서 저를 교육하는 데 매진하셨어요. 어머니의 권유로 위인전을 정말 많이 읽었는데, 인간을 상상할 수 있는 바탕을 만들어주신 것 같아요."

서울대 경제학과를 나온 그는 사법시험을 보고 대형로펌인 세종에 합류했다가 2020년 6월 스타트업 로앤굿을 창립한다. 그의 돌연한 창업은 어떤 동기와 욕망에 이끌려서였을까.

"대학 졸업할 즈음 사법시험 공부를 시작해서 스물일곱에 합격했고, 군대를 법무관으로 다녀왔어요. 그 시기에 법률서비스의 방식을 고민하며 정말 많은 시도들을 해봤어요. <평범한 사람들을 위한 무료법률서비스>라든가 <우리가게 변호사> 같은 걸 만들어서 온라인 상담 시스템도 시험해보고, 파워블로그도 운영해봤어요. 개업한 변호사 동기들과 이야길 나눠보면 하나같이 사건이 없다, 의뢰인이 어디에 있는지 모르겠다. 이런 말을 하는 거예요. 그런데 제가 온라인 시스템을 시범적으로 해보니까 거기엔 의뢰인이 넘쳐요. 물론 기업사건이나 우량 사건은 아니지만요. 블로그만 운영해봐도 금방 느낄 수 있어요. 네이버에 변호사라는 키워드로 검색하는 건수가 한 달에 백만 건이 넘거든요. 그런데 변호사들은 온라인 활동을 안 해요. 변호사들은 자기들만의 세계에 머물면서 사건이 없다고 하는 거예요. 저는 제 블로그에 카드뉴스를 600개

올려봤어요. 그 결과 4만~5만 명이 제 블로그를 방문하더라구요. 그때 깨달은 거예요. 변호사들이 의뢰인에게 더 다가가야 하고, 의뢰인들이 더 찾아올 수 있게 해야 한다구요. 그래서 창업을 준비했죠."

그런데, 왜 기존 법률시장과 변호사 단체는 이처럼 새로운 시대의 요구에 부응하는 혁신적인 기업을 견제하려드는 걸까. 민 대표에게 그 이유를 어떻게 진단하고 있는지 물었다.

"정부가 법률은 의료와는 달리 시장으로 가져가겠다고 한 게 로스쿨 제도의 핵심이에요. 법률이 시장으로 가면 다양한 법률서비스가 나올 거라고 본 거죠. 변호사 수가 많아지면 수요자에게 공급자가 맞추는 게 경제학의 관점에서 맞는 거예요. 그런데 변호사들은 여전히 수동적으로 제도를 비판하고 단체의 힘으로 문제를 해결하려고 하는 거예요. 비유를 하자면 대형마트에서 수박을 팔 때 시식을 권하잖아요. 맛에 자신이 있으니까 시식을 해주는 거예요. 그런데, 변호사들은 여전히 자존심을 내세우고 있는 거예요. 왜 법률상담을 무료로 해주냐는 거죠."

모든 혁신은 기성 세계의 반발을 불러일으키기 마련이다. 인간 사회는 기존의 질서를 유지하려는 관성의 지배를 받고, 개별적 인간 역시 이미 익숙한 환경이나 제도를 따르는 것에서 안정감을 느낀다. 그런데 혁신가는 인간 사회가 더 나은 방향으로 진화할 수 있음을 믿고 변화를 주문한다. 기존 세력과의 마찰은 필연적이다. 아직 30대 중반인 그는 어떻게 이 마찰을 관리하고 있을까.

“2년 전 협회와 플랫폼과의 갈등이 생겼을 때 로톡과 저희의 대응이 완전히 달랐어요. 로톡은 바로 소송을 했는데, 저희는 변협 입장 발표가 있고 전면 무료화로 바꿨어요. 그러면 변호사법 위반 소지가 없으니까요. 그러면서 국가기관의 판단들이 있을 때가지 기다려보겠다고 했어요. 무료서비스는 계속 유지했구요. 물론 적자를 보면서요. 변협은 처음엔 저희 변호사들도 징계할 생각이었는데, 3개월 후 결국은 징계 대상에서 제외했어요. 경영자의 결단이겠지만 시장만의 속도라는 게 있는데요. 내가 효율적이고 혁신적이라고 해서 이겨야 한다는 당위는 없어요. 시장의 구성원들이 좋아하는 게 더 중요하죠. 싫으면 안 하는 게 민주주의잖아요. 저는 변호사로서의 정체성을 갖고 법률시장의 일원으로서 생산적인 담론이 만들어지는 과정도 중요하다고 본 거죠. 욕심을 버리면 성장은 더디지만 그러는 사이에도 시장은 성숙해지고 있잖아요. 저는 성숙도 성장이라고 봤어요. 그렇게 동료와 업계와 투자자들을 설득했죠.”

하지만 변호사 단체는 여전히 민명기 대표에게 호의적이지 않다. 그는 그 주된 이유를 로앤굿이 로톡처럼 견적상담에 그치지 않고 종합플랫폼으로서의 서비스를 지향하는 데서 위협을 느꼈기 때문인 것 같다고 했다. 실제로 로앤굿은 견적상담에서 시작해 최근 소송 착수금을 의뢰인에게 빌려주는 소송금융서비스를 국내 최초로 시작했고, 생성형 AI와 케이스마스터라는 사건관리 앱을 통해 의뢰인이 변호사를 만나는 시점부터 소송이 진행되는 기간까지의 전 과정을 컨트롤해주는 서비스를 론칭했다. 법원에서 올라오는 모든 정보를 의뢰인에게 자동적으로 전달하는 시스템이라고 했다. 이 시스템 안에서는 최근 사회적 이슈가 됐던 권경애 변호사 같은 직무에 대한 변호사의 방임 사건은 일어날 수 없다는 것이다.

그는 비록 자신이 회사를 경영하는 일을 맡고 있지만 변호사로서의 정체성만큼은 잃지 않으려고 노력한다는 말도 했다.

"변호사의 정체성은 전문성에 있다고 봐요. 광고, 마케팅, 첨단 기술 같은 것도 다 좋지만 변호사의 전문성만큼은 누구도 못 빼앗아가거든요. 변호사는 그 전문성에 집중하면 돼요. 예컨대 김앤장은 플랫폼 논쟁 와중에도 계속 성장을 하고 있거든요. 교통사고 사건을 파고드는 한문철 변호사님도 성장하고 있구요. 각자가 전문성을 지키고 있기 때문이에요. 레거시한 변호사 사회는 자신들의 전문성을 배타적으로 독점할 때 그것이 지켜진다고 생각하는데, 제 생각에 전문성은 드러낼 때 빛을 발하는 거라고 생각해요. 스타는 관객이 있어야 알아주는 것처럼요. 변호사들끼리 자족한다고 해서 전문성이 빛나는 게 아니거든요."

여러 가지 부당한 견제와 훼방을 받으면서도 로앤굿은 견실한 성장을 하고 있는 것처럼 보인다. 최근에는 미국 리걸테크 시장에서 소속 회사를 1위 기업으로 이끈 존 서(John Suh) 전 리걸줌(LegalZoom) 대표를 등기이사로 영입하기도 했다. 리걸줌은 2021년 나스닥에 시가 총액 75억 달러(약 10조원)에 상장되면서 화제가 된 회사다. 민 대표는 존 서 전 대표 같은 고급 인력을 어떤 말로 설득했을까.

"로앤굿은 의뢰인 중심으로 혁신합니다. 마케팅 광고보다는 솔루션에 집중합니다, 이런 말로 존 서 전 대표를 설득했어요. 버스정류장이나 지하철에 광고를 하는 대신 서비스를 개발하고 솔루션에 집중하는 쪽을 택하고 있다는 거죠. 의뢰인을 중심에 두어야만 법률시장을 바꿀 수 있다는 신념을 말씀드렸구요. 마지막으론 제가 변호사라는 걸 높이 봐주신 것 같아요."

그런데 최근 그에게 뜻하지 않은 리스크가 발생했다. 그를 공격하고 음해하는 쪽에서는 득의의 미소를 지을 만한 일이다. 그가 창업 초기 고용노동부로부터 계약직 고용에 따른 국고보조금을 받은 일이 있는데, 그걸 법이 정한 대로 쓰지 못한 것. 그로 인해 그는 형사고소가 됐고 불구속 기소되어 조사를 받고 있는 상황이다. 그에 대한 솔직한 입장과 소회를 밝혀달라고 했다. 인터뷰어로서 그의 인간적 성숙도를 가늠하기 위해서라도 반드시 던져야 하는 질문이었다.

"창업한 지 5개월 됐을 때인데요. 국고보조금 대행사들이 있는데 그쪽 조언을 들어보니 알앤디 목적으로 보조금을 받으면 일회적으로 다 지급하지 않고 일부만 주고 회사에 유보해두고 있다가 필요할 때 사후적으로 분납해서 그 목적에 맞게 써도 된다는 말을 하는 거예요. 그래서 그렇게 했는데, 저도 사실 문제의 소지가 있다는 걸 알고 있었어요. 그래서 증빙을 위해 스무 명의 근로자들과 근로계약서를 근로기준법에 맞게 쓰고 특약도 쓰고 그랬는데, 나중에 고용노동부 분들이 조사할 때 보니 참 한심한 거예요. 탈법하는 회사들은 문서나 자료를 안 남기는데 우리는 다 남겼으니까요. 그런데 스스로 참 부끄러워요. 실수라고 할 수도 없고 제가 욕심을 부렸고 잘못한 거예요. 잘못이 맞으니까 변명할 이유도 없는 거죠. 사실은 고용노동부에 보조금을 다 반납했고 그걸로 일단락될 수 있는데, 언론과 변협에서 문제 삼으니까 고용노동부도 내부적으로 처리할 수 없고 대외적 형사사건으로 가게 된 거죠. 다만 개인 횡령 같은 비리가 없고, 그래서 미래에셋 같은 데서 큰 액수를 투자받을 수 있었고 다른 투자자들도 여전히 신뢰를 보내주고 계세요."

이 사건이 불거진 직후 변협은 변호사 자격 정지라는 자체 징계를 내렸다. 그런데 변협은 재판이 진행되자 그 결과를 지켜본 후 추가 징계를 논의하겠다는 말을 언론을 통해 하고 있다. 민 대표는 그걸 '언론플레이'라고 말했다. 그는 이 사건 직후 변협 징계위원회 가서 잘못을 다 인정했고 법원에서도 다투지 않을 것이며 징계를 해도 다 받아들이겠다고 말했다고 했단다. 수사중인 사건에 대해 추가징계를 굳이 흘릴 필요가 없다는 것이다.

그런데 이쯤 되면 아무리 자신이 가는 길에 대한 믿음이 확고해도, 변협이라는 매머드급 상대로부터 노골적인 견제를 받고 있는 지금의 상황에 대해 인간적인 두려움이나 고독, 회한 같은 건 없을까.

"왜 없겠어요. 두렵고 고독하죠. 제가 그냥 1인 변호사사무실을 했으면 이런 일을 당하지는 않았을 텐데요. 개인적으로는 종교가 없었는데, 최근 2년간 성당을 다니고 있고 세례도 받았어요. 신앙이 없었으면 버틸 수 없었을 것 같아요. 그리고 운동도 열심히 해요. 웨이트, 테니스, 달리기 등 기초체력을 다지는 걸 좋아해요. 원래 정신을 많이 쓰는 사람은 몸을 많이 움직이면서 스트레스를 풀어야 한다는 말이 있더라구요."

사람이 힘들 때는 그래도 사람에게 기대는 게 인지상정인데, 아직 싱글인 그는 불행하게도 의지가 될 만한 사람이 떠오르지 않는다고 말했다. 업계 내에서 우호적인 인적 네트워크를 쌓아둘 필요가 있지 않냐고 물으니, 보조금법을 위반한 이후 부끄러워서 사람들과의 교류와 접촉을 자제하고 있다고 말했다. 내게는 그 말이 염결성을 가진 이의 자체 징계로 보였다.

끝으로 그에게 로앤굿을 궁극적으로는 어떤 기업으로 키우고 싶은지 물었다.

"제가 기업가적인 마인드만 있는 사람이라면 사법시험을 보지 않았을 거예요. 저는 스스로를 합리적이고 가치지향적인 사람이라고 생각해요. 돈이 없거나 지식이 부족한 사람도 온전히 법률서비스를 누리는 사회를 만들고 싶고, 로앤굿이 그걸 가능하게 하는 회사가 되길 바라고 있어요. 어떻게 보면 법률시장의 '쿠팡'이 되고 싶은 거예요. 경제적인 여유가 있는 사람들이 고급 백화점에 가서 구매를 한다면 일반 사람들은 쿠팡에서 물건을 사잖아요. 예컨대 김앤장이 백화점이라면 저희는 쿠팡인 셈이죠 (웃음)."

도전과 시련의 밭을 맨발로 통과중인 고독한 그가 웃었다. 많은 것을 말해주는 웃음이었다. 시대의 요구를 먼저 읽고 '이미 알아버린 자'의 의연함과 옳다고 믿는 길을 걷는 사람의 자기긍정이 그 웃음 속에 들어 있었다. 그는 자신을 찾아오는 사람에게 언제나 그 웃음을 띠며 직접 문을 열어줄 사람처럼 보였다.

「법률신문 2023년 6월 19일자 게재」

변호사의 정체성은 전문성에 있다고 봐요.
광고, 마케팅, 첨단 기술 같은 것도 다 좋지만
변호사의 전문성만큼은 누구도 못 빼앗아가거든요.
변호사는 그 전문성에 집중하면 돼요.

15

더 이상 자기 자신을 속이지 않아도 되는 사람

박병무

VIG파트너스 대표(현 엔씨소프트 공동대표)

예전에 국제사건 전문가인 한 변호사로부터 들은 이야기가 있는데, 외국의 변호사들을 경험하면서 직접 느낀 것이라며 한국 변호사들의 능력이 유달리 뛰어나다는 것이다. 그 이유로 그는 한국 사회에서 가장 우수한 두뇌들이 법조계에 유입되는 특유의 관행을 꼽았다. 외국에선 딱히 그렇지는 않다는 것이다. 그런데 박병무 대표(62·사법연수원 15기)는 그런 변호사들 사이에서도 신화적인 인물이라고 했다.

서울 대일고를 졸업하고 서울대 전체수석을 차지하며 서울대 법대에 입학한
박병무 변호사는 대학교 3학년 때인 1982년 제24 회 사법시험에 합격했다.
연수원을 수료한 뒤에는 김앤장 법률사무소에서 변호사 업무를 시작했다.
그는 2000년부터 3년간 로 커스라는 IT 회사의 지주회사인 로커스홀딩스
(플레너스엔터테인먼트) 대표를, 2003 년부터는 뉴브리지캐피탈 대표를 역임했다.
이후 2006년부터 2년 간 하나로텔레콤 대표이사를 지냈다.
그는 2010년에 보고펀 드 공동대표로 취임했으며,
2014년부터 VIG 파트너스 대표를 맡았다.

서울법대 수석입학, 사법시험 최연소 합격, 수석졸업 등의 경력은 차라리 지나치게 비현실적이다. 인터뷰를 마친 시점에서 느낀 것이지만 그가 쌓은 서사의 신화성은 오히려 다른 이들은 가지 않는 길을 용기 있게 선택하고 그 판단에 혼신을 다한 것, 그래서 마침내 세속적 욕망에서 자유로워진 장면에 있지 않을까 싶다. 그만큼 그의 인상은 허허로웠다.

"본적은 아버지 고향인 경북 경산이고 아주 어렸을 때 대구에서 잠깐 살다가 서울에서 학교를 다녔어요. 아버지 직장이 한국전력이었는데 발령에 따라 올라온 거죠. 외가 쪽은 퇴계 이황 선생 후손인데 일제 강점기에 만주 지역으로 이주하셨다가 어머님만 6.25때 단신으로 내려오셨어요. 호기심 많고 아주 명민하신 분이었죠. 어머니는 제가 학교 다닐 때 다양한 경험을 쌓게 했어요. 공부보다는 바이올린이나 수영이나 보이스카우트 활동 등을 권하셨거든요. 아버지는 많은 형제분 중 막내였고 저도 막내예요. 그래서 집안 제사 때, 아버지 형제분들과 사촌들까지 정말 많은 가족들이 모였던 기억이 나요. 거기서 대가족 특유의 공동체적 가치와 유교적 질서를 배우는 한편 남자를 우선하는 가부장적 문화에 대해선 다소 위화감을 느끼기도 했죠."

경상도, 대가족이라고 하니 턱 숨부터 막힌다. 하지만 그는 창의력과 지적 호기심을 자극하는 어머니의 자율적인 교육 아래 다양한 문화적 공기를 흡입하고는 고교 진학 후에는 입시에 매진해 상기한 성적을 거둔다. 그렇다면 그에게 따라붙었을 '수석입학자'나 '최연소 합격자'라는 레테르에 중압감 같은 건 없었을까.

"학교 다닐 때나 연수원에 있을 때는 부담감을 어느 정도 느꼈던 것 같아요. 그래서 기대에 부응하기 위해 노력을 했죠. 그런데 사회에 나와 변호사로 일하다 보니 공부하는 것과는 다르더군요. 제로베이스에서 시작하는 심정이었어요. 그럼에도 공부 성적이 좋았던 것에 대한 자긍심 같은 게 내면 속에 자리 잡고 있긴 했는데, 같은 법대에서 만난 아내가 자칫 자만해질 수도 있는 마음을 잘 관리할 수 있게 도와줬죠. 도움이 되는 일도 있었어요. 음반이나 영화 등을 제작하는 엔터테인먼트 회사에 들어갔을 때 당시는 그 분야가 약간 음성적인 분위기가 있었어요. 그런데 제 이력이나 경력이 그쪽 구성원들에게 신뢰를 안겨주는 유리한 점도 있더라구요."

박병무 대표가 법대를 지망한 건 아버지의 적극적인 기대와 권유 때문이라고 했다. 법대를 나온 큰아버지가 고시를 안 하고 정치를 했는데, 그런 배경 때문인지 아버지가 경영학에 관심있던 박 대표에게 법대를 권장했고 법대를 나오면 하고 싶은 걸 할 수 있다고 회유(?)했다는 것이다.

"제 경향상 답을 도출할 수 있고 그걸 논리적으로 궁구할 수 있는 분야에 끌렸거든요. 그런데 법 공부를 하다 보니 문과 쪽에서는 그래도 법학이 논리적인 답을 찾을 수 있는 학문이더라구요. 사실 재미를 못 느꼈으면 안 했을 거예요."

그런데 그는 우수한 성적을 거둔 이들이 예외 없이 선택하는 재조의 길을 택하지 않고 변호사로서 법조계에 첫 발을 내딛는다. 왜 그래야 했을까.

"그 시절에 저는 소위 해외 '상사맨'들이 부러웠어요. 그때는 해외에 나가는 게 드물었으니까요. 뭔가 진취적인 일을 하고 싶었죠. 사실은 제가 연수원에 있을 때만 해도 우리나라가 민주화가 될 거라고는 상상하기가 어려웠어요. 참 암울했던 시절이고 속에서 저항감 같은 게 있어서 이런 정부의 공무원이 되는 것에 좀 회의감이 들었죠. 외가 쪽 어른들이 북쪽에 남아계신 가족사도 이유라면 이유가 될 수 있었겠네요. 그래서 김앤장에 들어가서 기업사건 등을 맡게 되었죠."

주저흔이라는 게 있다. 어떤 일을 실행할 때 망설이는 과정에서 필연적으로 남는 흔적을 말한다. 그것은 개인사를 회고할 때도 드러날 수 있다고 보는데, 자신의 커리어의 출발점을 회고하는 박 대표의 말에서는 일말의 주저흔도 느껴지지 않았다. 명분을 앞세우기보다는 솔직하면서도 실리적인 그의 성정이 드러나는 대목이다. 기업 및 금융 인수합병 전문가라는 냉혹한 승부사로서 명성을 가진 그에게 변호사 시절 참여했던 사건 중 가장 인상적인 것 하나를 꼽아달라고 부탁했다.

"아무래도 제일은행 인수전이었던 것 같아요. 물경 2~3백 명의 전문가들이 뛰어들어 1년 반이라는 시간 동안 전략을 세우고 협상을 벌였죠. 그때 제가 대리한 의뢰인의 상대측이 한국 정부였는데, 당연히 쉬운 일이 아니었어요. 협상이라는 게 한쪽 입장만 내세우면 결코 합의가 나올 수 없어요. 서로 윈윈할 수 있는 길을 찾아내는 게 협상의 포인트인데 그때의 경험이 상당한 자산이 되었어요."

그는 지금은 VIG파트너스라는 M&A 전문회사의 대표를 맡고 있다. 기업 경영 및 실무를 맡을 때 법률가로서 다른 전공자들보다 유리하게 발휘할 수 있는 달란트가 무엇인지 물었다.

"법률 교육의 기본은 뭐가 공정하고 어떤 것이 형평에 맞는가를 살피는 것인데, 일방적인 자기주장만 해서는 법적인 진실에 가닿을 수 없죠. 이때 법률가의 감수성이 도움이 되죠. 상대방의 주장과 의견을 논리적으로 받아들여서 합의의 지점을 찾아가는 체화된 감각 같은 게 있는 거죠. 그리고 리스크 관리 차원에서도 법적으로 위법 요소가 있는지 없는지를 반드시 살피면서 하지 말아야 할 일이나 가지 말아야 할 길이 보이면 브레이크를 거는 역할을 합니다."

박 대표는 인터뷰 내내 여러 차례 적법성과 위법성 같은 말을 반복하며 강조했다. 법률가로서의 그의 정체성과 그의 세계관을 구성하는 요소에 견고한 준법의 원칙이 스며 있음을 알게 해주는 대목이다. 그런데 이즈음에서 한 가지 궁금한 걸 묻지 않을 수 없었다. 그는 변호사 시절 적잖게 외국 자본이나 기업을 대리해왔다. 의뢰인의 입장을 대리하는 건 변호사의 직업적 소명이다. 그런데 의뢰인의 이익과 우리 사회의 공익, 국가나 정부의 이익이 상충할 때 그는 과연 어떤 판단을 했던 것인지를. 그러자 의외로 단순명쾌한 답을 내놓았다.

"의뢰인의 이익이 한국 사회나 국가의 이익에 상충한다면 그 일을 안 맡아야죠. 사실 나 스스로 공익에 부합한다는 결과를 예측할 수 있고 그것에 동의할 수 있어야 동기부여가 되고 열정이 생기지 않겠어요. 그런 과정이 있어야 결과도 좋게 나오기 마련이구요. 의뢰인의 이익과 변호사의 역할이 일치해야 과정이 아름다운데 그것이 안 맞다면 안 하는 게 옳다고 생각해요. 이를테면 제일은행 인수 협상에서 제가 외국계 자본을 대리할 때도 저는 그런 판단을 했어요. 당시 한국은 외자가 너무 부족했고 IMF에서는 부실한 시중은행을 외국 자본에 팔 것을 정부측에 조건으로 걸었어요. 정부 입장에서는 그것을 충족시켜야 했죠. 그리고 이 협상이 IMF와 정부가 합의한 대로 결과가 나와야 좋은 케이스가 되어 외국 자본이 지속적으로 한국에 투자하는 길이 열릴 것이라고 본 거죠. 그때 매각이 성사되면서 한국 정부의 신용등급이 상당히 올라가기도 했어요"

빼어난 전문적 식견과 성공적인 커리어를 바탕으로 안정적인 사회적 지위를 확보한 그에게 성공과 성취의 그늘에 가려진 개인적 좌절이나 절망이 없었는지를 물으니 그게 왜 없었겠느냐면서 들려준 말은 이랬다.

“예를 들어 열 번 인수 협상을 한다고 하면 한 번 정도 만족할 만한 결과가 나와요. 좌절하고 경험하는 순간이 훨씬 많죠. 그리고 우리 딴에는 열심히 한다고 해도 투자자들 눈높이에서 보면 부족해 보일 수 있거든요. 왜 이 정도밖에 못하냐는 컴플레인이 따라붙을 수밖에 없죠.”

역시나 솔직한 자기 고백이다. 내가 개인적으로 SWOT 분석을 해보자면 박 대표의 강점(strengths)은 단언컨대 솔직함이라고 말할 수 있겠다. 그리고 이 솔직함의 배경에는 타인을 경쟁 상대나 다툼의 대상으로 보지 않고 오로지 자신의 지향과 상상력에 의해 세계를 바라본 이 특유의 담대한 용기가 단단히 받쳐주고 있을 것이고. 탁월한 실력과 커리어, 거기에 준수한 인상까지 갖춘 그에게 혹여 공직이나 정치권에서 영입 제의 같은 건 없었을까.

“네, 예전에 몇 차례 그런 제안을 받은 적이 있었어요. 사실은 변호사나 CEO는 각각 의뢰인이나 주주의 입장을 대리하는 역할을 하는 거잖아요. 그런데 정치인은 특정 계층이 아니라 국민 전체를 대리해야 하는 거예요. 과연 내가 국민을 대리할 자격이 있을까. 나에게 그런 공감 능력이나 열정이 있을까. 그리고 비교적 무난하게 어려움 없이 자라온 내가 다양한 계급과 어려운 계층을 섬세하게 이해하고 공감할 수 있을까. 이런 의문이 들었어요. 그래서 제안을 물리쳤죠. 그리고 개인적으로는 변호사 시절 외국 자본이나 기업을 대리한 일들 때문에 공격받기 참 좋겠구나 이런 생각도 들었어요.(웃음)"

그는 자신을 격을 낮추면서 말했지만 저 말속에는 정치권에 대한 날카로운 비판의 심지가 숨어 있다. 아닌 말로 자기 자신에게 국민들을 대리할 수 있는 자격이나 능력이 있는지, 다양한 계층의 입장을 이해할 수 있는 공감 능력이 있는지 고민하는 것은 정치를 하려는 이들이 필수적으로 그리고 엄중하게 거쳐야 할 과정인데, 그걸 생략하고 불나방처럼 정치에 뛰어들어 개인의 공명심만 충족시키는 자들이 얼마나 많은가. 박 대표의 말은 그걸 은근히 짚어준다.

박 대표에게 양대 진영의 적대 상황이 지속되고 있는 한국 정치 상황에 대해 물었다. 법률가로서 정치의 목소리가 법의 논리를 억압하는 상황에서 선후배 동료 법률가들에게 어떤 주문을 하고 싶은지를.

"예전에 법철학이나 헌법을 배울 때 제가 인상적으로 기억하는 게 있어요. 법은 여론으로부터 독립해야 한다는 것이에요. 여론이라는 게 정치적인 주장이나 목소리들이 모여서 만들어지는 것인데, 법적인 판단이 이런 여론이나 트렌드에 휩쓸리는 경향이 있는 것 같아요. 그건 법의 근본적인 존재 이유에 위배되는 거예요. 법률가라면 이런 여론, 국민감정에 동요되지 않고 오로지 법적 논리로만 진실을 도출하는 태도가 필요해요. 많은 이들이 법철학 중에서 '법적 예측 가능성'이란 걸 간과하고 있는데, 저는 어떤 상황에서도 예측 가능한 법적 논리를 지키는 게 필요하다고 봐요. 시류나 상황에 따라 이리저리 중심이 흔들리면 안 되는 거죠. 과거 일부 노동현장에서 위법 행위자들에 대해 법원에서 석방 일변도의 판결을 내린 적이 있는데, 그것이 과연 옳았는가 묻는다면 저는 회의적이에요. 왜 법을 다루는지 왜 법이 필요한지를 인식해야 하는데, 요즘 로스쿨은 변시 학원처럼 되어가고 있다는 소리들도 들려서 좀 안타깝더라구요."

역시 소신 발언이다. 무릇 사람은 성공과 성취를 욕망하는 법인데, 성공과 성취 역시 행복의 조건 중 일부일 뿐이다. 결국 행복하지 않으면 아무리 화려한 성공이나 성취도 신기루에 불과할 뿐이지 않을까. 그는 행복을 위한 일과 개인의 삶과의 균형, 즉 '워라벨'을 어떻게 지켜나가고 있을까.

"저희 세대에선 워커홀릭을 이해하는 정서가 있었어요. 변호사 처음 시작했을 때는 거의 집에 들어갈 생각을 못했어요. 아내가 첫아이를 낳을 때 선배 변호사가 꽃다발을 들고 왔는데 분위기가 좀 이상하다 싶었는데 바로 다음날 홍콩으로 출장을 보내더군요.(웃음) 그런데도 다 이해를 해주는 정서가 있었어요. 변호사는 원래 의뢰인에 일이 있으면 한밤중에라도 달려가야 하는 입장이라 가족과 함께하는 시간이 보장이 안 되죠. 그런데 변호사 마치고 기업에 들어온 이후에는 1년 2~3번은 꼭 가족과 여행을 하려고 노력했고요. 일도 중요하고 또 제가 좀 무뚝뚝한 편이지만 가족 공동체의 소중함을 어려서부터 보고 자라서 가족을 희생시켜서는 안 된다는 생각을 늘 하고 있었어요."

봉준호 감독의 〈설국열차〉에 출연해 한국에도 팬이 많은 세계적 배우 틸다 스윈튼에게 어떤 인터뷰어가 '배우로서 성공적인 삶을 살고 있는데, 성공이라는 게 뭐라고 생각하느냐'고 묻자 평소에도 자주 생각해온 주제인 듯, 틸다 스윈튼이 편한 표정으로 이렇게 대답하는 걸 보았다.

"성공요? 그것은 내가 나 자신을 더 이상 속일 필요가 없는 상태가 되었다는 것을 의미해요."

여배우의 말이 힘차게 은유하는 것처럼 자기 힘으로 성취나 성공의 경험을 갖지 못한 자들은 끊임없이 자기를 속이려드는 사람들이리라. 자기가 누구인지 사람들이 알아보지 못할까봐, 혹은 오해할까봐 자신을 연출하고 심지어는 기만하기도 하는 것이다. 하지만 자신이 잘하는 일에 기꺼이 투신했다고 믿는 이는 자신을 속일 필요가 없다. 이미 그는 그 자신이 원했던 그 무엇이 되어 있음을 알기 때문이다. 그 안에서 그는 진실하고 자유롭다. 그것이 세속적인 기준과는 무관한 것일지라도 말이다.

박 대표는 스트레가 쌓이면 일단 술을 즐기는 것으로 푼다고 한다. 운동을 하고 여행을 가는 것도 스트레스 해소법 중 하나라고 했다. 그런데 그래도 씻기지 않는 일상의 독은 클래식 음악을 들으면서 지운다는 것. 음악을 듣고 있으면 마음이 정화되는 걸 느낀다는 것이다. 좋아하는 곡으로는 브람스 바이올린 협주곡과 브람스 교향곡 1번 등을 꼽았다. 문득 어린 시절 그가 처음 연주했을 바이올린 레퍼토리가 궁금해졌다. 그 영혼에 그어졌을 그 오선의 선율이.

「법률신문 2023년 6월 1일자 게재」

"
법률가라면 여론에 동요하지 않고
오로지 법적 논리로 진실 도출해야
국민을 대리할만큼 섬세하지는 못해
가족 공동체 소중… 희생시켜선 안 돼
"

16

유도로 심신을 다진 '검사계의 아이돌'

정거장

서울중앙지검 검사(현 수원지검 성남지청 검사)

논리철학이 낳은 금언 같은 말이 있다. 비트겐슈타인의 "말할 수 없는 것에 대해선 침묵하라."가 그것인데, 좀 엉뚱한 생각인지는 모르지만 저 정언적 명령을 개별적 삶 일반에서 가장 철저히 지키는 직업이 아마 검사가 아닐까 싶다. 정거장 검사(37·변시2회)를 만나 대화를 나누면서 계속 저 명제가 떠올랐던 것은 그의 말이 거르고 거른 사금처럼 정제되어 있다고 느꼈기 때문이다.

밝고 활달해 보이는 인상이지만 그에겐 중학교 입학을 앞두고 불의

전주고와 성균관대 철학과를 졸업한 **정거장 검사**는 2013년 제2회 변호사시험에 합격했다. 2017년 3월 부산지검 서부지청 검사로 임관했다. 창원지검 진주지청을 거쳐 2021년 2월부터 서울중앙지검 검사로 재직했다. 2022년 발간된 '슬기로운 검사생활'의 저자다.

의 사고로 아버지를 잃는 불행한 개인사가 있다. 그 사고는 가해자가 존재하는 일종의 '사건'이었는데 이에 대한 당시의 감회를 물으려 하자 그가 돌연 조심스럽게 답을 피하고 싶다는 의사를 밝혀왔다. 그의 변은 이랬다. 자신의 직업이 검사인데 그 개인적 사건을 구체적으로 밝히는 것은 나중에 유사한 사건을 맡게 되었을 때 사건 당사자들로부터 검사로서의 중립적인 태도를 오해받을 가능성이 있다는 것이다. 자신이 아무리 이성적으로 양형기준을 적용해도 당사자들은 검사 개인의 사감(私感)이 개입되지 않았을까 의심할 수 있다는 것. 거기서 나는 정 검사가 얼마나 삼엄하게 자신을 저울 추 위에 올려놓고 사는 이인지를 알 수 있었다. (아버지가 부재한 자리는 외할아버지와 외삼촌이 부족함 없이 메워주었다고 했다.)

정거장 검사는 올해 8년차 검사이고 법무관까지 치면 11년째 법복을 입고 있다. 진로를 고민하던 시점에서는 교대나 육사 진학 등도 고민했었다고 한다. 그런데, 교사나 군인은 평생 신분이 정해져 있는, 마치 고정된 직분 같은 것이라 여겨져서 학부에서는 철학을 전공했다고 했다. 그의 내면세계가 흑과 백 같은 양극 성분이나 기계적인 것으로 채워져 있지만은 않으리라는 짐작은 그래서 타당하리라.

"태어나기는 전주에서 태어났는데 아버지가 독립기념관에서 일하셔서 천안에서 자랐어요. 초등학교도 걸어서 30분 이상 가야 하는 시골이었죠. 거기서 사시사철 자연이 변해가는 모습을 보았어요. 봄에는 아카시 향기가 도처에 피어났고 가을에는 밤을 주우러 다녔어요. 부모님은 따뜻한 분들이었고요. 아버지는 마당에 농구대도 만들어주시기도 했어요. 그런 것들이 저는 행운이었다고 생각해요."

정 검사는 자연으로부터의 감화를 성장기의 중요한 모티프로 꼽는다. 자연이라는 건 꾸밈이 없는 세계다. 아닌 게 아니라 그의 눈망울은 연옥을 통과한 무구한 동물의 그것처럼 보였다. 부산과 진주에서 근무하던 그는 재작년 검사들이 선망하는 서울지검 발령을 받았다. 평일 늦은 오후였지만 얼굴에는 피곤한 기색이라곤 없고 막 세수를 한 듯 청신함이 느껴졌다. 청년검사라는 말이 너무나도 잘 어울리는 인상이랄까. 그에게 다짜고짜 검사라는 직업의 만족도를 물었다.

"(다소 부담스러운) 사회적인 시선, 급여 수준, 근무 환경 등을 생각하면 50점 정도를 줄 수 있을 것 같아요.(웃음) 그런데 발전가능성이라든가 업무 수행 중에 느낄 수 있는 보람이나 희열 등을 보면 99점을 주고 싶어요. 요즘 검사들 영역은 과거에 비해 다양하게 세분화되어 있거든요. 각 검사들이 각자 관심 있는 분야를 열심히 파고들면 전문성을 획득할 수 있는 것도 매력이에요."

정거장 검사가 대중에게 각인된 것은 작년 초 <슬기로운 검사생활> 이라는 책을 펴낸 후부터다. 책은 검사 부임 이후 7년간 앞만 보고 달려온 검사가 온몸으로 읽어낸 우리 시대의 풍속화라고 할 만하다. 그는 번아웃을 느껴 자신의 걸어온 길을 돌아보면서 치유와 회복을 모색하기 위해 책을 쓰게 되었다고 했다. 책을 쓰던 때의 소회를 물었다.

"무엇보다 일반적인 글쓰기를 하는 게 어려운 거구나라는 생각이 들었어요. 제가 검사로서 직업적 글쓰기에 너무 익숙해져 있었던 거죠. 이를테면 평소에는 거의 쓰지 않던 형용사나 부사를 써야 하는 게 낯설었죠. 그리고 한글 워드프로그램으로 글을 쓰다 보면 한 단어가 행갈이 중에 띄어지는 경우가 있는데 이것도 못 견디겠더라구요. 그래서 결국에는 공책에 펜으로 글을 쓰는 방법을 택했습니다."

정 검사는 30대 한창 나이의 서울중앙지검 검사다. 검사는 사회적인 지위와 신분이 보장되고 또 환대와 동경을 받는 직업이다. 그리고 힘을 사용할 수 있는 직업이기도 하다. 그 힘을 개인적인 이익과 욕망의 해소를 위해 쓰고 싶은 유혹도 있을 수 있으리라. 실제로 어떤 검찰 선배들은 그 유혹과의 싸움에서 패해 불명예를 안기도 했다. 유혹을 경계하는 것이 바로 윤리적 감수성일 텐데, 이를 위해 정 검사는 어떤 노력을 하는지 궁금했다.

"내게도 그런 욕망이 있었나 생각해보니, 저도 사람인지라 전혀 없지는 않았던 것 같아요. 소소한 예지만 수사에 비협조적이거나 불성실한 피의자를 보면 어느 순간 괘씸하다는 생각이 드는 거예요. 그런데 법에서 정해진 양형을 지키는 게 옳은 거잖아요. 그래서 저는 평소에 시와 소설, 문학적인 글을 읽으면서 인간과 삶의 주제에 대한 것들을 성찰하고 윤리적 감수성이나 상상력을 키우기 위해 노력했던 것 같아요. 실제로도 도움이 되었구요."

내친 김에 검사 출신들이 정계에 나가 정치를 하는 관행에 대해 현역 검사로서 어떤 생각을 가지고 있는지 마저 물었다. 어떤 장단점이 있다고 생각하는지.

"검사라는 직업이 사건 당사자들의 이야기를 듣고 판단을 내리는 일이잖아요. 각자 입장이 다른 사람들 이야기를 종합하는 거죠. 정치 역시 사람들 사이의 갈등을 조정하고 해소하는 것이기 때문에 그 점에서 검사들이 잘할 수 있는 부분이 있다고 생각해요. 그런데 정치가 다루는 문제 중에는 법칙이나 논리칙으로만 판단할 수 없는 것들이 있다고 생각해요. (법과 논에 익숙한 검사 출신들은) 대중의 마음과 감정을 어루만지고 보살피는 일에는 어쩔 수 없이 소홀하고 부족한 부분이 있을 것 같아요."

검찰 내부에서는 여전히 인사 부분에서 특정한 부서 출신들이 고과나 평점에서 상대적으로 유리한 평가를 받고 있다는 이야기가 나오고 있는데, 대답하기 곤란한 질문인지는 모르지만 현역 검사로서 그가 어떤 체감을 하고 있는지도 궁금했다.

"제가 아직은 승진 대상이 아니어서인지 잘은 모르지만, 저는 일한 만큼 평가가 이뤄진다는 믿음을 갖고 있어요. 가만 보면 묵묵히 일하는 검사분들이 많은데, 그분들이 결국에는 능력을 인정받아서 적절한 보직에서 자신들의 전문성을 발휘하고 계시더라구요."

모범 답안 같아서 아주 마음에 드는 대답은 아니었지만 조금도 흔들림이 없는 그의 눈동자를 보니 또 그의 말에 신뢰가 가는 것이다. 한숨 돌릴 새도 없이 이번에도 다소 난이도가 있는 질문을 던졌다. 법적 정의를 지키려는 세력과 정치적 정의의 목소리를 높여온 세력이 지난 몇 년간 극한 대립을 했고, 그 결과 법적 정의가 정치적 정의에 의해 위축되어온 측면이 있는 것 같은데, (이 의견에 동의한다면) 법률가들이 기울어진 법적 정의를 바로 세우기 위해 낼 수 있는 목소리는 무엇인지.

"검사로서, 수의 논리로 정치적 목소리를 내면서 제도를 바꾸는 걸 보면서 좀 아쉽다는 생각을 했는데요. 그럼에도 법률가들이 할 수 있는 일은 법체계나 법질서 안에서 시간이 많이 걸리더라도 자기 역할을 하는 게 맞다고 생각해요. 차분하게 양질의 법률서비스를 꾸준히 제공하는 데 집중해야 하구요. 목소리를 내면서 집단행동을 하는 건 법률가들에게는 어울리지 않는 것 같아요."

그렇다면 내부자로서 정 검사가 생각하는 검찰 조직 내의 개혁 대상은 무어라고 보고 있을까.

"검찰 내부의 인사 관행에 아쉬움이 있어요. 짧게는 6개월 평균 1년을 텀으로 보직이 자주 바뀌거든요. 그런데 이게 사건 당사자들 입장에서 보면 사건이 계속 지연되는 것이거든요. 피해자든 고소인이든 그들은 사건이 신속하게 처리되길 바라는 마음이 있어요. 사건이 지연되면 일상적 삶이 불안정해지기 때문이죠. 그런데 담당 검사가 자주 바뀌면 그들의 기대에 부합하지 못하는 거죠. 근무 환경이나 동료, 주거지가 바뀌는 건 어쩔 수 없이 받아들여야 하는 것인데요. 사건 당사자들 입장을 먼저 생각해보는 게 필요할 것 같아요."

올해 변호사시험은 12회 합격자를 배출했다. 정거장 검사는 2회 출신이다. 변시 출신 법조인 숫자가 사범시험 출신 법조인 숫자를 넘어선 것도 꽤 됐다. 일각에서는 변시 출신 법조인들의 자질이나 능력의 편차가 좀 심하다는 이야기를 하기도 하는데, 이에 대한 의견과 함께 아울러 로스쿨 제도의 맹점에 대해 물었다.

"비판하신 분도 어떤 주관적 경험으로 그런 말씀을 하셨을 텐데, 제 주변 변시 출신들을 보면 이렇게 뛰어난 친구가 있을까 싶을 정도로 능력있는 친구들이 있어요. 변시 출신들은 상대적으로 다양한 분야와 직군에서 법조계로 들어오기 때문에 법률 서비스의 전문성이 강화될 수 있는 장점이 있다고 생각해요. 이와 함께 장학제도도 있어서 경제적인 어려움이 겪는 이들에게도 도움이 되고 있어요. 다만 로스쿨이 원래의 취지와는 달리 대학 및 학부를 로스쿨에 입학하기 위한 과정 정도로 받아들이는 측면이 있다는 건 한번쯤 되짚어볼 문제인 것 같아요."

그의 취미는 뜻밖에도 유도와 낚시라고 했다. 유독 규율이 강하고 높은 수준의 절제력을 요구하는 검찰 조직의 구성원으로 그가 받는 스트레스 역시 만만치 않을 것이다. 그래서 그의 검사 선배들은 그가 초임 검사로 들어왔을 때 좋은 취미를 가지라는 조언을 했단다. 검사 임관하고부터 시작해 지금은 양손업어치기가 주특기인 유단자라는 그에게 유도의 매력이 뭔지 물었다.

“유도는 상대방과 함께 땀 흘리고 몸을 부딪치며 격렬하게 대결을 하지만 처음과 마지막에는 정갈하게 도복 매무새를 가다듬고 인사를 나누는 모습 속에 그 매력이 있다고 생각해요. 상대방을 이긴다는 목표를 달성하기 위해서 최선을 다하지만 상대방에 대한 존중이라는 가치를 잃지 않는 거죠. 실체적 진실을 발견하기 위해서 쉬지 않고 달리지만 법과 양심이라는 틀에서는 벗어나지 않아야 하는 검사의 자리와 닮아 있어서 유도를 좋아해요.”

한때 성우와 아나운서를 꿈꾼 적이 있다는 그는 대학 때는 시각장애인들을 위한 점자도서관에서 녹음 봉사를 해 오디오북 제작에도 참여한 적이 있다고 했다. 아닌 게 아니라 그의 딕션은 아나운서의 그것처럼 또렷해서 가청도가 높았다. 현역 서울중앙지검 검사로서 정 검사는 지금 의료분야 사건을 맡고 있는데, 10년 후쯤에는 무슨 일을 하고 있을 것 같냐고 물으니, 계속 의료 분야를 파고들어서 전문가로 성장하고 싶다는 포부를 밝혔다. 워낙 신언서판이 뛰어난 그에게 혹시 정치나 공직 쪽에서 제안이 오면 어떤 선택을 할 것 같냐는 질문에는 그 시점에서 자신이 그 일을 할 수 있는 준비가 얼마나 되어 있는지를 냉정하게 판단해서 결정하게 될 것 같다고 말했다.

지금 세계 팝시장을 주도하고 있는 K-Pop의 성취는 자신의 재능을 치열하게 보듬고 긴장과 절제 속에서 갈고 닦은 '아이돌'이 있었기에 가능했다고 할 수 있다. 나는 정거장 검사에게 (물론 그는 손사래를 치겠지만) 긍정과 선의의 맥락에서 감히 '검사계의 아이돌'이라는 별칭을 붙여보고 싶다. 많은 이들의 기대와 신뢰 속에서 사랑을 받고 성장한 아이돌이 자신의 재능을 우리 사회에 즐거움으로 돌려주고 있듯이, 자신의 직분을 사랑하고 자부심을 가지고 있는 정 검사 역시 자신의 달란트와 양심을 우리 사회의 구성원들을 위해 아낌없이 쓰리라는 확신이 들었기 때문이다. 그 확신의 근거가 뭐냐고 묻는다면, 자신이 겪은 개인적 아픔을 혹여 공익적 감수성을 해칠까봐 꾹꾹 속으로 삭인 그 마음밭의 넉넉한 넓이와 깊이라고 말하겠다.

「법률신문 2023년 5월 22일자 게재」

"
저도 사람인지라 수사에 비협조적이거나 불성실한 피의자를 보면
어느 순간 괘씸하다는 생각이 드는 거예요.
그런데 법에서 정해진 양형을 지키는 게 옳은 거잖아요.
그래서 평소에 시와 소설, 문학적인 글을 읽으면서
인간과 삶의 주제에 대한 것들을 성찰하고
윤리적 감수성이나 상상력을 키우기 위해 노력했던 것 같아요.
"

17

성장과 함께 공존이 AI 시대의 철학이 돼야

이상직

법무법인 태평양 변호사

첫인상부터 말해보려고 한다. 안경알 너머 반짝이는 눈과 단정한 은빛 헤어, 수수한 듯 보이지만 세련된 노타이 셔츠를 카디건으로 받친 수트 차림. 거기에 군살이 없는 훤칠하면서도 호리호리한 체형. 이런 것이 종합된 이미지 때문에 나는 그에게서 자기 관리가 아주 철저한 사람이라는 느낌을 받았다. 우리나라 법조계에서 AI 분야 최고 전문가로 불리는 이상직 변호사(58·사법연수원 26기)는 묘하게도 그 외형적 이미지에서 인간의 궁극적인 모델을 상상하게 만들었다. 물론 AI 전문가라는 그에게 따라붙는 레테르가 그의 인상에 대한 감상을 자극했는지는 모르겠다.

이상직 변호사는 1994년 제36회 사법시험에 합격하고 제26기 사법연수원을 수료했다. 1997년 옛 정보통신부 제1호 변호사가 됐다. 정보통신부 통신위원회 재정과장으로 활동하다 1999년부터 법무법인(유한) 태평양 변호사로 활동했다. 이후 주식회사 KT로 옮겨 법무센터장, 준법지원인(전무)을 지냈다. 과학기술정보통신부 고문변호사, 인공지능법제정비단 위원, 대통령 소속 국가지식재산위원회 인공지능-지식재산 특별전문위원회 위원장을 거쳐 대한변호사협회 부협회장(IT블록체인위원회 위원장), 국가지식재산위원회 위원, 한국인터넷진흥원 비상임이사 등으로 활동했다.

그는 경북 안동 평산마을 출신이라고 했다. 이 변호사의 말에 의하면 자신이 태어난 향리는 '동양의 모스크바'로 불렸단다. 조선공산당을 조직한 초대 서기가 그 마을 출신이고 안동이 공산주의 운동의 근거지가 되었다는 역사적 사실이 그의 말을 뒷받침한다. 조부는 지역에서 소

작쟁의 운동을 주도하기도 했고 독립운동에 투신했단다. 나중에는 정부로부터 훈장도 추서됐다고. 이와 같은 인연으로 부친은 말년에 광복회 활동을 하기도 했다고 했다.

"일곱 살 때 안동을 떠나 대구로 왔는데 나중에 돌아보니 한학에 조예가 깊었던 할아버지와 할머니로부터 영향을 받은 것 같아요. 어렸을 때 제가 실수로 옆집 감나무 가지를 부러뜨렸는데 할머니가 내 편을 들면서 옆집 사람을 오히려 타박하시는 거예요. 그런데 나중에는 먹을 걸 싸가지고 가서 사과를 하셨다고 해요. 그러니까 제 앞에선 손자 기를 살려주려고 일부러 그러신 거였죠."

이 변호사는 1남2녀 중 장남이라고 했다. 여기까지의 정보에 따르면 그는 반골 집안의 유구한 피와 함께 집안의 지극한 사랑을 받고 자란 셈. 하지만 그는 자신을 회색인이었다고 표현한다. 법학과를 택하고 사법시험을 본 것도 특별한 계기에 의한 것은 아니었다는 것이다.

"주변 친구들이 으레 사법시험을 준비했고, 사법시험 합격자 정원이 3백 명으로 증원되어서 저도 그냥 한번 해볼까 하는 생각이 들었어요. 그 무렵 아버지의 사업이 잘 안 되고 있었는데, 합격하면 경제적인 안정을 확보할 수도 있겠다는 생각도 들었구요. 저는 늘 모호한 상태에 있었던 것 같아요. 외부에서 주어진 시나리오대로만 살 뿐 껍질을 깨지 못한 채 그 안에 갇혀 있었던 시절이었어요."

'껍질을 깨지 못했던' 그 시절의 자신을 이상직 변호사는 다자이 오사무 소설『인간실격』의 주인공, "태어나서 죄송합니다."라고 말했던 인물에 비유하기도 했다. 그는 연수원 수료 후 이례적으로 그때 막 확대개편된 정보통신부에 들어간다. 그 일화도 인상적이다. 앨빈 토플러의『제3의 물결』을 읽고 미래에 대한 관심이 생겼던 그는 다른 사람들이 다 가는 길을 택해서는 성공하기도 어렵고 의미도 없겠다는 생각이 들었단다. 그래서 무작정 정보통신부 인사과에 전화해 취업을 타진했다는 것이다. 그쪽에선 이런 일이 처음이라면서 검토를 해보겠다는 답을 한 후 면접을 보러 오라고 했고 그래서 정부부처에 들어가게 됐다는 것. 마침 시내전화와 국제전화 분야의 경쟁이 치열해지고 통신시장에 일대 눈부신 혁신이 일어나고 있을 때였다. 그는 그 현장에서 몸으로 부딪치며 일하고 외국 등을 시찰할 기회를 가지면서 비로소 자신이 투신해야 할 분야를 깨달았다고 했다.

"지금까지와는 완전히 다른 세상이 올 수도 있겠다는 생각이 들더군요. 그래서 이 분야를 공부하고 진로로 삼아서 변호사로서 나만이 할 수 있는 고유한 영역을 찾아야겠다는 생각이 들었어요. 아무튼 남들이 안 하는 것을 하고 싶었는데 그 포지셔닝이 제 삶에서 주효했다고 생각해요."

그는 정보통신부를 나온 이후 법무법인 태평양에 몸담았다가 2009년 KT에 법무센터장으로 입사해 정보통신 전문가의 커리어를 이어간다. 그렇다면 그는 삶의 숱한 국면에서 마주치는 결정과 판단의 순간에 어떤 원칙을 적용했을까. 혹시 데이터에 의존한 것은 아니었을까.

"이제야 드는 생각입니다만 제가 무언가를 선택하고 판단할 때 적용했던 철학은 원칙이나 원리에 입각해 내가 관리할 수 있느냐 없느냐였던 것 같아요. 관리할 수 있다는 생각이 들면 그걸 택했지요. 무리가 따르고 불법적인 것, 타인에게 피해를 끼칠 수 있는 리스크가 있는 것은 택하지 않았던 거예요."

그에게 단도직입적으로 AI 시대, 우리 사회가 놓치지 말아야 할 가장 중요한 조건은 무엇인지 물었다.

"인간은 불완전하잖아요. 의사결정을 할 때 잘못된 판단을 할 때도 있구요. 인간은 도구를 발명하면서 인간의 외연을 확장하는 방식으로 인간의 자유를 확대해왔어요. 그런 관점에서 보면 AI는 정신 영역의 확장을 도모하는 것인데요. 그런데 돌도끼라는 도구를 잘못 사용하면 손을 다치는 데 그치겠지만 AI를 잘못 사용하면 전쟁이나 대형 재난이 발생할 수 있거든요. 그래서 '공존'이라는 가치가 정말 중요해요. 현재 우리 사회의 각종 법령이나 법안이 상당히 촘촘하게 만들어져 있어요. 정보통신 쪽에서 어떤 혁신을 추구하려고 하면 입장이 상이한 쪽과 충돌할 수밖에 없어요. 그럴수록 섬세하게 공존의 묘미를 살피는 게 중요하죠. AI 기업이나 발명가들은 새로운 발명과 혁신을 통해 시장을 만들면서 상생과 공존을 모색하는 혜안이 필요해요. 이것은 결과적으로 윤리와도 연결되는 문제지요."

분명히 IT 환경과 기술의 발전은 인간의 삶의 질을 높이는 데 도움을 주는 측면이 있다. 그런데 이것이 비용을 충분히 치를 수 있는 사람에게 우선적으로 제공되는 측면이 있다. 디지털 민주주의라는 말이 무색하게 상대적으로 빈곤한 계층은 IT 기술의 인프라와 발전에 따른 혜택에서 소외되는 측면이 있다는 것. 다시 말하면 IT가 경제적 양극화를 심화시킬 수 있는 부정적 성질이 있다는 것이다. 이 점에 대해서 그는 어떤 생각을 갖고 있을까.

"공산주의 체제와 자본주의 체제의 차이를 예로 들어서 설명하고 싶은데요. 공산주의 모델은 인간의 욕망이나 욕구를 결코 충족시켜주지 못했고 그래서 쇠락의 운명을 맞았거든요. 자본주의 모델은 결국 성장을 통해 그 효과가 많은 이들에게 돌아가도록 하는 쪽으로 진화해야 지속이 가능해요. 기업이 시장을 계속 창출해야 하는 거죠. 새로운 시장이 만들어지면 상대적으로 부유한 집단이 이익을 많이 가져간다고 해도 거기서 확보된 열매를 그 사회가 함께 누릴 수 있거든요. 최적화된 데이터

마케팅이나 플랫폼 등을 통해 이런 성장 시스템을 안정적으로 만들어야 해요. 이제 오프라인 온라인을 거쳐 메타버스로 가고 있는데 이처럼 새로운 시장이 자꾸 나와야 자본주의가 돌아가는 거예요. 그럴수록 우리 사회 구성원 전체가 평등과 분배의 가치를 존중해야 하구요. 법률적으로도 보다 많은 사람들이 쉽게 새로운 플랫폼을 이용하도록 보완책이 필요하구요."

그런데 이상직 변호사가 말하고 있는 철학은 내게는 어떻게 보면 기업 같은 자본권력의 기본적 생리와 충돌하는 측면이 있는 것처럼 들렸다. 무슨 말이냐면 중요한 기술이나 정보, 혁신을 통해 구축한 시스템을 확보한 기업은 기본적으로 배타적인 태도를 가질 수밖에 없지 않느냐는 것이다. 이를테면 고급한 데이터에 접근할 수 있는 권한을 제한함으로써 기업의 가치와 자본을 독점하려는 속성이 있다는 얘기다. 이와 같은 기업의 배타성이라는, 공존을 방해하는 벽을 이 변호사는 어떻게 보고 있을까.

"기업의 존재 목적은 여러 가지가 있잖아요. 주주를 위해 존재하기도 하고 직원을 위해 존재하기도 하고 소비자를 위해 존재하기도 하는데, 저는 결국 사회적 자산을 만들어내는 것이 기업의 가장 중요한 존재 가치라고 생각해요. 성장과 분배를 함께 도모하고 공존을 늘 염두에 두는 게 기업의 성장을 위해서도 나쁠 게 없어요. 지금의 과학기술이나 데

이터는 기업만이 독점할 수 없고 거기서 나오는 이익도 기업만이 가질 수가 없어요. 공존을 무시하는 기업은 살아남기 어렵게 되어 있지요."

그는 최근에 연재중인 신문 칼럼에 "디지털은 미래를 위한 결단을 창의적 아이디어보다 과거의 데이터에 의존할 것을 요구하기도 한다."면서, 결국 트렌드에 민감할 수밖에 없기 때문에 "결단이 어렵고, 결과에 대한 책임은 무겁다. 디지털 시대, 진정한 리더를 찾기 어렵다."고 썼다. 현재 정계 일각에서 개헌 논의와 함께 우리나라 국체와 지도체제를 수정해야 한다는 목소리가 늘 나오는데, 그렇다면 그는 대통령중심제라는 지금의 우리나라 지도체제, 그리고 국회의원 선거구제 등이 AI 시대에서 어느 정도 적절하다고 생각할까.

"대통령중심제를 유지하더라도 이제는 개인의 역량에 의존하는 시대는 아니라는 인식이 필요해요. 시스템에 의해서 의사결정이 이루어지는 게 중요하다는 거죠. 물론 리더, 최종 결정권자에게 결단을 내릴 수 있는 권한을 줄 필요는 있어요. 그때 리더는 미래를 읽어내는 혜안을 갖고 미래를 위한 결정을 해야 해요. 디지털 환경이나 주어진 데이터에 대한 문해력이 필요하죠. 그런데 그건 개인의 천재적 능력에서 나오는 게 아니고 리더를 둘러싼 환경과 축적된 지성에서 나온다고 생각해요."

그는 사람들이 생쥐를 혐오하지만 미키 마우스는 사랑하지 않느냐면서, 발터 벤야민이 짚은 무한복제 시대 '가짜의 아우라'를 어떻게 만들어내느냐에 따라 인간의 삶의 풍요로움이 결정될 거라고 말했다. 그뿐 아니라 그의 입에서는 오다 노부나가, 데미언 허스키, 안드레아 거스키, 보르헤스, 울리히 벡, 시바 료타로 등 역사적 인물과 문인예술가, 학자들의 말이 풍요롭게 그리고 자유자재로 흘러나왔다. 평소 축적된 문학적, 인문적 소양이 엿보이는 대목이다. 이상직 변호사는 AI를 인간을 위해 사용하고 미래를 준비하는 데는 융복합적 상상력이 매우 중요하다는 말도 했다. 그런데 그 상상력이란 게 결국 인문적 훈련에서 나오는 것이라는 걸 그 스스로 몸소 보여준 셈이다. 말하자면 그는 현실에 한발을 걸치고 있는 미래에서 온 증인인 셈이다. 헤어질 때 그가 선물로 건네준, 자신이 글을 쓰고 따님이 그림을 그린 책을 보니 미래에 대한 그의 관심의 기원에 다름 아닌 사랑이 도사리고 있음을 알겠다.

「법률신문 2023년 5월 1일자 게재」

인공지능은 정신의 영역을 확장하는 도구
잘못 사용하면 전쟁이나 대형재난 발생…
발명과 혁신을 통해 시장을 만들면서도
상생과 공존을 모색하는 혜안이 필요

18

단단하게 여문 지성을 어디에 어떻게 쓸지 아는 사람

한동일

작가

그가 써온 개인 서사만 보면 가히 신화적이라고 할 수 있다. 그는 가톨릭 사제로 2001년 로마 유학길에 올라 교황청에서 세운 라테라노 대학에서 교회법 석사와 박사과정을 최우등(숨마 쿰 라우데)으로 졸업하고 교황청 대법원 로타 로마나 3년 과정 사법연수원을 통과한 변호사다. 라틴어와 이탈리아어 등 유럽어에 능통한 것은 기본.

인터뷰를 시작하며 관례적으로 선생님이라고 불렀더니 즉각 호칭을 정정해줄 것을 부탁했다. 그가 원했던 호칭은 '작가'. 그것은 사제와 교

한동일 작가는 2001년 로마 유학길에 올라 교황청립 라테라노 대학교에서 2003년 교회법학 석사학위와 2004년 동 대학원에서 교회법학 박사학위를 최우등으로 취득했다. 이후 바티칸 대법원 로타 로마나(Rota Romana) 변호사 자격을 얻은 뒤 이탈리아 법무법인에서 일했다. 2010년부터 2016년까지 서강대에서 라틴어 강의를 맡아 진행했고, 이어 연세대 법무대학원에서 '유럽법의 기원'과 '로마법 수업'을 강의했다. 2021년 사제직을 내려놓은 뒤 번역 및 집필 활동을 이어가고 있다.

수 같은 사람들이 선망하는 사회적 지위를 모두 내려놓은 자기 자신에게 부여한 작위처럼 들렸다. 한동일 작가(53)는 2018년 연대 로스쿨 강의가 교수로서의 마지막 강의였다고 했다.

이와 같은 인상적인 커리어에 그의 성장 과정이 어떤 영향을 미쳤는지 궁금했다.

"서울 강북 지역에서 성장했는데, 다른 집이 다 그랬던 것처럼 저희 집도 결코 부유하지 않았어요. 그런데 어려운 환경에서 어울려 지내던 친구들끼리 상대적으로 더 가난하다고 해서 다른 친구를 멸시하거나 차별하지는 않았어요. 저는 그래서 그 시절이 아름다웠다고 생각해요. 그때 어울린 친구 중에 지금은 알제리에 가 있는 친구가 있어요. 그 친구의 형이 하버드대를 들어갔어요. 그래서 저도 막연히 공부를 하면 하버드대를 갈 수 있겠다고 생각했죠.(웃음) 그 형 방에 친구와 몰래 들어가서 서가에 가득 차 있는 원서들을 보면서 흥분하고 동경했던 기억이 납니다. 그 친구는 저에게 많은 자극과 영감을 주었는데 어느 날 저에게 파스칼의 팡세 같은 책을 써보라고 하더라구요. 사실은 이번 여름에 책이 한 권 나와요. 그게 팡세에 근접한 책이에요."

한동일 작가는 다른 인터뷰에서 돌을 가리키는 라틴어로 '패트라'와 '스칸달룸'이라는 게 있는데, 전자는 디딤돌이고 후자는 걸림돌이라고 소개하면서 사회적 소속이라는 게 디딤돌이 되기도 하고 걸림돌이 되기도 하지만 자유로운 삶을 위해 소속을 버렸다는 말을 했다. 그런데, 역설적으로 그의 책이 빅셀러가 되면서 원컨 원치 않건 그는 스타급 저자가 되었고 이름과 얼굴이 알려졌다. 오히려 그가 원했던 자유가 억압을 받을 수도 있는 역설적인 상황에 직면한 것. 한 작가에게 자유를 확보하기 위해 어떤 투쟁을 전개할 것인지 물었다.

“사실 저의 일상은 크게 변한 게 없어요. 제가 유명해졌다고도 생각하지 않구요. 집에서 공부하고 책 쓰는 그런 하루의 루틴이 똑같거든요. 최근에 8년 정도 작업한 라틴어동사활용표사전 집필을 마무리했는데, 분량이 A4로 1200장이 넘어요. 그런 작업은 하루의 시간을 10분 단위로 세분해서 써야만 결과물이 나오거든요. 강연과 강의도 기준이 있어요. 공공기관과 교육기관에서 오는 요청이면 가급적 응하려고 노력해요.”

심플하고 무심한 표정으로 한동일 작가는 세속적인 인기나 명성이 야기할 수도 있는 정신의 사치를 일상의 루틴으로 물리칠 수 있다고 얘기한다. 그게 어떤 대단한 수사를 동반하고 있는 것이 아니어서 오히려 믿음이 갔다. 그는 자유로운 삶을 살겠다고 생각하면서 바뀐 게 있다고 했다. 예전에는 사람을 만나면 자신이 정해놓은 시간을 지켜서 썼는데 이제는 상대방이 가자고 할 때까지 만난다는 것이다. 이것은 그가 책에서 말한 ‘어른론’과도 연결된다. 그는 이렇게 썼다.

“공부한 것이 부족하고 소유한 것이 부족하더라도 진심으로 누군가의 곁이 되어줄 수 있는 사람이라면 그가 바로 생각의 어른일 것이다. 생각의 어른이 가능하기 위해서는 생각의 어른을 알아보고 존중할 수 있는 사람도 역시 필요하다.”

그에게 물었다. 어른은 무엇이고, 어른은 왜 필요한지를.

"최근에 스페인에 갔었는데, 신부가 된 제자가 여행을 안내하겠다고 해서 그가 운전하는 차를 타고 가는데 그만 차가 도랑에 빠진 거예요. 일요일이었고 해결할 방법은 안 보이는 거예요. 허허벌판에 찬 바람도 불고 당황스러운 상황이었죠. 그런데 그곳을 지나가는 현지인들이 차를 세우고 돕는 거예요. 결국 어떤 분이 아는 사람에게 전화해 견인차를 불러주었죠. 그 경험이 상당히 인상적이었고 마치 '착한 사마리아인'을 만난 기분이었어요. 저는 다른 사람이 어려움에 처했을 때 그걸 외면하지 않는 이들이 어른이라고 생각해요. 아주 특별하고 고귀하고 큰 깨달음을 얻은 이가 어른이 아니고 이처럼 이타적이고 보편적인 마음을 가진 이가 곧 어른이라는 거죠. 그런데 우리 사회는 어른이 많은 사회일까요. 제가 보면 한국 사회는 예전에는 귀한 금을 가지고 있었는데, 지금은 그걸 팔아서 은이나 동을 손에 쥐고 있는 형국 같아요."

누가 뭐라고 해도 그는 교회법 연구의 권위자다. 그는 바티칸 대법원은 "단순히 교회 재판소가 아니라, 유럽 중세 시대의 국제 재판소라고 봐야"하고 그 이유로 "구교와 신교가 부딪치면서 가장 먼저 쟁점이 되었던 게 종교의 자유"였고 "종교의 자유를 들여다보니 거기에는 양심에 관한 문제, 신념에 관한 문제, 양심과 신념을 표현하려다 보니 출판 및 표현의 자유, 그걸 더 나아가면 집회 및 결사의 자유가 필요"했고 이 "종교 자유 문제에서 헌법의 기본권이 나온 것"이라고 설명한 적이 있다. 그런데 나 같은 세속적인 사람의 관점에서 종교는 인신의 자유를 제한하고 개인의 헌신과 절제를 강조하는 것이다. 그의 말에 따르면 교회법이 현대의 헌법의 기본권과 연결된다고 하는데 종교적 본질과 인간의 기본권 사이에서 발생하는 괴리에 대해 묻지 않을 수 없었다.

“저는 신학과 법학은 풀리지 않는 인간의 문제를 풀어주는 실타래 역할을 하는 것이라고 생각해요. 스페인 여행 중에 세르반테스의 돈키호테 배경이 된 마을에 머문 적이 있었는데요. 그런데 그 거리에 적혀 있는 어떤 문장이 저에게 상당히 인상적으로 다가왔어요. 그건 이런 내용이었어요. (스페인 원문을 읽으며) ‘세상에 문제가 뭔 줄 알아, 모든 사람은 문제를 풀 수 있는 마법을 원하는데, 모든 사람이 전부 그 마법을 믿지 않는다는 거야.’ 이런 모순의 상황에서 사람들에게 무엇을 제시할 것인가. 저는 그게 법과 종교의 역할이라고 생각해요. 법과 종교가 규율과 강제를 이야기하지만 그 지점에 또 어떤 출구가 있을 수 있다는 거죠.”

나는 그의 대답이 어떤 반어적 진실을 이야기하고 있는 걸로 이해됐다. 무슨 말이냐면 종교와 법이 요구하는 복종 혹은 순종의 태도 속에 사람들은 자신의 자유에 대한 의지를, 그 가능성을, 그 정당함을 상상하고 꿈꿀 수 있다는 것을.

성인이 된 이후 한동일 작가가 평생을 천착한 것이 가톨릭과 라틴어다. 가톨릭은 헤브라이즘이라고 해서 서구 정신사의 중심축을 이루는 것이고 라틴어는 서구 지성사의 뿌리를 이루는 언어다. 말하자면 고전이라는 세계의 근음인 셈인데, 지식인으로서 오랫동안 고전의 세계에 몰입해온 이로서 현대의 다양하고 복잡한 문제를 읽어내는, 당대적인 감수성과 감각적인 자의식은 어떻게 확보할 수 있는지 물었다.

"2017년 영국 에딘버러에 가서 현지인들과 대화하는 중에 한 변호사가 AI시대 이후 발생할 수 있는 여러 철학적 인문적 문제 등을 화제로 꺼내더라구요. 한국 사회에서는 AI가 실현하는 기술은 뭐고 그것을 어떻게 실용화하는지에만 관심을 갖고 있었거든요. 그런 차이는 어디에서 온 것일까요. 저는 그걸 한번 우리가 진지하게 생각해보면 좋겠어요. 요즘 젊은 친구들이 유튜브에서 '짤'을 보는 게 유행인데, 그런 짤을 즐겨 보는 상황에서 깊이 있는 인식과 질문이 나올 수 있을까요. 저는 답을 드리고 싶지는 않아요. 오히려 질문을 드리는 방식으로 답을 하고 싶어요. 그런 생각의 차이, 질문의 차이를 만드는 건 뭘까. 개인적으로 저는 제가 가톨릭과 라틴어를 공부했던 걸 큰 행운이라고 생각해요. 예컨대 미국이 아니라 로마, 유럽으로 유학을 가서 로마법과 교회법, 신학과 철학을 공부했던 걸 행운이라고 생각하죠."

그의 말인즉슨 짐작컨대 고전적 전통, 그 유구한 지적·철학적 전통이라는 것이 실존적 질문을 낳고 이것이 가장 현대적인 문제를 관통하는 주제에도 넉넉히 적용될 수 있다는 것이다. 나는 그렇게 그의 답변을 해석하기로 했다. 질문으로 답을 하는 그의 전략이 참 신선하다고 느끼면서.

한동일 작가는 그동안 어려운 결정과 판단의 순간과 직면하는 삶을 살았다. 가톨릭 사제의 길을 걷기로 한 것이나 로마 유학이나 로타 로마나 변호사가 되기로 한 것이나 수천 페이지짜리 책을 쓰기로 한 것 모두가 다 쉬운 결정은 아니었을 것이다. 그럴 때마다 그가 적용한 최우선적인 기준은 무엇이었을까.

"심플하게 답할 수 있을 것 같아요. 언젠가 강의를 하는데 질문을 받았어요. 저에게 세상에 남기고 싶은 게 뭐냐는 거였죠. 그때 저는 무엇을 남기고 싶다는 대답 대신 '후회는 남기고 싶지 않습니다.'라고 답했어요. 30대 중반에 석·박사를 마치고 로타 로마나에 도전할 것인가 고민할 때였어요. 이대로 한국에 가면 '나이스'한 삶을 살 수도 있는데, 어떻게 할 것인가. 그런데, 그때 될 수 있을 거라는 확률도 희박한데 후회가 없는 삶을 살고 싶다는 생각을 했어요."

그런데 그렇게 말하는 그의 얼굴과 눈동자에 외로운 빛이 스친다. 그가 그런 결정을 하고 묵묵히 고행하듯 어려운 수업을 실천할 때 가족이나 주변 사람들은 어떤 태도를 취했을까. 그리고 그는 자신의 결정과 판단을 좇아 살아온 지금의 삶에 대해, 저명한 작가가 된 현실에 대해 어떤 자평을 하고 있을까.

"사실 제가 사람들과 대화하는 것에 서툰 면이 있어요. 늘 질문을 받고 답하기만 했지 먼저 상대에게 질문을 하거나 묻는 경우가 드물었어요. 비유적으로 말하면 저는 절벽의 그 가파른 비탈에 사는 아이벡스 같은 존재가 아닐까 하는 생각이 들어요. 절벽에 사는 아이벡스가 평지에 내려와 살고 있는 느낌이랄까요."

TV에서 천적을 피해 절벽 비탈에 서 있는 아이벡스를 본 적이 있다. 아이벡스는 절벽 환경에 최적화된 발굽을 가진 염소과 동물이다. 그런 동물이 평지에서 서있을 때, 그 발굽은 얼마나 불편하고 이물거릴 것인가. 그의 표정을 스친 고독한 빛이 이해되는 순간이다.

그는 《라틴어 수업》에서 이렇게 썼다. "사랑하는 사람이 곁에 있어도 개인적, 사회적인 자아가 실현되지 않으면, 인간은 고독하고 외롭고 소외된 실존과 마주해야 한다"고. 인간의 근본적인 불안, 고독, 소외를 이미 체화한 사람만이 쓸 수 있는 문장이다. 한 작가의 내면에 문학적 자의식이 장착되어 있음을 엿본 느낌이다.

한동일 작가는 부인하지만 그는 인플루언서라고 해도 과언이 아닐 정도로 지금 한국 출판계와 지성계가 가장 주목하는 존재다. 그런데, (실명을 거론하지는 않겠지만) 그동안 성직자나 지식인 중에 소위 베스트셀러를 낸 이후 사회적으로, 혹은 상업적으로 과도하게 소비되면서 그가 본디 가지고 있던 지혜와 정신이 당의정처럼 왜곡되거나 훼절되는 경우도 종종 있었다. 한 작가에게 조심스럽게 물었다. 자신이 상업적 소비재로 쓰이는 것을 어떻게 경계할 것인지를.

"출판사 입장에서는 제가 참 불편한 저자일 거예요. 출판사에서 계정 하나만 열어주면 자기들이 관리하겠다고 했는데 그것도 못해줬어요. 방송이나 인터뷰도 미루고 미루면서 상당히 제한적으로 했구요. 이건 제가 지키고 싶은 거예요. 딱히 사회적으로, 상업적으로 소비되는 것을 경계하고 그것에 저항한다는 생각도 없고요. 저는 그냥 제가 공부하는 사람이라고 생각할 뿐이에요. 그와 관련해서 제가 경계하는 건 자기모방, 자기표절이에요. 다행히 아직까지 제가 쓴 책에서 중복되는 부분은 없었던 것 같아요. 그런 기본적인 스탠스를 지키려고 생각해요."

그에겐 세속의 관심이나 주목, 인기 따위가 그저 성가시고 던적스러운 추파일 뿐인 듯싶다. 간만에 단단하게 여문 지성을 어디에 어떻게 쓰는 게 마뜩한지를 아는 어른을 발견한 기분이다.

「법률신문 2023년 4월 17일자 게재」

19

숭고하되 자신만 숭고한지를 모르는 사람

정회철

전통주조 '예술' 대표

사람은 누구나 자신만의 고유한 서사를 가지고 있고, 대부분 그 서사를 애착한다. '내 삶을 책으로 쓰면 서너 권은 족히 나올 것'이라는 말은 거의 장삼이사들의 췌사가 되다시피 했다. 그런데 정회철(61·사법연수원 30기) 대표가 가진 삶의 내력은 이미 아는 사람들은 다 알 만큼 그 형식과 내용의 총량이 압도적인 것이었다.

그의 삶을 짧게 정리하면, 전두환이 집권하던 해 서울법대에 입학해 학생운동을 하다가 2학년 때 제적당하고 군 제대 후 본격적으로 인권·

정회철 대표는 서울 용문고와 서울대 법대를 졸업하고
1998년 제40회 사법시험에 합격했다. 연수원 수료 후 변호사로 활동하면서
고시학원에서 강의를 해왔다. 그가 쓴 10권 이상의 수험서는
사법시험 합격생들의 합격기에 단골로 꼽혔고, 신림동 고시촌에서는 '스타강사'로 불렸다.
이후 충남대 로스쿨 교수를 지내다 2012년 전통주 제조에 빠져들어
강원도에서 전통주조 '예술(예로부터 내려온 술)'의 대표로서 전통주를 빚고 있다.

노동운동에 투신, 파업을 주도해 구속·수감되기도 한다. 이후 정부의 특례 재입학 조치로 33세에 학교에 돌아가 사법시험 준비 3년 만에 패스하고 판사 임용을 희망했으나 학생운동과 전과가 문제가 되었는지 좌절한 뒤 변호사로 일하다가 적성이 맞지 않아 변론 활동보다는 사시 수험생 상대로 강의하고 교재를 집필하는 데 집중한다. 이때 발행한 수험서가 소위 '대박'을 터뜨려 돈을 벌기도 한다. 그러곤 강의 실력을 인정받

아 충남대 로스쿨 교수로 임용되는데 긴장과 과로 속에서 건강을 상해 그만둔다. 그러던 어느 날 갑자기 한국 전통주 세계에 빠져들어 지금은 고급 백화점에도 납품하는 명품주를 만드는 장인이 되었다는 것.

어떻게 한 사람의 인생 총량이 이렇게 장강 범람하듯 넘칠 수 있는 건지. 아울러 세속적 욕망의 생리를 거스른 그 내용은 현실과 이상 사이에서 늘 헤매는 범인들에게 판타지를 심어주기 충분하지 않은가. 하지만 그가 있는 춘천을 향해 가면서 나는 그를 섣불리 재단하지 않겠다는 새삼스런 각오를 다졌다. 대부분의 진실은 노출된 텍스트보다 보이지 않는 행간에 숨어 있을 공산이 크리라는 믿음 때문이었다.

"세거지는 군산인데 4남매 중 막내로 광주에서 태어나 일곱 살 때부터 서울에서 자랐어요. 아버지가 전기·전자 관련 사업을 하셔서 중학교 때까지는 유복하게 자랐는데, 고등학교 올라갈 때 큰 사기를 당해 가계가 몰락했고 야반도주를 하다시피 신림동 단칸방으로 이사를 했어요. 거기서 여섯 식구가 살았죠. 저는 아버지로 표상되는 권위, 수직 관계 이런 걸 정말 싫어했어요. 그래서 나이 많은 남자들과의 관계가 늘 힘들었어요. 오히려 여자들과의 관계가 무난하죠. 지금은 안 그런데 성장 과정 중에 말더듬증이 심했고 좀 담이 작았던 것 같아요, 그래서 내성적이었고 고2 때 원인을 알 수 없는 지독한 마비 증세, 가위눌림에 매일 밤 시달렸어요. 손가락 하나 움직이면 풀리는데 그 손가락 하나를 움직이는 게 너무 힘들었어요. 병원에 가보지도 못해 그게 뭔지도 모른 채 견뎌야 했어요."

여기까지 듣고 나는 그가 유리처럼 섬세한 영혼을 가진 이라는 생각이 들었다. 영혼을 잠식한다는 불안의 원천소유자. 그는 자신의 심리적 문제를 자각하면서 심리학에 관심을 가졌는데, 아버지가 법학을 권유해 법학과에 들어갔다고 했다. 그런데 그때 분위기가 학생운동을 안 할 수 없었다고. 자신의 한때 장래희망이 정치가였는데 정치라는 게 혁명이나 변혁과 불가분의 관계라고 생각했던 것도 영향을 미쳤다고 했다. 펄벅의 소설『대지』나 영화 〈닥터 지바고〉를 접하면서 가슴이 뛰었다는 고백에 이르니 그에게 낭만적 신념이 있었던 건 분명해 보인다. 하지만 그 대가로 그는 학교에서 제적당한다. 전두환 정권이 학원가를 단속하기 위해 도입한 졸업정원제의 희생양이 된 것이다. 그는 군 제대 후 노동, 인권 운동에 진력한다.

"대학에서 언더서클 활동을 하고 이후에 야학이나 노동운동 등을 하면서 제가 비로소 심리적인 문제로부터 해방되고 있다는 느낌을 받았어요. 삶의 주체자로서 정말 내가 내 인생을 살고 있다는 자각이 들었죠. 지금 아내도 야학하는 친구 소개로 노동운동을 하다가 만났구요. 그래서 결혼도 하고 애도 낳았는데, 먹고 사는 게 정말 쉽지 않았어요. 집 보증금도 노동운동을 하는 데 다 써버렸거든요."

자신의 곤궁했던 시기를 고백하는 그의 표정과 말투는 진솔했지만 내게는 다만 처절하게 들렸다. 우리나라 최고 학부, 최고 학과를 다녔던 이가, 그리고 옳다고 믿었던 일을 했을 뿐인 이가 그 대가로 빈곤을 돌려받았을 때, 그때 그는 자신의 자의식을 거울에 비춰보며 상처를 받지는 않았을까. 후회는 없었을까. 그도 인간인데 듣는 귀와 보는 눈이 있을 것 아닌가. 그와 함께 학생운동을 했던 이들이 제도권 공직이나 정치권에 들어가 활동하는 것을 보면서 불편했던 적은 없었을까. 자기 삶은 이렇게 고달픈데 말이다.

"그때는 그게 저에게는 당연하게 다가오는 삶이었어요. 그리고 사회에 도움이 되는 일을 한다는 자부심 같은 게 있었기 때문에 고달픔 같은 것도 못 느꼈고요. 학교를 일찍 떠났기 때문에 법대 친구들이 어떤 길을 가고, 어떤 일을 하는지 신경쓸 겨를도 없었고 관심도 없었어요. 학생운동 이력을 배경으로 정치를 하는 친구들은 대개가 상층운동을 했던 이들인데, 그들이 원망스럽다는 생각도 전혀 없었어요. 우리 사회는 그런 일을 하는 이들도 필요하거든요."

말을 듣고 보니 그는 타고나길 인간에 대한 선의를 가지고 있는 사람인 듯했다. 그런 그가 돌연 서른셋에 모교에 재입학하고 사법시험을 보게 된다. 그런 결정을 하게 된 이유는 무엇이고 그때 그와 함께 노동운동을 했던 이들의 반응은 어땠을까.

"그때는 어느 정도 현장 활동을 정리한 상태였죠. 평택에서 노동상담소장을 하다가 그만뒀는데, 재산이랄 게 없었고 먹고 사는 게 막막했어요. 그래서 우유배달이랑 신문배달을 했어요. 그러던 중 생계 문제를 해결하기 위해 대학에 돌아가서 시험공부를 하기로 한 거예요. 법조인이 되겠다는 생각은 없었고 정말 먹고 살기 위해 사시 공부를 한 거였죠. 아내가 바느질로 뒷바라지를 해줬어요. 하루 종일 바느질을 하면 그때 돈으로 70만 원 정도 벌었어요."

정회철 대표는 필시 달가워하지 않을 테지만 나는 이 대목에서 숭고미까지 느꼈다. 내가 더욱이 감정이입이 되고 감동을 받은 것은 이처럼 곡진한 사연을 정 대표는 마치 남 이야기 하듯 (주관적 감상이나 과장 없이) 너무나도 무심하게 얘기했기 때문이다.

여기서 잠깐 그가 불편하게 느낄 수 있는 고약한 질문 하나를 던졌다. 사법시험이라는 것은 자본주의 국가 체제의 관리자를 양성하기 위한 제도인데, 그는 사시생들을 위해 강의를 하고 그들을 위한 교재와 수험서를 썼다. 이것은 자본주의 국가 체제의 강화에 힘을 보태는 것으로 자기 신념에 위배되는 것은 아닌가라는. 그가 바로 반박했다.

"저는 헌법 관련 교재와 수험서를 주로 썼는데, 거기에 제가 옳다고 생각하는 민주적인 가치관이라든가 세계관을 많이 넣었어요. 저는 그걸 가르친 거예요. 학생들은 형법이나 민법은 나중에 돈이 되기 때문에 열심히 공부하는데 헌법은 공부를 잘 안 해요. 그래서 제일 어렵게 느끼기도 하죠. 겉으로 봐서는 그게 잘 안 보이지만, 제 강의를 듣고 제가 쓴 수험서를 가지고 공부한 이들은 어떤 식으로든 (제 가치관의) 영향을 받았을 거예요."

그는 지금은 그런 수험서들의 저작권마저 모두 양도했다고 했다. 개정판이 나오는 과정에서 자꾸 자신의 의도와는 다르게 내용이 바뀌기에 차라리 저작권 정리를 해버렸다고 한다. 그렇게 한 것에 미련도 없단다. 그러던 중 로스쿨 교수 자리에까지 갔다가 건강을 잃고 직을 내려놓은 후 홍천으로 내려가 요양을 하는데 거기서 전통주에 눈을 뜨게 된다. 술 익는 소리를 듣고는 행복감을 느꼈다는 것이다. 그래서 취미로 하던 것을 일생의 사업으로 전환하게 된다.

지금은 강원도 춘천 김유정역 부근에 소재한 양조장 '예술' 안 곳곳에는 깊고 향기로운 술 익는 냄새가 기분 좋게 미만해 있다. 정 대표는 다른 매체와의 인터뷰에서 한국 술의 정체성을 찾는 일에 매진하고 싶다고 말한 적 있는데, 그래서 단도직입적으로 물었다. 한국 술의 정체성을 뭐라고 생각하냐고. 이에 좀 관념적이면서도 이상적인 대답이 돌아올 줄 알았는데, 외려 상당히 현실적이면서도 전문적인 답이 돌아왔다. 그의 눈빛이 돌연 생기로 빛났다.

"한국 술의 정체성은 간단히 얘기하면, 지난 2천년 동안 우리 조상들이 마신 술이 뭐냐는 데 있는데, 바로 누룩이 정체성이라고 할 수 있어요. 그런데 다들 전통주를 계승 발전시킨다고 하면서 잘못된 방향으로 가고 있어요. 술은 쌀과 누룩과 물로 이뤄지는데, 한국 술은 누룩으로 빚느냐 아니냐가 핵심이에요. 누룩이 바로 미생물인데 여기엔 자연균과 복합균이 있어요. 이게 사람이 인공적으로 조작해서 만드는 게 아니에요. 근데 우리에게 술을 배운 일본은 인공적으로 조작해서 배양한 미생물(백곡균)을 쓰고 있어요. 오히려 지금 대형양조장 등에서 우리가 만드는 술은 모두 일본식이에요. 누룩으로 만드는 게 좋은 한국 술이라는 걸 술 만드는 사람들은 다 아는데, 이게 상당히 어렵고 돈도 많이 드는 일이기 때문에 사람들이 포기하고 쉬운 길로 가는 거예요. 그들에겐 생존이 걸린 문제이기 때문에 그럴 수밖에 없는 거죠. 그런데 저는 10년 동안 누룩을 포기하지 않고 해오고 있어요. 국가가 이런 것에 관심을 갖고 지원을 해줘야 하는데, 그런 게 잘 안 되고 있어요."

정 대표의 양조장에서 만든 술 중 가장 대표적인 것이 '무작(無作)'인데 이 이름 속에 그가 담고자 하는 한국 술의 정체성이 이미 충분히 표현되어 있다. 일부러, 인위적으로 만들지 않음이라는 뜻이니까. 그렇다면 이렇게 어렵게 축적한 귀한 기술을 전수하고 싶은 생각은 없는 걸까. 혹시 두 아들에게 자신의 일궈온 일을 가업으로 물려주고 싶은 생각 같은 건 없을까.

“처음에는 그런 걸 남에게 알려주고 싶어서 양조학교 같은 것도 했는데, 이게 먹고 사는 문제가 걸려 있어서 쉽지가 않더라구요. 사실 제가 만드는 술의 품질은 인정받고 있는데, 마케팅이나 영업 쪽에 능력이 없어서 지금 사업이 쉽지 않아요. 두 아들은 이 일을 할 생각은 없는 것 같아요. 큰애는 교사로 일하고 있고 둘째는 서울에서 바를 운영하면서 바텐더로 일하고 있어요.”

지금까지 타인으로부터 다양한 호칭을 들었을 그에게 그중 가장 듣기 불편했던 직함이 뭐였냐고 물으니 ‘변호사님’이라는 답이 돌아왔다. 자신이 변호사에 어울리는 사람이 아니라는 걸 잘 알고 있기 때문이었다고 했다. 인터뷰를 하는 동안 나는 그의 표정에서 언뜻언뜻 비치는 권태로운 자 특유의 텅빈 표정을 보았다고 느꼈다.

한국 사회는 사회적 위신과 체면을 무척이나 중요하게 여기는 사회다. 대부분의 사람이 타인으로부터의 시선이나 품평에 예민하게 반응한다. 정회철 대표에게 사회적 위신으로부터 당신은 자유로운지를 물었다. 그러자 예의 진솔한 답이 돌아왔다.

“사회적인 위신으로 자유로운 사람이 있을까요. 저는 제가 하는 일을 존중받기만을 바라지 어떤 지위를 바란 적은 없습니다.”

자신이 소유한 것, 자신이 가진 재능이나 재화를 가지고 성취할 수 있는 것을 끝없이 의심하고 유예하는 것, 나는 그것이 우리 시대에 새롭게 권장될 수 있는 윤리라고 보는데, 정회철 대표의 삶이 바로 그런 징후적 케이스가 아닌가 싶었다. 성취를 유예하는 자는 권태로운 법이다. 그걸 시나브로 실천하고 있는 정 대표는 그래서 아무도 흉내낼 수 없는 특유의 소탈하고 무심한 표정과 말투를 갖게 되었으리라. 숭고하되 자신만 그걸 모르는 이처럼.

인터뷰를 마치고 돌아가는 내 두 손에 정 대표는 떠맡기다시피 '예술'에서 빚은 술 두 병을 들려주었다. 집에 돌아와 맛을 보니 과연 입과 몸과 마음이 모두 그윽해지는 것이었다. 그에 세상에 대한 모든 욕망도 수심도 다 저물었음은 물론이다.

「법률신문 2023년 1월 16일자 게재」

"
양조장에서 만든 술 중 가장 대표적인 것이 '무작(無作)'
이 이름 속에 그가 담고자 하는 한국 술의 정체성이
이미 충분히 표현되어 있다.
일부러, 인위적으로 만들지 않음이라는 뜻이니까.
"

20

굳고 정한 갈매나무 같은 자존감으로 무장한 문화예술 사건의 감별사

김정현

법무법인 창경 변호사

“제가 고고미술사학과를 나와서 준학예사로 일한 경력을 두고 많은 분들이 부모님도 비슷한 분야에 종사한 게 아닌가 하는 생각을 하시는데, 전혀 아니에요. 저희 집은 서민 가정이라고 할 수 있어요. 청각 장애가 있으신 아버지는 오랫동안 택시 기사 일을 하셨고 어머니는 작은 식당을 하셨으니까요. 저는 서울 대림동에서 태어나 몇 번 이사를 다녔고요.”

김정현 변호사(39·변호사시험 3회)가 들려준 성장 환경을 듣고는 사실 적

김정현 변호사는 서울대 고고미술사학과와 고려대 로스쿨을 졸업했다.
2014년 제3회 변호사시험에 합격하고 같은 해 법무법인 율촌에서 변호사 생활을 시작했다.
율촌에서 문화·예술 분야에 특화된 사건을 주로 수행하며 경력을 쌓았다.
2019년 창경 법률사무소를 창업했다. 준(準)학예사 자격증을 보유한 김 변호사는
예술·디자인 등 문화콘텐츠 전반을 아울러
탄탄한 배경지식과 실무 능력을 겸비했다는 평을 받는다.

잖게 놀랐다. 그가 학부에서 고고미술사학(서울대) 같은, 실리와는 상당한 거리가 있는 학문을 공부하고, 로스쿨로 진로를 바꿔 변시를 거쳐 변호사가 되었다는 사전 정보를 들었을 때, 나는 그냥 막연히 좋은 집안에서 비슷한 문화적 유전자를 가진 부모로부터 충분한 지원을 받으며 필요한 교양을 쌓고 현실 세계에 안착한, 우리가 흔히 보아온 성인 동화의 일정한 패턴을 생각했기 때문이다. 그런데 지극히 평범하다 못해 장애까지

있었던 부모 밑에서 자랐다는 것. 놀라움은 곧 경외심으로 바뀌었다.

“어렸을 때부터 부모님은 저와 제 동생을 주말마다 미술관과 박물관 전시관 등에 데리고 다니셨어요. 학원을 못 보내는 것에 대한 반대급부였다고 나중에 말씀하시더군요. 부모님은 남에게 폐 끼치지 말고, 비교하지 말고, 가족과 행복하게 사는 것을 최우선 가치로 심어주셨습니다. 제 의견을 늘 존중해 주셨고 부족하지만 주어진 환경 속에서 전폭적으로 지원해 주셨어요. 부모님은 어려운 생계의 짐을 짊어지고 계셨음에도 한 번도 저와 동생에게 내색을 하지 않으셨구요. 정직하게 자기 소임을 다하시는 분들이었는데, 그게 제 정서와 성향에 좋은 영향을 미쳤던 것 같아요.”

아닌 게 아니라 인터뷰어에게 대응하는 김정현 변호사의 말투와 매너는 조금의 흐트러짐도 없이 단정하면서도 반듯했고 체화된 듯한 기품을 시종여일 보여주는 것이었다. 그게 어떤 경우에는 다소 비현실적이기까지 했는데, 드라마나 영화에서 변호사 역을 완벽히 재현하는 배우를 상대하고 있는 느낌이 들 때도 있었다. 그러니까 삼엄한 긴장과 노력으로 NG를 내지 않는 프로를 마주한 느낌. 나는 가만 상상해 보았다. 택시 일을 마친 아빠와 식당 문을 닫은 엄마와 나중에 변호사와 의사로 성장하는 두 딸아이가 늦은 저녁, 작은 집 식탁에 앉아, 각자가 최선을 다해서 살아낸 하루를 돌아보고 나누고 서로 고생했다고 격려하는 장면을. 그 집 벽에는 '가화만사성'이라는 액자가 걸려 있었다는데, 김정현 변호사는 그 다섯 글자가 지금도 자기 삶의 지향 같은 거라고 말했다.

김 변호사에게, 로스쿨 다닐 때 학부에서 법학을 이미 공부한 동기들과 비교했을 때 상대적인 어려움은 없었는지, 그리고 임신 8개월차에 치렀다는 변호사 시험 과정에서 어떤 것들이 인상적인 기억으로 남아 있는지를 물었다. 그랬더니 또 쿨한 대답이 돌아온다.

"특별히 아쉬운 것은 없었어요. 저는 원래 타인과 저를 비교하는 성격이 아니거든요. 출발점이 다른 것이라 생각했고, 대학 시절을 의미있게 보냈으니 그냥 현실을 받아들였습니다. 로스쿨 첫 학기에 학점이 안 나와 걱정을 좀 했지만, 적응하면서 열심히 공부하니 성적은 자연스럽게 올라갔습니다. 첫 아이 임신 8개월차에 변시를 봤는데, 집과 학교만을 오가던 시절이었어요. 교수님들과 동기들이 정말 많은 배려를 해줬고 지금도 고마운 마음을 갖고 있습니다. 변호사 시험은 별도 교실을 배정받아 혼자서 봤는데, 그러다 보니 페이스 조절과 졸음을 참는 것이 힘들더라구요. 교실 뒤에 간이침대를 마련해 주실 정도로 많은 배려를 받았는데 물론 시험 때는 시간이 아까워 누워보진 못했습니다(웃음). 로스쿨 졸업 후에 저와 같은 고민을 했던 여러 기혼 후배님들로부터 연락을 받았는데, 본인의 건강 상태와 주변 환경을 깊이 숙고해 보시고 결정하시기 바란다고 말해줬습니다. 저는 평소 아이가 많은 화목한 가정을 꿈꿔

왔기 때문에 아이를 일찍 갖는 결정을 했지만, 뱃속의 아이와 함께 변시를 준비하며 조마조마했던 순간도 분명히 있었거든요. 다행히 제 경우에는 저도 태아도 건강했지만요."

그렇다면 변호사 활동과 시작을 같이 한 육아는 어떻게 감당하고 있을까. 일과의 밸런스는 또 어떻게 맞추고 있을까. (김 변호사는 첫 아이를 낳고 4년 뒤 둘째를 얻었다.) 이 질문은 같은 고민에서 솔루션을 얻지 못해 결정을 기피하거나 유예만 하고 있을 비슷한 처지의 여성들에게 참고가 되길 바라는 마음에서 던진 것이었는데, 예의 솔직하면서도 당당한 답이 돌아왔다.

"육아는 여전히 부족하고 늘 고민하고 노력하는 부분인데요. 사실 제가 육아를 한다고 보기는 어려운 수준이에요. 부모님들께서 거의 맡아 주시고 있고, 당연히 남편도 함께 키워요. 남편은 육아휴직을 쓸 수 있는 데까지 다 썼죠. 가족들의 전폭적인 지지 덕분에 지금까지 커리어를 쌓아갈 수 있었기에 혼자 무언가를 이루었다고는 생각하지 않습니다. 일을 하면서도 가족과 보내는 시간을 가능한 많이 갖기 위해 일하는 시간을 효율적으로 분배하려고 애쓰는데요, 이를테면 일이 많을 때는 새벽에 출근하고, 저녁 시간을 가족과 함께 보내거나, 가능한 직장 근처에서 외식을 하는 것도 소소한 노하우입니다."

하늘은 스스로 돕는 자를 돕는다는 말은 틀림이 없다. 자신이 할 수 있는 것과 할 수 없는 것을 정확히 구분하고, 자신과 타인이 처한 현실, 그리고 열정과 욕망을 읽으면서 겸허하면서도 당당하게 당면한 문제를 풀어보려는 이에게는 지혜의 신 아테나로부터 선물 같은 것이 당도하는 모양이다.

김 변호사는 변시 합격 후 대형로펌 율촌에서 일하다가 동료 변호사와 법무법인 창경을 설립해 지금은 12인의 구성원을 두고 있는 경제공동체의 대표이기도 하다. 개인으로서는 미술관이나 박물관에서의 실습과 큐레이터 경험을 자신의 전문성으로 특화시켜 문화예술 관련 사건을 주로 맡아왔다. 그는 사건이 마무리될 때마다 많은 감사 인사를 받고 있지만, 정작 자신이야말로 사건 수행 과정에서 작품과 삶을 통해 치유되고 위로를 받는 느낌을 받을 때가 많았다고 말하기도 했다. 그게 무슨 의미인지 설명해달라고 했다.

"저작권 사건 같은 경우는 아무래도 사건을 수행하는 과정에서 작품의 창작 경위나 구체적인 배경 설명을 들을 때가 많아요. 작가 분의 생각이나 철학 같은 것들요. 그 과정에서 전시장에서 잘 느끼지 못했던 작품과의 교감이 일어날 때가 종종 있어요. 음악을 하는 분들한테도 사건이 아니었으면 절대 알지 못했던 사연을 접하고 새로운 각성과 감동을 할 때가 많아요. 예를 들어, 제 종교가 불교는 아니지만 불화 작업을 하던 작가님께서 종교적 경지에서 혼신의 힘을 다하는 모습을 보면서 깊은 감명을 받은 적이 있는데, 그런 게 제 삶을 돌아보는 계기가 되더라구요."

김 변호사는 예전의 어떤 인터뷰에서 "기술이 빠르게 발전하면서 기존에는 볼 수 없었던 다양한 문화 콘텐츠들이 쏟아지고 있고 이러한 변화의 물결 속에서 법률 전문가의 역할은 더 커지고 있다"면서 "문화·예술, 엔터테인먼트 등 무형의 창작 세계에는 고유한 특성과 언어가 존재한다"는 말로 이 분야의 특질을 설명하기도 했다. 그렇다면 그는 그 특성과 언어를 알아차렸다는 것일 텐데, 과연 그것은 무엇일까.

"문화예술 분야의 의뢰인들에겐 크리에이티브한 면모가 있고, 전형성이 없다는 게 특성인데, 그런 점을 고려해 사건을 맡았을 때 훨씬 구체적으로 질의하고, 사건을 집요하게 파고드는 자세가 필요해요. 이런 의뢰인의 차원이 다른 사상이나 예술 철학적 함의를 읽어내어 그것을 서면 위에 반영해서 재판부를 설득하는 것이 제가 하는 일이죠. 변호사 입장에서는 상당히 고통스러운 일이지만 이런 걸 섬세하게 감별하고 읽어내고 표현해서 피드백할 때는 보람을 느껴요. 한 가지 간과하지 말아야 할 것은, 문화예술 사건들은 언제든 대중의 관심을 받을 가능성이 있고 언론에 보도될 수 있다는 사정까지도 늘 고려해야 한다는 점이에요."

하이데거는 일찍이 "언어는 존재의 집"이라고 말했다. 언어가 소멸

된 곳에서 존재 역시 붕괴한다. 그곳은 침묵과 부재의 세계일 뿐이고 소통의 주체도 상대도 없다. 세계를 구성하는 모든 존재는 내밀한 호응 속에서 진실을 공유하는데, 그것이 미학적으로 이상화된 상황을 하이데거는 "존재가 말을 걸어온다"고 표현하기도 했다. 김 변호사의 말을 들으면서 나는 그가 작가와 작품의 감별사이자 평론가이자 해석학자의 역할까지 하고 있는 존재가 아닐까 싶었다. 하여 많은 문화예술의 창작자들에게 아마도 김정현 변호사와 법무법인 창경은 섬세하면서도 적확한 언어로 말을 걸어오는 드물고 아름다운 '존재의 집'이 아닐까 싶었던 것.

그렇다면 이제 막 기성세대로 진입하고 있는 김 변호사는 인생의 어떤 행로를 바꾸는 과정이라든지 어떤 사안을 선택하고 결정할 때 가장 최우선적으로 고려하는 기준이나 가치, 철학은 무엇일까. 앞으로도 그 앞에 그런 순간은 수없이 많이 당도할 테니까. 역시나 명료한 답을 내놨다.

"저는 성향상 감상주의를 좀 경계하는 면이 있고 굉장히 현실적인 사람입니다. 어떤 선택이나 결정을 할 때 제가 잘 해낼 수 있는 것인지를 중요한 기준으로 삼습니다. 전문가로서 제가 가진 경험이나 지식을 활용해 분쟁을 해결하는 것이 사회에 이바지할 수 있는 방법이라고 생각하기도 하구요."

김정현 변호사에게 10년 후에는 어떤 일을 하고 있을 것 같으냐고 물었다. 아울러 지금 아홉 살, 다섯 살인 두 남매의 엄마로서 아이들에게 가장 심어주고 싶은 가치가 무엇인지도.

"법무법인 창경이 더욱 발전할 것을 믿어 의심치 않아요. 우리는 각 분야 최고의 전문가들이 모인 젊은 로펌입니다. 일 잘하는 로펌이라는 점을 감사하게도 다른 사람들도 알아주고 있구요. 지치지 않고 계속 앞으로 나아가 더욱 훌륭한 법률 서비스를 제공하는 로펌으로 성장시키고 싶어요. 그리고 아이들에겐 지식적인 부분보다 삶의 태도나 지혜로움을 알려주고 싶어요. 지금은 그런 것이 더 중요한 시대가 아닌가 싶어요. 바라는 것이 있다면, 사람을 소중히 여기고, 당당하지만 무례하지 않는 태도를 가지면 좋겠어요. 넘어지더라도 앞을 향해 나아가는 힘이 있기를 바랍니다."

김정현 변호사는 다른 맥락의 대화에서 "아이를 대할 때 중요하게 생각하는 것은 늘 제 자신이 행복하고 즐거운 엄마로 살아가겠다는 다짐"이고 "아이들이 독립적인 개체로서 자신의 삶을 스스로 자유롭게 잘 살아나갈 것이라고 믿는 것"이라는 말도 했다. 이것은 견고하면서도 타인을 억압하지 않는, 시인 백석이 노래한 굳고도 정한 "갈매나무 같은" 자존감을 가진 이만이 가질 수 있는 태도일 것이다.

나는 이 인터뷰 원고가 김정현 변호사에 대한 응원가로도 읽히길 바라지만, 푸른 보석 같은 인재를 낳고 기른, 위대한 평범의 힘을 보여주신 부모님에 대한 존경을 담은 헌사로도 읽히길 바라는 마음으로 글을 마쳤다.

「법률신문 2023년 1월 9일자 게재」

부모님은 남에게 폐 끼치지 말고, 비교하지 말고,
가족과 행복하게 사는 것을 최우선 가치로 심어줘.
문화예술 사건은 언제든 언론에 보도될 수 있다는 점 고려해야

21

스페셜리스트에서 자유로운 제너럴리스트로

양중진

법무법인 솔 대표변호사

인터뷰를 마친 시점에서의 소회부터 밝히면 양중진(54·사법연수원 29기) 변호사와 대화를 마쳤을 때 나는 사람의 태도가 그 삶을 결정짓는다는 근대적 테제를 확실히 실감한 듯했다. 태도는 대개 감각적 지향이 윤리적 감수성과 만나면서 만들어지는 것일 텐데 그의 태도는 그가 어떤 가치를 지키며 살아왔는지를 능히 짐작케 하는 것이었다.

서글서글한 미소와 느린 말투가 시종여일했던 양 변호사는, 실례되는 표현일지는 모르지만 시골초등학교의 교감 선생님 같은 인상이었다.

양중진 변호사는 전북 남원 출신으로 전라고, 고려대 법대를 졸업했다.
1997년 제39회 사법시험에 합격해 사법연수원을 수료하고
2000년 부산지검 동부지청 검사로 공직을 시작했다. 법무부 부대변인,
서울중앙지검 부부장검사, 광주지검 공안부장, 법무부 법질서선진화과장,
대검찰청 공안1과장, 서울중앙지검 공안1부장, 국가정보원장 법률보좌관,
강릉지청장 등을 역임했다. 수원지검 1차장검사를 끝으로 지난 7월 검찰을 떠나
9월부터 법무법인 솔 대표변호사로 일하고 있다.
그는 검찰 재직 시절 '글쓰는 검사'로 유명했다.
저서로는 《검사의 삼국지》, 《검사의 스포츠》, 《검사의 대화법》이 있다.

아니 어떻게 이런 분이 공안부 검사를 했을까 싶을 정도였다. 아마도 그를 겪어본 사람들은 나의 이런 호들갑스러운 의문에 슬며시 웃으며 공감하리라. 우리나라의 풍설 중에 사람은 생긴 대로 산다는 말이 있다. 이 말을 살짝 뒤집으면 사람에게는 살아온 내력이 그 얼굴에 고스란히

드러난다는 말도 성립될 것이다. 양 변호사는 이 풍설의 생생한 증인처럼 보였다.

그는 전북 진안에서 태어나 무주를 거쳐 남원에서 자랐는데, 그런 잦은 이사는 여전히 구존해 계신 그의 아버지가 경찰공무원이었기 때문이라고 했다. 그는 3녀 2남 중 넷째로 딸만 셋을 두고 있던 양친이 얻은 첫 아들이었다. 부친은 일찍이 초등교원 시험에 합격했다가 6.25 와중에 합격증이 소실돼서 다시 경찰공무원 시험을 봤다고 했다. 부친은 그에게 튀어 보이려 하지 말고 평속하고 겸손하게 살라고 당부했단다.

먼저 그가 어떤 연유로 법대를 진학했고 검사라는 직을 갖게 되었는지를 물었다.

"제가 어려서부터 스포츠와 운동을 좋아했는데요. 학창 시절 고려대가 그렇게 멋있게 보일 수가 없었어요. 연대와의 정기전을 보면서 선망이 생겼다고 할까요. 법학과는 시험 점수가 맞아서 갔어요. 선생님은 다들 최고라고 여기는 국립대 다른 과를 권하기도 했지만 저는 고대를 가고 싶었어요. 그러고선 사법시험 합격했는데, 사실 저는 검사가 될 생각이 없었어요. 그런데 당시 소개로 만난 지금의 아내를 부모님께 인사시켰는데, 아버님이 결혼 승낙 조건으로 검사를 하라고 했어요. 당시만 해도 부모님 세대는 자식이 안정적인 공직에 나가는 걸 영예로 생각하는 정서가 있었거든요."

그가 23년에 걸친 공직을 마친 것은 지난 여름이다. 그에게 새로운 보직이 주어졌는데, 그는 퇴임을 택했다. 그는 검사가 된 이후 어떤 특정한 자리에 가고 싶다는 생각을 해본 적이 없다고 했다. 평소 자유롭게 살고 싶은 꿈이 있었고 할 만큼 했다는 생각이 들어서 퇴임을 결정했다는 것. 검사장 승진을 하게 되면 몇 년 더 자리를 지킬 수 있지만, 한 번 사는 인생인데 살고 싶은 대로 살아봐야겠다는 생각이 들었다는 것이다. 퇴임 무렵 굴지의 대형로펌의 영입 제안을 물리치고 마음이 맞는 이들이 있는, 선량한 사람들과 함께 일할 수 있는 곳(법무법인 솔)을 택한 것도 그 때문이라고 했다.

그의 경력 중에 특이한 것이 노무현 정부 시절 친일반민족행위자 재산조사위원회 법무담당관으로 근무했던 이력이다. 그런데 우리 사회는 여전히 친일파 청산이라는 해묵은 과제에 얽매여 있고 이것이 정쟁의 대상이 되면서 이에 따라 이념적 갈등이 촉발되고 국론이 분열되고 있다는 우려가 있다. 친일반민족행위자 재산조사위원회 법무담당관으로 일하면서 느꼈던 특별한 감정과 소회를 들려달라고 했다.

"친일청산 문제는 정쟁이 돼서도 안 되고 이념 갈등의 원인이 되어서도 안 돼요. 친일청산 문제는 국가 존립의 문제이고 보훈의 개념으로 접근해야 할 문제거든요. 국가를 지키기 위해 자신의 삶을 바친 사람의 후손을 국가가 지원해주지 않으면 어느 누가 국가를 위해 헌신하겠다는 마음을 가질 수 있을까요. 제가 위원회에 들어가서 보니까 친일파 후손과 독립유공자 후손의 삶이 너무나 달랐어요. 친일파 후손들이 강남이나 용산 등지에서 훨씬 잘살고 있었던 거죠. 그들은 재산을 그대로 물려받아 양질의 교육도 받은 데 반해 독립유공자 후손들은 그렇지 않았어요. 이런 현실을 정파적 관점이 아니라 국가의 존립 문제로 보고 접근할 때 올바른 해법이 나온다고 생각해요."

그가 검찰에서 말년을 보낸 최근 2~3년 사이 대선이 있었고, 정권이 교체되는 와중에서 정치적 정의가 사법적 정의를 압도해버렸다는 세평이 있었다. 적지 않은 법률가들이 이 부분에 대해 우려를 표명하기도 했는데, 그는 이 문제를 어떻게 바라보고 있을까.

"제가 후배들에게 평소에 설명하곤 했던 건데요. 정치와 사법은 정의를 바라보는 게 전혀 달라요. 정치적으로는 우리 편이 곧 정의이고 우리 편이 아니면 정의가 아닌 거예요. 그런데 사법적 관점에서의 정의는 합법이냐 불법이냐를 봐요. 정치는 이미지 싸움이고 사법은 팩트 싸움인데, 국민들은 팩트엔 관심이 별로 없고 이미지에만 관심이 있어요. 대중은 즉물적이고 감정적으로 정의를 받아들이기 때문에 정치와 사법이 정의를 두고 다투면 늘 사법이 지게 되어 있어요. 좌든 우든 극단주의를 등에 업고 정의를 외치는 정치는 지양되어야 한다고 생각해요."

그는 세 권의 묵직한 단행본을 펴낸 저자이기도 하다. 일간지에 연재했던 글들을 책으로 묶었는데, 연재 시절 단 한 번도 마감 시한을 어긴 적이 없을 정도로 성실한 절륜을 자랑하는 필자였단다. 열렬한 스포츠광으로 알려진 그는 자신의 식견을 십분 발휘해 <검사의 스포츠>라는 책을 저술했고 또 <삼국지>의 다양한 고사와 에피소드를 법리적 관점으로 해석한 책 <검사의 삼국지>도 펴냈다. <검사의 삼국지> 중 흥미로운 내용 하나를 소개해달라고 부탁했다.

"피 한 방울 섞이지 않은 유비, 관우, 장비가 도원결의, 즉 형제의 의를 맺고 한날한시에 죽자고 맹세했어요. 그런데 관우가 죽었을 때 유비와 장비가 따라 죽지 않았고, 장비가 죽었을 때 유비가 따라 죽지 않았어요. 이때 먼저 죽은 관우나 장비의 유족들이 소를 제기할 수 있고, 그 경우 유비 측에서는 민법 108조 '상대방의 진의가 아닌 의사표시는 무효로 한다. 다만 상대방이 알지 못했을 경우는 예외다'라는 조항을 들어 반박할 수 있죠. 그냥 굳은 맹세의 표현이었을 뿐이라고 반박할 수 있다는 거죠. 또 민법 103조에 반사회적 법률행위를 규정해 놓았는데, 선량한 풍속이나 사회질서를 저해하는 건 무효로 한다는 조항이 있어요. 이 조항을 적용하게 되면 신실한 결의라고 해도 따라 죽는 행위는 반사회적인 행위에 해당하므로 유비의 후손들에게 유리할 수 있다는 거죠."

그는 <검사의 대화법>이라는 책도 펴냈다. 그 책에서 그는 대화는 상대방의 마음을 헤아리는 일이고 마음의 일치가 소통이라는 이야길 했다. 상당히 이상적인 이야기인데, 그는 검사로서 이 원칙을 어떻게 실제에 적용했을까.

"학교폭력 사건을 맡은 적이 있었어요, 선생님이 학생을 체벌하다가 학생 손에 골절이 생겨서 학부모가 소를 제기한 것이었어요. 당시만 해도 체벌규정이라는 게 있었는데, 선생님이 그 규정을 어긴 부분이 있었어요. 그런데 저는 내심 합의 하에 소를 취하하면 좋겠다는 생각을 하고 학생의 어머님을 뵙고서 이런 말씀부터 드렸어요. 그동안 정말 마음 고생이 많으셨겠습니다. 그러자 그 어머님이 흐느껴 우시면서 마음이 다 풀렸다고 고소를 취하하겠다고 하시더라고요. 다른 사람들은 모두 이 일을 사건으로 대했는데, 처음으로 사람으로 대해줬다는 말을 하는 거예요."

검사 양중진에게 대화와 소통은 먼저 그 사람의 마음이 되어보는 것이었던 셈이다. 그런데 한국사회라는 곳이 워낙 경쟁이 심하고 적자생존이 미덕이 되어버린 사회다. 오죽하면 목소리가 큰 사람이 이긴다는 말까지 있겠는가. 맹렬하고 그악스러운 정글 같은 세태에서 다소 문약해보이기까지 하는 그의 소신이 과연 끝까지 지켜질 수 있을까.

“저는 원래 다툼이나 싸움을 싫어합니다. 저는 말을 하는 것도 그닥 좋아하지 않습니다. 오히려 말을 듣는 것을 좋아하죠. 경청을 하려고 늘 노력해요. 잘 들어주니까 상대방 입장에서 보면 굳이 목소리를 높일 필요가 없어지는 거죠.”

중학생 시절까지 공부보다는 노는 데 더 열중했다는 그는 검사가 된 이후 은사를 만났는데, 자신을 가리켜 모범생 중의 모범생이었다고 회고하시는 걸 보고는 적이 놀랐다고 했다. 그때 선생님이 말씀하신 ‘모범생’은 단순히 성적이 우수하고 품행이 방정한 것만이 아니라 심신의 균형을 아는 건강한 학생이었다는 뜻 아니었을까. 시선이 예리했던 그 은사는 아마도 중학생 시절의 양 변호사에게서 전인적 가능성을 본 것이었을 테다. 그에게 우리 사회에서 법률가가 단지 뛰어난 사람이라는 뜻의 엘리트를 넘어 지식인 역할을 맡을 수 있는 가능성을 물었을 때 이런 말을 들려줬다.

“검사나 판사는 직업이지 인격이 아니라고 생각해요. 그런데 사람들은 직업이나 인격을 혼동하는 경우가 많더라고요. 검사들이 존중이나 대우를 받는 것은 직업 때문이지 인격 때문은 아니거든요. 그래서 저는 사람으로서의 격을 유지하기 위한 노력이 중요하다고 생각해요. 검사는 스페셜리스트이기도 하지만 제너럴리스트일 필요도 있어요. 저는 공보나 홍보 쪽에서 적잖게 일을 해봤는데, 그런 일을 하면서 세상의 다양한 시선과 입장을 접할 수 있었고 그게 수련에 도움이 되었다고 생각해요."

이제 변호사라는 명함을 갖게 된 지 4개월이 지났을 뿐인 그에게 남은 삶에서 이루고 싶은 꿈이 무엇인지 물었다. 변호사로서의 포부가 아닌 자연인으로서의 행보가 더 궁금했던 것은 내가 이미 그에게서 제너럴리스트로서의 매력을 확인했기 때문일 터였다.

"대학 때부터 저는 꿈을 가지고 있었는데, 대학 때 가졌던 가장 큰 꿈은 멋진 사랑을 하는 것이었는데, 그 꿈은 아내가 이뤄줬어요. 그 이후에는 향기를 가진 사람이 되고 싶다는 게 꿈이었어요. 그런데, 제가 공주지청장으로 근무할 때 교유했던 나태주 시인님이 저를 두고 시 한 편을 쓰셨는데 향기로운 사람이라고 표현해주신 거예요. 그래서 그 꿈도 이뤘고 지금은 제 주변에 있는 사람들이 나로 인해 행복했으면 좋겠다는 꿈을 갖고 있어요."

말의 눈은 시야가 350도나 된다고 한다. 앞과 일부 측면만 볼 수 있는 사람과 달리 고개를 돌리지 않고도 앞뒤 좌우를 살필 수 있는 것이다. 그러나 무조건 앞으로만 질주해야 경주마들은 그 시야에 제약을 받는다. 양쪽 눈 뒷부분에 가죽과 고무를 부착해 측면의 시야 범위를 차단하는 것이다. 이것을 일종의 눈가면, 차안대(遮眼帶)라고 부른다. 앞만 보고 질주하는 이들은 어느 조직에서든 앞서 나갈 수 있다. 경쟁에서 곧잘

이기고 승진하고 리더가 된다.

내가 만난 양중진 변호사는 그런 의미에서 경주마가 될 수 있는 사람으로 보이진 않았다. 좌고우면이라는 말은 보통 부정적인 문맥으로 쓰이지만 그 말이 그에게 이르면 긍정적인 용법이 된다. 그는 직진하지 않고 전후와 좌우를 살피면서 천천히 나가는 사람이다. 옆에서 걷는 사람과 뒤에서 따라오는 이들의 형편을 살피려면 그럴 수밖에 없다는 걸 아는 사람이다.

법어에 자리이타(自利利他)라는 말이 있다. 자신을 이롭게 한다는 '자리'와 남을 이롭게 한다는 '이타'를 합한 말로 자기도 이롭고 남도 이롭게 한다는 뜻이다. 이것이야말로 일상 속 궁극의 지경일 텐데, 양중진 변호사는 여기에 아주 가깝게 다가가 있는 이처럼 보였다. 그는 조직의 평가나 세간의 품평보다 시인으로부터 구한 한마디 덕담에서 자신의 실존적 지위를 확인했던 이다. 그것은 내 눈에 그의 생애가 아무도 모르게 가꿔온 미만하면서도 흔쾌한 기품으로 보였다.

「법률신문 2022년 12월 19일자 게재」

22

따뜻함으로 공동체에 대한 기여 놓고 싶지 않아

책방 창업 1년

김소리

변호사

마치 발포 비타민 같았다. 봉천동에서 올 초부터 책방을 운영하는 김소리 변호사(34·변호사시험 4회)를 두고 하는 말이다. 그가 운영하는 책방 이름은 밝은 책방, 평범한 상가주택 2층에 위치한 20평 남짓의 규모였는데, 책방 이름과는 달리 벌써 빛이 바랜 듯한 간판이 지나치리만큼 소박했다. 독립서점들이 감각적으로 디자인해서 개별적 취향을 뽐내듯 내거는 간판과는 사뭇 달랐다.

김소리 변호사는 어딘지 책방 간판을 닮아 있었다. 이름처럼 밝게

김소리 변호사는 고려대 미디어학과와 서울대 로스쿨을 졸업하고
2015년 제 4회 변호사시험에 합격했다.
박주민 더불어민주당 국회의원실, 법무법인 이공 등에서 근무하다
올해 초 서울 관악구 봉천동에 독립서점 '밝은책방' 을 열었다.
책방 한켠에 법률사무소 물결을 함께 운영 중이다.
매달 법률신문 '책 읽어주 는 변호사'를 연재하고 있다.

빛나는 미소를 머금고 있었으나 화장기 하나 없는 수수한 민낯에 심지어는 올이 듬숭듬숭 삐져나온 낡은 스웨터 차림이었다. 대학 동아리방에서나 만날 수 있는 과후배 같은 인상이었달까.

책방 진열대를 둘러보니 '노동권', '주거권', '여성인권', '장애인권', '소

수자인권', '아동인권', '동물권', '환경권' 등 인간과 생명의 기본권을 다루고 있는 책들이 카테고리별로 꽂혀 있는 게 인상적이었다. 김 변호사의 관심이 어디를 향해 있는지를 보여주는 아이코닉한 셀렉션이었다. 그가 어떤 환경에서 어떻게 자랐는지 궁금했다.

"부모님 모두 호남분들이고 평범한 분들이었어요. 서민이었다고 할까요. 저는 태어나자마자 서울에 올라와서 서울 사람으로 자랐어요. 아주 어렸을 때는 좀 여유가 있었던 걸로 기억하는데, 이런저런 사업을 하시던 아버지가 IMF 때 제법 타격을 입은 이후로는 좀 어렵게 자랐던 것 같아요. 아버지는 젊었을 때 음악을 하셨대요. 좀 자유로운 영혼이었고요. 사업을 접은 후에는 음악을 가르치는 일을 하시기도 했는데, 그런 자유롭고 예술적인 기질이 확실히 저에게 영향을 미친 것 같아요. 그런데 당신은 그렇게 자유로운 삶을 살았으면서도 저에게는 모범적이고 반듯하고 안정적인 삶을 권장하셨어요. 그에 따라 단속도 하셨고요."

어떤 면에서 김소리 변호사 아버지의 태도는 이율배반적이다. 하지만 그것은 사랑의 또 다른 가역반응일 수도 있다. 무슨 말이냐면 당신이 자유롭게 살아온 삶의 모험이 치른 곤경을 잘 알기에 하나뿐인 딸아이에겐 절절하게 삶의 안정을 도모하기를 바랐을 터. 그 아버지는 그래서 김소리 변호사가 서울대 로스쿨에 합격했다는 소식을 전했을 때 엄청나게 기뻐했다고 했다.

김 변호사는 변호사시험 합격 후 로펌에 들어가서 공익사건 포함 다양한 사건을 맡으며 일하는 동안 점점 싸움꾼이 되어가는 자신의 모습을 발견하곤 이래선 안 되겠다 싶어 '일단 멈춤'을 선언하고 몇 달 휴식을 취하면서 평소 꿈꿔온 책방 오픈을 준비했다고 했다. 여러 군데 독립서점을 견학하고 책방 운영자들의 창업일지와 책 등을 빠짐없이 찾아읽고 창업 교육을 하는 교육 프로그램에도 참가했다고 한다. 그런 섬세한 준비 끝에 봉천동에 책방을 열면서 다시 변호사 업무도 재개했다. 민변 활동을 같이하면서 만나 서로 깊은 신뢰가 싹튼 류하경 변호사와 2인 로펌사무실 '물결'을 책방 자리에 오픈한 것(류하경 변호사는 민변에서 노동담당으로 한국전력 협력업체 직원 고 김다운 씨 감전 사망사고 등 여러 차례 우리 사회 대표적인 노동사건을 맡은 견결한 율사다).

그런데 로펌은 기본적으로 속세의 진창으로 들어가는 현실 속 공간이고 책방은 낭만과 신화와 몽상의 이상적 공간이다. 아버지의 삶에 대한 작용과 반작용의 결과일 수도 있지만 분명 김소리 변호사에겐 현실주의자와 이상주의자의 모습이 고루 관찰된다. 언제든지 불화할 수 있는 두 가지 면목을 그는 어떻게 조화롭게 끌고 갈 수 있을까.

"사실 그게 참 어려운 과제이긴 해요. 균형을 잡긴 해야 하는데 아직은 그 방법을 잘 모르겠더라고요. 변호사로서 사건을 맡아 그것에 몰두하다 보면 책방 일과는 결이 많이 다르니까 아, 그만하고 싶다는 생각이

들기도 하고 책방 일만 하고 싶긴 한데, 생활이나 삶을 위해서는 변호사 업을 안 할 순 없고요. 앞으로 계속 해법을 찾아보려고요.”

김 변호사의 말속에 책방에 대한 애정이 잔뜩 묻어난다. 그래서 이 대목에서 책방 영업 1년이 다 되어가는 시점에서 지난 1년간의 밝은 책방의 영업성적표를 물었다. 창업 당시 계획했던 독자들과 함께하는 다양한 문화프로그램들의 실행률이 어느 정도 되는지도 궁금했고(김 변호사는 창업 직후 법률신문과 가진 인터뷰에서 ‘노동과 인권 분야 등에서 의미 있는 판결문을 시민들과 함께 읽고 의견을 나누는 프로그램’을 계획하고 있다고 밝힌 바 있다).

“음, 사실 결산을 하면 적자인데요, 생각했던 것보다 그 폭이 많지 않아요. 변호사 수입으로 그걸 메울 수 있기도 해서 저는 이런 결과에 아주 만족하고 있어요. 그리고 계획했던 다양한 프로그램들도 지금 돌아보면 90퍼센트 이상은 실행했던 것 같아요. 참여자들의 반응도 좋았고요. 다만 ‘의미 있는 판결문을 함께 읽고 의견을 나누는 프로그램’은 제 여건이 여의치 않아서 정기적으로 지속하진 못했어요. 제가 직접 진행해야 비용을 조금이라도 줄일 수 있는데, 그런 걸 준비할 여력이 없었다고 할까요.”

끝날 기미가 없어 보이는 코로나로 인해 여전히 대외적 활동이 위축된 사회적 분위기에서 작은 독립책방이 자체 기획한 프로그램을 90퍼센트 이상 실행했다면 정말 박수를 받을 만한 일이다. 잘 웃으면서 간혹 수줍어하기도 하는, 풋풋해 보이기만 하는 김소리 변호사에겐 겉으로는 잘 보이지 않는 당찬 결행력과 강단이 있는 것이 틀림없어 보인다. 그는 타인이 불편해할까봐 그런 내실을 부러 숨기는 것처럼도 보인다.

"책방은 콘셉트가 중요하다고 생각했어요. 제가 나름대로는 차별화하는 전략으로 다른 서점에서는 만나기 어려운 분들, 예를 들면 검사님 같은 법조인을 모시려고 했어요. 사실 저도 문학을 정말 좋아해서 유명한 소설가나 시인님들도 모시고 싶은데, 초대를 해도 안 오실 것 같고(웃음)."

30대 중반으로 막 접어드는, 아직은 세상으로부터의 무한한 환대의 가능성 앞에 서 있는 변호사로서 마음만 먹으면 김소리 변호사가 누릴 수 있는 것은 많다. 내 눈에 확실히 김소리 변호사의 삶은 변호사로서도 그렇고 그 나이 또래의 자연인으로서도 일반적인 삶의 모습이라고 보여지진 않는다. 성스러운 삶이라고까지 말할 수 없을진 모르지만 세속적인 가치를 좇는 삶이 아닌 것도 분명해 보인다. 그가 한 인간으로서 절대로 포기할 수 없는, 삶이 다하는 날까지 지켜내고 싶은 가치 혹은 태도는 무엇일까. 곰곰 생각한 끝에 김 변호사가 내놓은 답은 이랬다.

"저는 소수자나 약자들의 권리를 확장시키는 것이 우리 모두의 삶이 나아지는 거라고 생각하거든요. 그것과 관련해서 제가 지키고 싶은 건 아무래도 우리 공동체에 대한 기여, 사회에 대한 기여 같아요. 지금과는 다른 일을 해도 그걸 놓을 것 같지는 않아요. 그런데 공동체에 대한 기여는 일종의 결과적 행위이고, 그 바탕에는 '따뜻함'이 있어야 하는 것 같아요. 따뜻함이 그것들을 가능하게 하는 것 같아요."

간명하고도 자심한 그 말에서 분명 뭉클한 감동이 일었지만, 나는 그 감상을 얼른 돌려세우기 위해 다시 김소리 변호사에게 도발적인 질문을 던지는 쪽을 택했다. 수많은 이해가 상충하고 이익이 엇갈리는 현대 사회에서 모든 변호사들이 공익사건만 맡을 수도 없고 그래서도 안 된다. 당연히 변호사는 의뢰인의 이익을 위해 그를 대리하는 존재다. 그게 곧 변호사라는 직업의 윤리가 되기도 하는 대전제다. 하지만 노골적으로 사회적 정의나 공동체의 이익에 반하면서까지 자신의 세속적 영화나 영달에 몰두하는 이들도 있다. 강력한 네트워크를 내세워 반윤리적인 자본이나 권력을 거드는 로펌이나 변호사도 있다. 김소리 변호사의 눈에 그들은 어떻게 보일까. 그들에게 하고 싶은 말은 없었을까.

"저는 이런 생각이 들어요. 그분들이 그런 힘을 갖게 되고 그런 지위를 갖고 그렇게 누리는 것이 자기 혼자만의 힘으로 되었다고 생각하는 경우가 많은데 그게 아니라는 거지요. 그 자리에 서기까지 우리 사회로부터 받은 것들이 분명 있는데, 하다못해 장학금 같은 거라도 받으면서 공부했을 텐데, 자기 혼자 뛰어나서 그렇다고 생각하는 건 맞지 않죠.

이 사회로부터 받은 것이 있다는 것을 알고 그것을 돌려주는 마음을 가졌으면 좋겠어요."

김 변호사에게 사건을 맡아서 진행하는 동안 가장 뿌듯했던 에피소드를 소개해달라고 했더니, 자신이 의뢰인을 위해 쓴 고소장과 민사소장, 의견서 등을 읽은 의뢰인과 그 가족분들이 운 적이 있었다는 얘길 들려준다. 자기 이야기를 잘 듣고 잘 표현해줬다면서. 김 변호사는 그때가 소송의 결과와 상관없이 가장 뿌듯하고 흐뭇했단다. 이번에는 삶에서 가장 존경하는 분이나 닮고 싶은 선배 법조인이 있으면 소개해달라고 했다. 김 변호사는 잠시 생각에 잠기더니, 묵묵히, 소리 없이, 혼자서, 어려운 이들을 위해서 일하는, 알려지지 않은 여성 변호사들을 존경한다고 말했다.

김소리 변호사의 이름 '소리'는 본명이고 순우리말인데, 음악에 조예가 깊었던 아버지가 '세상에 아름다운 소리를 내고 살라'는 의미로 지어줬단다. 아, 이런 신묘한 조화 속이라니. 아닌 게 아니라 섬뜩한 겨울 삭풍이 다가오고 있지만, 여기 봉천동 한켠에는 '맑고 밝은 물결 소리'가 그치지 않는 사철 봄터가 있다. 로마라는 두 살짜리 푸들이 나비처럼 두 귀를 나풀거리며 날아다니기도 한다.

「법률신문 2022년 12월 5일자 게재」

23

경계에서 기꺼이 줄타기의 모험을 즐기다

조광희

법무법인 원 변호사

여기저기서 그에 대한 많은 이야기를 들었다. 영화계에서는 이미 유명한 변호사인데 아주 좋은 소설을 쓴다는 것이다. 재능은 비범하고 인품은 반듯하다고 했다. 그가 펴낸 첫 번째 소설 〈리셋〉을 가급적 편견에 기대지 않으려 노력하며 읽어본 기억이 있다. 역시나 수많은 사건을 맡아본 변호사의 소설이어서인지 플롯에 동원된 화소와 인물들을 엮는 솜씨나 정석과도 같은 구성에서 허물을 찾기 어려웠다. 정교한 구조물 같았다고 할까. 그런데 정작 내가 놀란 것은 문장에 스며있는 어지간한 문학적 감수성과 직관, 그리고 치밀한 묘사력이었다. 그

변호사·소설가·영화 제작자인 **조광희 변호사**.
경성고, 서울대 법대를 졸업하고 1990년 제32회 사법시험에 합격했다.
1994년 사법연수원을 제23기로 수료 후 우방종합법무법인(현 법무법인 화우)에서
변호사 생활을 시작했다. 이후 법무법인 한결 등을 거쳐
2009년부터 법무법인 원에서 근무 중이다. 영화사 봄 대표이사,
한국영화제작가협회 부회장, 부산국제영화제 집행위원 등을 지냈다.
소설 《리셋》, 《인간의 법정》 등을 펴냈다.

순간 조광희 변호사(56·사법연수원 23기)는 내게 소설을 쓰는 변호사가 아니라 그냥 소설가로 각인되었다.

그는 서울 서대문구 모래내에서 태어나 상암동에서 자랐다. 아닌 게

아니라 그의 용모나 언변은 완벽히 서울 사람의 그것이었다. 그가 태어나기 1, 2년 전쯤 부친은 경상도 영천에서 전격적으로 상경을 결정한다.

"서울로 올라온 아버지는 교육열이 높은 분이었고 사회적인 성취에 대한 꿈을 아들에게 투사하셨던 것 같아요. 쌀가게를 하시다가 건축업을 하셔서 식솔을 건사하셨어요. 생각해보니 아버지로부터는 성실하고 합리적인 태도를, 그리고 어머니로부터는 평화를 지향하는 온화한 인성을 배운 듯한데요. 사실 변호사가 온화하기만 해서는 안 되는데.(웃음)"

소설을 쓰기 전 조광희 변호사는 영화사 '봄'의 대표로 홍상수 감독의 '해변의 여인'과 '밤과 낮', 이윤기 감독의 '멋진 하루' 등을 제작했고, 그 이전이었던 2001년 영상물등급위원회 등급보류제(구 영화진흥법 제21조 제4항)의 위헌 결정을 이끌어내면서 영화인들의 든든한 지원군이 됐다. 그 덕분에 헌법재판소의 위헌 결정 후 등급보류제는 폐지되고 완전등급제가 정착됐다. 대학 시절 그는 스스로 학습을 해서 '의식화'를 이룬 후 사회현실에 눈을 뜨게 되었고, 인권변호사 활동에 대한 부친의 사전 동의를 받고서야 사법시험을 보게 되었다고 했다.

이런 정보들을 접하고 내게는 몇 가지 의문이 떠올랐다. 인간이 가진 기질이나 지향은 지문처럼 고유한 것인데, 그것이 그의 삶이 욕망하는 일을 어디까지 간섭할 수 있을 것인가. 혹여 양립불가한 열정이 동시에 내면에 틈입할 경우, 모순과 분열이 일어나는 건 필연적인데, 그때 그의 지향은 어떻게 유동하는가. 변호사 업무와 영화제작은 대표적인 협업이다. 끊임없이 클라이언트를 만나고 사건 관계자와 경찰, 검찰 등을 상대해야 한다. 수많은 스태프들이 참여하는 영화 작업은 더 말할 나위도 없다. 하지만 문학은 철저한 단독자의 작업이다. 어떻게 이게 가능한 것일까.

"인권에 대한 관심은 변호사로서 일종의 지향이었고요. 생업 차원에서는 기업을 대리하기도 하고 개인사건 등을 맡기도 했는데 그런 일들은 저에게 맞지 않았어요. 그러다가 영화, 문화예술 사건 등을 맡게 되면서 비로소 흥미를 느끼게 됐죠. 법률이나 행정은 관료적 특성이 있고 룰을 중시하기 때문에 제 자유주의적인 기질과는 안 맞는 게 사실인데, 아마도 적응을 했던 것 같아요. 저는 개인적 성향과 일 사이에서 긴장을 잘 유지하고 즐기는 게 중요하다고 생각했어요. 소설을 쓴 것은 제 원래 기질이 발현된 결과인 것 같고요."

그런데, 조 변호사는 강금실 전 장관이 서울시장 선거에 나왔을 때, 그리고 안철수 의원이 대선을 준비할 때 선거캠프에 들어가 핵심참모로 일한 적이 있다. 이 또한 공명심이나 권력욕망이 취약해 보이는, 다소 샤이해 보이기까지 하는 그의 성향을 볼 때 좀 뜨악한 행보로 볼 만하다. 이에 대한 설명을 요청했다.

"확실히, 공명, 권력, 경제력에 대한 지향은 좀 희박한 게 사실이에요. 강금실, 안철수 두 분의 선거캠프에 들어간 것은 제가 앞에서 뭘 한다기보다는 그냥 좋아하는 분들을 도와드린다는 생각으로 하게 됐어요. 정치라는 것은 자신을 던지고 뭔가를 걸고 하는 것인데, 저는 그런 것은 아니었고 단순히 두 분이 지향하고 있는 가치를 완성하는 걸 옆에서 도와주겠다는 생각으로 그런 일을 했던 거예요."

그렇다면 선거의 결과가 달랐으면 어땠을까 그러니까 강금실 전 장관이나 안철수 의원이 선거에서 이겼다면 말이다. 그의 인생 행로가 지금과는 많이 달랐을까. 그리고 지금은 두 사람에 대해 어떤 생각을 갖고 있고 어떤 관계를 유지하고 있을까.

"결과가 달랐다면 어떻게 됐을까…, 그건 정말 모르겠습니다. 어떤 역할을 했을 수도 있고, 그런데 정말 정확히 말하기가 어렵네요. 하지만 제가 정치적 욕망이 엷은 건 맞아요. 어느 한쪽으로 휩쓸려가거나 극단으로 가지 않으려는 지향이 있죠. 두 분에 대한 정치적 평가는 다양할 수 있다고 보는데요. 인간적으로 보면 모두 인품이 훌륭하시고 또 사심이 없는 분들이라고 생각하고 있어요. 그리고 안철수 의원과는 2017년까지만 도와드리는 것으로 이야기가 됐으니, 제가 정치와 관련된 일을 하는 일은 없을 거예요."

정치에 참여했던 경력을 가지고 냉정하게 볼 때, 지금 한국 사회에 깊은 골을 만든 진영 정치, 상대를 증오하고 악마화하는 정치를 어떤 눈으로 보고 있는지, 왜 이렇게까지 됐는지, 어떤 해법이 있을 수 있는지 물었다.

"일단은 시스템을 바꾸는 게 필요하다고 봐요. 공학적으로 선거구제를 바꿀 필요가 있어요. 지금의 소선거구제는 적대적 공존을 고착화하는 데 용이하거든요. 그런데 이른바 정치적 양극화는 한국만의 현상은 아닌 것 같아요. 미국도 그렇고 전 세계적인 흐름으로 볼 필요도 있어요. 이게 인터넷과 밀접한 연관이 있다고 생각해요. 필터버블이라고 해야 할까요. 인터넷에 기대서 자기가 좋아하고 옳다고 생각하는 쪽으로만 정보를 수집하고 접근하다 보니까 자꾸 자기 신념이 증강되면서 거기에 갇히게 되는 거죠. 정치인, 네티즌, 언론이 다 모여서 지금 같은 적대적 대치 상황이 구축되어 있기 때문에 자성만으로 바꾸길 기대하는 건 어렵고요. 일단 선거구제 등 제도를 바꾸고, 인터넷 정보 유통시스템을 정비하는 게 지금으로서는 가장 현실적인 해법 같아요."

조광희 변호사 역시 진보적 가치를 옹호하는 법률가로서 민변 활동을 했었고, 노무현, 문재인 정부 측에 참여한 인사들과도 교분이 넓은 것으로 알려져 있다. 사실 직설적으로 말하면 지금 조 변호사 세대는 한국 사회 권력의 최고 정점에 있다. 소위 'N86 세대'의 권력 장기점유에 대한 사회적 비판에 어느 정도 수긍하는지, 아니면 과하다고 생각하는지를 물었다.

"우리 세대에 대한 사회적 비판을 저는 온당하다고 생각해요. 우리 세대가 한때 민주화 운동 과정에서 개혁적이었고 기여도 했지만 지금은 기득권이 되었잖아요. 그런데 여전히 당시의 마인드를 갖고 싸우려 하고만 있다는 생각이 들어요. 이미 정치적 권력이라든가 경제력이라든가 다 차지하고 있는데도요. 그러다 보니 개혁의 대상이 된 거죠. 강고한 네트워크 때문에 쉽지는 않겠지만 N86 세대가 확실히 자성해야 한다고 생각해요."

그는 스토리를 미리 구상하고 시퀀스를 하나하나 만들어서 신(scene)으로 나누고 그 신에 살을 붙여가는 식으로 소설을 쓴다고 했다. 주중에 시간이 날 때 한두 차례 작업하고 주말에 그 작업을 이어가는 방식이란다. 규칙적이고 계획적이다. 그런데 낭만주의 시대의 유습에 의하면 작가는 영감을 가져다주는 뮤즈와 접속해서 작품을 쓰는 존재다. 그는 조심스럽게 조직적인 구성과 작가적 자의식이 조화롭게 만날 때 가장 이상적인 작품이 쓰일 수 있는 것 같다고 말했다. 첫 작품 <리셋>은 완성한 것만으로도 만족했고, 현재 뮤지컬로 만들어져 절찬리에 공연 중인 두 번째 소설 <인간의 법정>에 대해서는 다양한 피드백이 들어오는 것에 감사하다고 말했다. <인간의 법정>은 영화로도 만들어질 계획이란다.

동서양을 막론하고 '줄타기'라는 기예가 있다. 줄타기의 속성상, 지지대가 서 있는 양쪽 끝이 가장 안전하고, 당연히 양쪽 지지대에서 가장 먼 한가운데가 제일 위험하다. 줄이 가장 많이 흔들리기 때문이다. 줄타기 고수는 가장 위험한 줄의 한 가운데에서 논다. 거기서 관객을 위해 갈고닦은 재주를 부린다. 황홀한 모험이다. 내가 생각할 때 민주주의 사회의 지식인은 줄이라는 경계에 서 있는 줄타기 광대와 같은 존재다. 거기 섰을 때 양쪽 극단의 진영에선 도저히 보이지 않는 다원적인 가치가 보이기 때문이다. 물론 안전도, 자리도, 기회도 보장되는 건 없다. 나는 조광희 변호사가 그 줄 한가운데에서 고독한 모험을 감행하고 있는, 그 황홀함을 알고 있는 드문 지성이라는 생각이 들었다.

아울러, 그는 동의하지 않을 가능성이 농후하지만 조 변호사는 내 눈에 나르시시스트로도 보였다. 그런데 거개의 나르시시스트와는 아주 다른 나르시시스트다. 보통 나르시시스트는 자신의 재능에 대한 탐닉을 일찍이 공적 소비나 평가의 차원을 탈피한 신화적 차원에서 실행하지만 조 변호사는 기꺼이 자신이 가진 달란트를 효율과 낭비, 질서와 혼란, 정독과 오독, 정심과 재심의 가능성이 있는 창작과 평가의 영역에 풀어놓으며 그 길항에서 나오는 긴장을 탐닉하는 이였다. 이것이야말로 얼마나 단단한 나르시시즘인가. 모순이나 분열을 자기 내면에 부려놓고 그것을 수열처럼 다듬으며 질서를 부여하는 나르시시스트라니.

그는 트위터 대문에 윌리엄 블레이크 시의 한 구절 “한 알의 모래에서 우주를 보고 한 떨기 들꽃에서 천국을 본다.”를 올려놓았다. 인생은 작고 덧없는 꿈인 동시에 경이로운 기적이라고 느낀다고 했다. 그의 재능에 깊고 독한 회의(懷疑)까지 겹쳤다. 그의 다음 작품이 몹시 기다려지는 이유다.

「법률신문 2022년 11월 14일자 게재」

영화, 문화예술 사건 맡게 되면서
비로소 흥미 느껴

강금실, 안철수 선거캠프에 들어간 것은
좋아하는 분들 도와드린다는 생각으로

지금의 소선거구제는
적대적 공존을 고착화…
선거구제 등 제도 바꾸고
인터넷 정보 유통시스템 정비해야

24

법무장관 검찰총장과 같은 기수, 성찰과 고민, 그리고 새로운 도전

최용훈

법무법인 케이원챔버 변호사

비교적 이른 나이에 검사로 임용되어 24년간 검사의 직분을 마쳤는데도 이제 겨우 만 50의 나이. 그의 연수원 동기 한 사람은 장관이 되었고 또 한 사람은 검찰총장으로 영전했다. 뭔가 아쉽거나 미련이 있을 법도 한데 최용훈(50·사법연수원 27기) 변호사의 표정에는 묵혔던 걸 전부 다 비워낸 듯한, 자기 몫의 사역을 마친 이에게서 보이는 홀가분함이 있었다.

지난 7월 검사복을 벗은 그는 최근 로펌 케이원챔버에 합류했다. 케

최용훈 변호사는 충북 영동 출신으로 서울 서초고와 서울대 법대를 졸업했다. 1995년 제37회 사법시험 합격, 1998년 수원지검에서 검사 생활을 시작했다. 2005년 법무부 국제법무과 검사로, 2011년 주UN 대표부 법무협력관으로 일한 기획통이자 국제통이다. 한·러시아 우주기술보호협정 정부 대표단, 한·미 한·EU FTA 협상 정부 대표단, UN 국제상거래법위원회 정부 대표단, OECD 경쟁위원회 정부대표단 등으로 활동했다. UN총회 정부대표단, 국제형사재판소 당사국총회 이사회 정부대표, UN안전보장이사회 정부대표단 등으로도 활약했다. 안양지청장, 대검찰청 인권정책관 등을 역임했다.

이원챔버는 전 헌법재판관이면서 박근혜 전 대통령 탄핵소추 헌법심판에서 주심을 맡았던 강일원 변호사가 이끌고 있는데, 강 변호사는 최근 '검수완박' 법안에 권한쟁의심판을 청구한 현재의 법무부를 대리하고 있기도 하다. 최용훈 변호사에게 검사직을 마친 소회와 함께 변호사라는 호칭이 아직은 낯설지는 않냐고 물었다.

"제가 연수원 27기 중에 한동훈 장관 다음으로 연소자였는데, 동기 모임 총무직을 맡기도 했어요. 장관이 되신 분과 총장이 되신 분은 검찰 안팎에서 발군의 실력을 가진 것으로 공히 인정을 받은 분들이고 그래서 누구나 수긍할 만한 인사였어요. 동기나 후배가 지휘부가 되면 퇴직하는 관행을 저도 따랐는데 이런 관행은 아마 로스쿨 정착에 따라 점차 사라지게 되겠죠. 검사로는 조금 이례적으로 국제업무와 관련된 일을 많이 했어요. 특별히 기억에 남는 일은 노무현 정부 때 추진했던 한미 FTA 협상이었는데, WTO가 제대로 작동하지 않은 당시 국제 환경에서 미국 주도의 자유무역협정에 대한 경험이 우리 정부에게 많이 부족했고 그래서 어려움이 많았어요. 그때 정부대표단 일원으로 참여하면서 '국가변호사'의 역할을 하고 있다는 자부심이 있었어요. 법률가로서 국가를 위해 법률서비스를 하고 있다는 생각이 들었죠. 그래서 변호사라는 개념이 생각만큼 저에게 낯설지는 않아요."

그의 말대로 그는 한·미 FTA 협상 정부대표단, 경제협력개발기구(OECD) 경쟁위원회 정부 대표단 등에서 국가를 지원하는 업무를 수행했다. 한국 최초 우주발사체인 '나로호' 제작의 필수전제조건이던 '한러우주기술비밀보호협정' 체결 협상 과정에서 2005년경 정부대표단원으로 한국에 유리한 조항을 마련하는 데 힘쓰기도 했다. 또 2011년 말부터 2015년 초까지 안전보장이사회와 유엔총회를 담당하는 주유엔(UN)대표부 법무협력관을 지내기도 했다. 그가 우주개발 사업과 관련해 러시아 정부 대표단과의 협상 과정에서의 에피소드를 공개했다.

"당시 러시아 정부는 제법 변덕스러웠어요. 러시아 국내 정치 및 경제 상황에 따라 내거는 요구사항이 수시로 바뀌었죠. 단적으로 러시아 기술자가 국내에서 중대한 범죄를 저질러도 한국 정부가 처벌해서는 안 된다, 로켓을 발사했는데 실패해서 잔해가 떨어지면 그 잔해에 접근해서는 안 된다 같은 무리한 주장을 고집하기도 했어요. 이상한 건 실패해서 잔해가 떨어지면 한국 정부가 책임지고 한국 비용으로 수거해서 그대로 러시아 측에 넘겨줘야 한다는 조항도 있었어요. 그래서 우리 정부가 잔해에 접근하지 말라고 하면서 직접 수거해서 전달하라는 건 모순 아니냐고 문제제기를 했죠. 그랬더니 러시아 측에서 한국 정부가 예리한 지적을 했다면서 자기들이 보완을 하겠다고 하더라고요."

그런데 아무리 검사가 공직이고 국가가 정해주는 자리를 감당해야 하는 존재라지만 자신이 흥미를 느끼지 못하는 일에 열과 성을 다할 수 있을까. 듣고 보니 그는 대학 때 법경제학 등 폭넓은 분야에 관심을 가졌고 학생회 활동을 하기도 했고 80년대에는 8비트 애플컴퓨터를 쓰던 중학교 성적처리 프로그램의 어셈블리어 오류를 중학생 친구들과 함께 고쳐본 경험도 있다고 했다. 그가 가진 일관된 취미는 부임지마다 사적지와 박물관을 찾으며 공동체의 유산을 탐구하고 역사 문헌의 원문을 찾아 읽으며 현재적 의미를 되새기는 것이라는 말도 했다.

자신의 지적 욕망과 지향을 자신이 수행했던 일에 작동시킨, 요즘 말로 '덕업일치'를 이룬 그는 양안적 시각을 가진, 탐구심이 강한 전형적인 문과형 수재 타이프인 듯했다. 호기심을 느낀 주제에 접근하고 거기서 남들에겐 보이지 않는 문제를 발견하고 해결하는 데서 쾌감을 느끼는 유형 말이다. 그는 유독 자기 세대의 역할과 의미에 대한 이야기를 많이 했다. 그것 역시 역사의 순환과 발전에 대한 진화론적 관심, 남다른 지적 사변이 반영된 결과가 아닌가 싶었다.

"70년대 초반에 태어난 제 또래는 이른바 (권위적 태도를 청산하지 못한) 선배 세대와 (개인의 가치실현이 중요하고 자유분방한) MZ 세대 사이에 제대로 '낀 세대'의 앞자리를 차지하고 있고, 이로 인해 앞뒤 세대 간 갈등과 스트레스를 많이 경험했던 것 같아요. 돌이켜보면 저희 세대야말로 진정한 탈권위의 시대적 변화를 경험해 왔고, 서태지나 박진영처럼 MZ세대나 더 어린 세대의 문화 토양의 기반을 함께 일구기도 했고요. 앞뒤 세대를 모두 이해할 수 있는 마음의 터전을 공유하고 있는 셈이죠. 가치관과 세계관이 많이 다른 두 세대 사이에서 소통의 매개가 되는 역할을 묵묵히 수행하면서 서로 격려하고 응원해 주는 분위기가 우리 세대의 역할이면 좋겠어요."

최용훈 변호사의 부친은 1987년 시민혁명의 도화선이 된 박종철 고문치사 사건의 실체를 밝히는 데 결정적 역할을 한 최환 전 고검장이다. 최 전 고검장은 1987년 당시 서울지검 공안부장으로 경찰이 박종철의 시신을 부검을 생략하고 서둘러 화장하려 할 때 검사로서의 쇠심줄 같은 소신으로 그걸 막아낸 인물이다. 그가 그때 느꼈을 압박감을 우린 상상할 수 있을까. 최용훈 변호사에게 검사로 일하는 동안 부친의 이름값에 따른 부담 같은 건 없었는지 궁금했다.

“공직자로서는 국가에 기여하신 분이고 아들을 떠나 검사로서 볼 때 그분이 견지하셨던 원칙을 존경해요. 고전적인 측면에서 ‘충신’이었다고 생각해요. 그런데 아들 입장에서는 후한 점수를 주기가 어려워요. 아버지가 4남 4녀의 장남이었고 할머니는 좀 고지식한 분이셨는데, 어머니가 이루 말할 수 없는 고생을 하셨어요. 집안의 살림과 대소사를 시어머니의 지나치다 싶은 통제 아래 다 치러야 했거든요. 그런데 아버지는 바깥일에 전념하느라 그런 내자의 괴로움에 무심하신 측면이 있었어요. 애들이 어떻게 크는지, 집안일이 어떻게 돌아가는지 전혀 모르셨죠. 그건 그랬지만 나중에 제가 검사가 되었을 때, 재량권을 발휘해서 체포영장이나 기소 같은 걸 좀 면해주면 안 되겠냐는 은근한 압박이 들어올 때 부친 명성을 방패막이로 쓰기는 했어요.”

공명의 후광과 사적 기억의 그늘을 모두 가진 부친에 대해 그가 토로한 양가적인 감정을 나는 이해한다. 강직한 한 사내를 무심한 남편과 무정한 아버지로 만들 수밖에 없었던 시대의 어지럽고 슬픈 현실 앞에서 섬세하고 명민한 최용훈 변호사는 역사의 실존적 국면을 누구보다도 뜨겁고 생생하게 촉지했을 것이다. 그에게 앞으로의 고민과 전망은 어디를 향해 있는지, 공직에 다시 나아갈 기회가 있으면 어떤 선택을 할 것인지 물으니 그는 자리와 상관없이 자신이 가장 잘할 수 있는 일을 케이원챔버에서부터 해보려 한다고 밝혔다. 케이원챔버의 대표변호사들은 자신에게 한참 선배이고 어른인데, 상당히 역동적이고 진취적이어서 배울 점이 참 많다고 느꼈단다. 그러면서 자신도 계속 성장하면서 사회에 기여하는 일을 찾아볼 생각이라고 했다.

여기서 당분간 한국 사회 모든 이슈를 집어삼킬 수도 있는 이태원 참사와 관련, 검경수사권 조정으로 경찰이 수사를 진행하고 있는 상황 및 한계, 그리고 향후 전망에 대해 검사 출신으로서 어떻게 들여다보고 있는지 솔직한 생각을 들려달라고 했다.

"투여할 수 있는 물량 측면에서 경찰 조직이 더 유리한 측면이 있어서 경찰이 수사를 맡는 걸 긍정적으로 볼 수도 있어요. 그런데, 검경수사권 조정에 따라 경찰 업무의 최우선 순위가 '수사'라는 오해가 경찰 내부나 우리 사회에 일어났다는 생각이 들어요. 경찰이 수사 기관인 것은 맞지만 경찰의 가장 본질적 임무는 국민의 생명과 재산을 지키는 데 있거든요. 경찰청법을 봐도 예방과 보호, 진압이 먼저이고 수사는 후 순위에 있어요. 그리고 경찰의 수사가 부실하면 검찰이나 공수처가 다시 들여다볼 수 있으니 지금은 지켜봐야죠."

우리 사회에서 법조인은 고급 라이선스다. 그를 통해 사회적으로 선망받는 직과 존경받는 신분에 접근할 수 있다. 실제로 그런 케이스가 일반적인데 대화를 나눠본 최용훈 변호사는 법학을 하나의 학문이나 생태, 또는 세상을 바라보는 창으로 받아들이고 있다는 생각이 들었다. 그가 들려준 어떤 말에서는 세속의 허명 같은 걸 그가 확실히 모욕적으로 받아들이는 결벽증까지 느껴졌다. 그러니까 이런 발언이다.

“저는 검사들이 피고인과 나누는 문답을 신문이 아니라 대화라고 생각했어요. 바쁘게 살다 보니 친구들과 대화하기도 어려운데 검사로서 전혀 모르는 사람과 몇 시간씩 이야길 나누는 사이에 타인의 삶을 상상하고 이해하려는 태도가 생겨난 것 같아요. 저는 대검찰청, 고등검찰청, 지방검찰청, 지청, 법무부, UN 파견 등 제가 노력해서 갈 수 있는 모든 기관에서 일해봤어요. 사건도 기업 사건부터 혐오범죄까지 다양하게 맡아봤고 메이저 로펌을 상대로 판결을 얻어본 적도 있어요. 후배 검사가 경직된 조직문화 때문에 극단적 선택을 했을 때 인권정책에 대한 고민도 깊이 해봤고요. 그래서 업무에 여한이 없어요. 일하는 동안 승진이나 발탁과 관련해 다양한 시그널을 받기도 했는데, 그걸 받아들이는 건 검사의 기본을 해치는 일이라고 생각해서 공직에서는 최소한 기본을 지켰다는 생각이 듭니다.”

그의 말을 들으며 이런 인재를 구성원으로 두게 된 케이원챔버는 참 든든하겠다는 생각과 함께, 이 ‘챔버오케스트라’가 들려줄 법의 향연이 몹시 기대되는 것이었다.

「법률신문 2022년 11월 7일자 게재」

25

두 손에는 법이라는 창과 배려라는 방패가…

정미숙

전국여성법무사회 회장(~2024.3)

전국여성법무사회(전여법) 회장과의 인터뷰를 앞두고 나는 대한법무사협회 홈페이지에 나와 있는 법무사에 대한 설명부터 찾아보았다. 다음과 같다.

"법무사는 국민과 가장 가까운 거리에서 국민이 요구하는 법률서비스를 제공하는 법률전문가로서 국민의 재산권을 보호하는 권리보장 전문가로서 역할을 다 하고 있다."

전국여성법무사회 제9대, 제10대 회장. **정미숙 회장**은
1995년 법무사 자격을 취득해 법무사로 활동하고 있다.
법무사 개업 전에는 법원행정처, 수원지법, 인천지법 등에서 17년간
법원공무원으로 근무했다. 2020년부터 전국여성법무사회 회장으로서
법률 사각지대에 놓인 취약 계층 지원 활동에 매진하고 있다.
전국여성법무사회는 '전문직 여성의 사회적 책임과 여성지위 향상'과
'여성법무사 간의 정보 공유와 법무사 업계내 양성평등 확보'를 목표로 2004년 출범했다.

아니나 다를까 법무사는 일반 국민이 생활의 현장에서 가장 쉽게 접촉할 수 있는 법률전문가라고 할 수 있다. 30세 이상의 성인이라면 대부분 법무사의 도움을 받아 법률적인 문제를 해결한 경험을 가지고 있을 것이다. 그만큼 친근한 직종이지만 솔직히 말하면 이들에 대해 내가 갖고 있는 인식은 접근성이 좋은 법률 서비스를 제공하는 직종 정도의 초보적인 이해에 머물러 있었다. 활발히 매스컴이나 방송에 나와 자신들

신들의 전문성을 알리는 변호사에 견주면 법무사들은 음지에서 묵묵히 일하는 이들이라는 이미지마저 있었다. 그런데 전체 법무사 중에서 7퍼센트 정도를 차지할 뿐인 여성법무사들을 특유의 온화한 리더십으로 이끌고 있는 이가 있다. 정미숙 회장(64)이 그 주인공이다. 그는 2020년 전국여성법무사회 회장에 취임을 하고 이어 올해 5월 총회에서 연임 회장으로 추대됐다. 이런 특별한 조직을 이끄는 그의 성장 배경이 궁금했다.

"저는 수원에서 태어났어요. 2남 3녀 중 막내인데 얼굴도 안 본다는 셋째 딸이에요(웃음). 아버님은 당시 시대로 봐서는 권위적이지 않고 매우 가정적이고 다정하신 분이었어요. 어머니는 교육열이 높으신 분이었고요. 저희 친정 오빠들도 교육자이고 그리고 저의 시댁도 교육자 집안이에요. 그래서 그런지 가풍이랄까 그런 것이 배움에는 때가 없고 사람은 늘 배워야 한다는 분위기가 있었어요. 양가 모두 가톨릭을 종교로 받아들였는데, 거기서는 나 자신보다는 타인을 배려해야 한다는 영향을 받은 것 같아요."

그러면 어떻게 정 회장은 법무사를 자신의 천직으로 갖게 되었을까. 현재 법무사는 법원행정처의 주관 아래 자격증 시험을 치러 매년 130명의 인원만을 선발해 자격증을 부여한다. 1차시험은 상대평가로 최종 합격자의 3배수를 뽑는데, 유사법조직역 중 1차시험이 상대평가인 직역은 변리사와 법무사뿐이다. 경쟁률이 상당히 높아서 까다로운 시험으로 알려져 있다. 그런데 법무사 선발 방식이 처음부터 시험을 통한 것은 아니었다고 한다.

"저는 법원행정처, 수원, 인천법원등에서 17년정도 일을 하면서 법률전문가로서의 전문성을 키우며 법무사 자격증을 취득 후 1995년 법무사 사무실을 열었고 결혼하면서부터 인천을 기반으로 일을 해오고 있어요. 법원에서 계속 일을 하지 않고 법무사로 직을 바꾼 것은 민원인들을 접하면서 보다 가까운 거리에서 서민들에게 도움을 주고 싶다는 생각이 들었기 때문이에요."

2020년 5월 정미숙 회장이 처음 회장으로 추대됐을 때는 코로나가 서서히 확산되는 중이었다. 하지만 이 희대의 감염병은 꺾일 기세가 없이 이후 임기 내내 정 회장을 괴롭혔다. 그런 와중에도 정 회장은 회원들을 잘 추슬렀고 결속력을 다졌다. 그러곤 올해 회원들의 성원과 기대 속에 연임 회장으로 추대된 것.

"첫 번째 회장 임기는 코로나 시국과 정확히 겹쳐서 다양한 활동을 하기가 어려운 측면이 있었어요. 그런데 임기를 마칠 즈음이었는데, 누군가는 해야 할 일이고 비워둘 수 없는 자리인데 내가 다시 봉사를 해야겠다, 그래서 뜻을 같이 하는 분들과 멀리 가보자는 생각을 갖고 연임을 수락했어요. 회장직에 있으면서 여성이라는 젠더적 특성을 살려 가사 쪽 비송 전문가로서의 역할과 법률가로서의 역할을 어떻게 조화롭게 수행할지 많은 고민을 하고 있습니다."

전국여성법무사회가 정식으로 출범한 것은 2004년이다. 이전에 법원, 검찰, 시험 등 출신에 따라 나누어져 있던 여성법무사회, 여성법무사동우회, 여성법무사시험동우회 등을 통합해 '전문직 여성의 사회적 책임과 여성지위 향상'과 '여성법무사간의 정보 공유와 법무사 업계 내 양성평등 확보' 등을 모토로 내걸었다.

18년 동안 전국여성법무사회는 소외 계층 지원활동을 꾸준히 해왔고, 그 덕분에 미혼모, 한부모, 성매매피해여성, 여성가장 등에게는 잘 알려져 있다.

이러한 전여법의 특성에 대해 정회장은 이렇게 이야기한다.

"전국여성법무사회는 회원이 많은 단체는 아니에요. 수적으로 적은 단체지요 그래서 매스컴의 화려한 조명을 받고 있는 편은 아니에요. 그래도 개의치 않고 저희가 할 수 있는 일들, 소외 계층에 실질적인 도움을 드리는 것들부터 열심히 하고 있습니다."

정 회장의 말을 들어보니니 '전여법'은 적극적인 이슈파이팅을 통해 단체의 사회적 주목도와 위상을 높이는 데 주력하는 이익집단이라기 보다는 오히려 봉사하는 데 존재의 이유를 둔 공익 단체처럼 보인다. 사실 전여법은 이미 설립 초기부터 다양한 봉사 및 공익 활동을 해오고 있는데, 미혼모 및 한가족 지원사업, 탈성매매여성 및 여성폭력피해자 지원사업, 성가복지병원 봉사활동 등이 그것이다. 작년 8월에는 한국여성경제인협회(회장 정윤숙)와 '여성가장 창업자금 지원사업' 발전을 위한 업무협약(MOU)을 체결하기도 했다. 그 사업의 취지와 목적이 무엇인지 물었다.

"전국여성경제인협회는 '경단녀'들이 창업을 할 때 임대차 보증금을 대출해주는 프로그램을 운영해요. 우리 전여법에서는 그들이 그런 지원을 받을 때 법률적 리스크를 살펴주는 일을 하고 있어요. 예컨대 상가나 점포를 구입하거나 임차를 할 때 법률적으로 안전한지를 꼼꼼히 들여다보고 전세권 등기라든가 권리 보전 등에서 피해가 발생하지 않게끔 카운슬링을 해주는 거죠. 언제나 피부에 와닿는 지원을 해주려고 노력하고 있습니다."

여기서 내게는 스킨십이라는 단어가 떠올랐다. 그것에 사랑과 관심이 개입되어 있다면 스킨십은 얼마나 따뜻한 것인가. 봄볕만큼이나 아기 고양이의 솜털만큼이나 말이다. 전여법은 이런 밀착형 스킨십으로 현장에서 몸을 쓰는 봉사도 마다하지 않고 있다. 성가복지병원에서의 간호 보조 봉사가 그것이다.

"우리 회원들은 성가복지병원에서 간호 보조나 간병 봉사를 하고 있어요. 2009년 저희 회 산하에 '봉사위원회'를 두어서 그 첫 봉사 장소를 성가복지병원으로 정했어요. 그 병원은 배숙휘 법무사님이 개인적으로 봉사를 해오던 곳인데요. 그분 추천으로 봉사 인연을 맺게 됐죠. 그게 지금까지 이어지고 있는 거예요. 저희는 총회 때 화환대신 쌀을 받아서 병원에 전하고 있기도 하고요. 성가복지병원은 가톨릭재단에서 운영하는데, 의료지원 인력이 모두 자원봉사로 이뤄져요. 인력 풀이 몇천 명이라고 하는데 저희가 그 일원인 것이 뿌듯하죠."

여성법무사회는 설립 취지문에서 법무사임과 동시에 여성 경영인으로 과거 우리 사회의 여성의 전문성 함양이 어려웠던 구조 속에서 열악하고 부족한 기회와 가능성의 비대칭을 이겨낸 경험들과 실력을 바탕으로 상호 정보 및 경험을 공유하여 남성 중심적 영업문화 속에서 약화된 여성 경쟁력을 강화하고 남성 중심의 네트워크 속 여성의 기업활동을 강화시킬 방법을 모색하고 그들만의 영업방식과 네트워크 방식을 연구하고 있다고 밝히고 있다.

정미숙 회장에게서 내가 받은 인상은 감성이 풍부하고 자기개발을 게을리 하지 않은 단단한 소공녀 같은 것이었다. 요즘 사람의 인상을 결정하는 데 매우 중요하게 여겨지는 딕션은 또렷하면서도 낭랑했고 매무새도 단아하기 이를 데 없었다. 그것은 자신을 통제하는 능력, 관리하는 감각과 함께 상대에 대한 배려를 보여주는 것이다. 시종 정한 기품 속에 품고 있는 겸손하면서도 부드러운 리더십이 느껴졌는데, 그런 힘이 과연 어디서 나오는 것일까 궁금하던 차에 다음과 같은 그의 말에서 풀렸다.

"저는 운이 좋게도 누군가의 딸로, 여동생으로, 아내로, 엄마로, 며느리로, 그리고 장모로, 시어머니로, 할머니로 살아보았고 살아가고 있어요. 이렇게 다양한 역할을 하면서 자연스럽게 관계를 조화롭게 하는 게 무얼까를 생각했던 것 같아요. 그것이 저는 '배려'라고 생각해요."

근년 젊은 세대에서 양성간 갈등이 첨예해진 문제의 해법에 대한 조언을 구하니 정 회장은 양성평등은 서로가 '다름'을 성숙하게 인정할 때 이뤄지는 것이라는 답을 내놨다. 그 다름을 인정하지 않으니까 양성간에 일방적인 주장만 반복된다는 것이다.

'여성의 눈으로 법무사의 현장에서 세상의 변화를!' 정미숙 회장이 귀띔해준 전국여성법무사회의 캐치프레이즈다. 그것이 내 귀엔 관점과 성찰과 전망이 두루 표현된 아주 든든한 복음처럼 들렸는데, 법률이라는 창과 배려라는 방패가 그들의 손에 들려 있음을 보았기 때문이다.

「법률신문 2022년 10월 17일자 게재」

26

한때 강력통으로 이름 떨친 검사… 이제는 시골 변호사가 꿈

영화 '수리남' 민완 검사 실제 모델
김희준
엘케이비앤파트너스 대표변호사(현 LKB평산 대표변호사)

영화 <공공의 적2>에서 온갖 이권에 개입해 비리를 저지른 재단이사장을 영웅적으로 징치했던 다혈질 강력계 검사 강철중(설경구 분)의 모델, 그리고 최근 넷플릭스에서 방영돼 화제를 끌고 있는 <수리남>의 악명 높은 마약왕을 수사해서 기소한 민완 검사의 실제 모델. 김희준 변호사(55·사법연수원 22기)를 설명할 때 빼놓아서는 안 되는 레퍼런스다. 하지만 그가 대표변호사로 있는 엘케이비앤파트너스 사무실에서 만났을 때 받은 첫 인상은 강력통으로 이름을 날린 검사상과는 다소 거리가 있는 것이었다. 그는 전라도 억양이 남아 있는 말투를 쓰는,

김희준 변호사는 광주석산고와 전남대 법학과를 졸업하고 1990년 제32회 사법시험에 합격했다. 사법연수원을 제22기로 수료한 뒤 1996년 대구지검 경주지청에서 검사생활을 시작했다. 대검찰청 검찰연구관, 법무부 송무과장, 서울중앙지검 강력부장검사, 광주지검차장검사 등을 역임하며 21년 동안 검사로 근무했다. 2017년 변호사로 개업해 현재 법무법인 엘케이비앤파트너스에서 형사·수사 대응, 마약·성범죄 분야 자문 및 소송 업무를 수행하고 있다.

어떻게 보면 성실한 개척교회 목사님 같은 선량한 인상을 갖고 있었다.

전라남도 함평에서 태어난 그는 초등학교 3학년 때 광주로 유학을 갔다고 했다. 부모님은 함평에서 제법 규모가 큰 상회를 운영하는 상인이었는데 유난히 교육열이 높아서 어린 그를 슬하에서 떼어내 대처로 보낸 것이다. 하지만 워낙 영민했던 탓인지 그는 광주로 전학을 가서도 주눅 들지 않고 보이스카우트, 소년조선일보 기자 같은 대외적인 활동을 했고 곧 반장도 맡았다고 했다.

호남과 광주는 한국현대사의 상흔을 가진 곳이다. 국가권력이 자행한 폭력에 의해 민주주의를 열망했던 양민들이 희생됐고, 그 과정에서 깊은 상처와 함께 골 깊은 후유증을 갖게 되었다. 호남 광주 출신들의 자의식의 기저에는 이처럼 고통스러운 역사의 문맥이 깔려 있다는 추정은 그래서 유효할 수밖에 없다. 김희준 변호사에게도 묻지 않을 수 없었다. 호남 광주 출신으로서 가질 수밖에 없는 역사적 자의식이 국가 권력의 첨병 조직인 검찰에서 일하는 동안의 직업적 소명과 충돌했던 적은 없었냐고.

"검찰에서 23년을 일했는데, 주로 마약사건, 조직범죄 사건을 다루는 강력계에서 근무했어요. 서울지검에 있을 때도 그랬고 특수부에서 같이 일해보지 않겠냐는 제의를 몇 차례 받기도 했는데, 특수부는 아무래도 정치적 사건을 주로 맡게 되잖아요. 그런데 그런 사건을 맡고 싶지 않아 전부 고사했어요. 정치적 입김에 휘둘릴 수 있는 여지나 불필요한 논란에 휩싸이고 싶지 않았던 거죠. 반면 강력부에서 일하는 동안에는 보람을 느꼈는데 왜냐하면 국민들에게 직접적인 손실을 입히는 사건들을 다뤄서 국민들의 실생활을 편안하게 해드릴 수 있었기 때문이에요."

뛰어난 실력으로 눈에 띄는 성과를 내던 그는 차장검사를 끝으로 2017년 여름 돌연 검찰을 떠난다. 불편할 수도 있는 질문이지만 그것이 특수부 근무 경력의 부재와 어떤 연관이 있는 건 아닌지를 물었다.

"특수부 출신들이 승진에 유리한 것은 비교적 근년에 나타난 일이에요. 예전에는 강력부, 특수부, 공안부가 검찰의 세 축을 이루면서 서로 견제도 하고 경쟁도 하고 그랬는데, 어느 사이에 특수부 독주 시대가 된 거죠. 지난 정부에서 국정농단 사건을 수사하는 동안 그렇게 된 것 같아요. 그러면서 특수부 조직이 비대해졌고요. 그에 반해 공안부는 지난 정부가 진보적인 측면이 있어서 상대적으로 역할이 줄 수밖에 없었고 강력부는 그동안 마약사건, 조직범죄를 열심히 다루면서 안정적인 성과를 낸 거예요. 그래서 그 후과로 마약, 조직범죄가 충분히 통제되고 있으니까 강력부에 힘이 실릴 계제 역시 사라졌죠. 실제로 강력부의 인력이 줄기도 했고요. 그러면서 특수부에 힘이 쏠린 거죠."

비록 내용은 친정과도 같은 검찰을 비판하고 있는 것이었으나 곡진한 표정과 어투에서 그가 검찰 조직을 얼마나 사랑하는지를 느낄 수 있었다. 그와 함께 그가 강력부 검사로 일하는 동안 좌고우면하지 않았던 것에 대해 뚜렷한 자긍을 하고 있다는 것도 느껴졌다. 실제로 강력부 검사 시절 그는 최초라는 수식어를 달고 있는 숱한 사건들을 진행했다. 3년 전 버닝썬 사건으로 화제가 되었던 '물뽕'을 작명한 것도 김희준 변호사다. 물뽕은 '감마하이드록시뷰티레이트'(GHB)로 액체 상태의 신종 마약인데, 미국에까지 감정을 보내 마약류라는 걸 우리나라에서 최초로 적발한 것이다. 우유주사로 알려진 프로포폴을 마약류로 등재시킨 것도 그가 한 일이다. 그런 그가 자신이 검찰을 떠날 수밖에 없었던 이유를 소탈하면서도 허심탄회하게 밝히는데, 역시나 검찰에 대한 속깊은 애정이 그 말 속에 들어 있었다.

"제가 검찰을 나오던 5년 전만 해도 차장검사를 지내고 검사장 승진이 안 되면 용퇴를 하는 게 관례였어요. 어떤 검사가 자신의 전문적 경험을 바탕으로 수사를 더 책임감을 갖고 하고 싶은데, 그런 역할과 권한이 있는 자리가 주어지지 않는다면 나올 수밖에 없는 거죠. 그런 과정에서 실력과 경험이 풍부한 검사들이 퇴직하는 경우가 많아요. 저는 현직에 있을 때부터 왜곡된 인사구조를 타파해야 한다고 늘 말해왔어요. 어느 조직처럼 검찰 조직에도 이너서클이 존재해요. 그래서 서로 밀어주고 당겨주는 식으로 자리를 나누어 갖는 악습이 사라지지 않고 남아 있는 거죠."

그렇다면 그런 검찰 내부의 모순이나 문제점을 잘 아는 검찰 수장 출신이 대통령이 되었는데, 이와 같은 악습의 고리가 끊어지지 않을까. 다소간 기대를 품고 던진 질문에 그는 회의적인 답변을 내놨다.

"쉽지 않을 거예요. 국가 권력을 갖게 된 입장에서 보면 사실상 통치 기구로서 가장 효율적으로 쓸 수 있는 게 검찰인데, 검찰을 통제할 수 있는 건 인사밖에는 없거든요. 인사를 통해서 자기들이 지향하는 정치적 목적을 이뤄야 하니까요."

이때 김희준 변호사와 내게서 동시에 한숨이 나왔던가. 적지 않은 수의 법률가들이 이른바 조국 사태를 계기로 '검찰개혁'이 국정의 최우선 과제가 되면서부터 한국 사회에 정치적 정의가 과잉되었고 그 결과 법적 정의가 명백히 정치적 정의에 의해 억압받는 상황을 맞이했다고 꼬집고 있는데, 이에 대한 김희준 변호사의 의견이 궁금했다.

"정치란 통합을 최우선적으로 지향해야 하는데요. 어느 순간부터는 진영 정치, 팬덤 정치를 하면서 갈등이 조장되고, 정치인들이 열혈 지지자들만을 바라보는 정치를 하고 있어요. 정치가 지나치게 사법화된 것도 문제예요. 정치적인 문제는 정치의 영역에서 해결해야 하는데, 무슨 일만 일어나면 소송을 하고 법원으로 가져가는 거예요. 구체적으로 들어가면 직권남용의 처벌 범위를 너무 넓혀놨어요. 과거에는 직권남용은 거의 처벌하지 않고 기소하지 않았어요. 예전에는 명백한 부정부패, 횡령 등만 처벌했는데 지난 정부 때 국정농단 사건을 다루면서 분위가 바뀌었어요. 법원 역시 촛불혁명의 영향에서 자유롭지 않았다고 할까요. 사정이 이렇다 보니 공직자 입장에서는 공교롭게도 그때 그 자리에 있었기 때문에 처벌을 받는 일들이 생기는 거예요. 이걸 되돌리지 않고서는 법적 정의가 제대로 서지 않을 거라고 봅니다."

검찰에 대한 그의 진한 애정과 연민은 모든 말과 말의 이음새에서 묻어났다. 그는 검사라는 존재는 면밀히 꼼꼼하게 수사를 해서 기소를 하는 게 기본인데 그런 부분이 과거에 비해 약해진 것 같다고 했다. 예전에는 도제식으로 선배나 부장검사들이 후배 검사들을 혹독하게 가르쳤고 질정할 때는 엄하게 했는데 근년 들어서는 다면평가 같은 걸 도입해서 그런지 관여를 안 하려고 한다는 것이다. 상호 평가를 주고받는 방식 때문에 안 좋은 얘기를 들을 수 있음을 의식한다는 것이다. 또한 과거에는 검찰 인사제도가 보직경로, 실적, 평가 등이 기반이 되어 이루어졌는데, 어느 순간 정권의 향방에 따라서 인사가 뒤집혀버렸다고 했다. 그러면서 검사들이 최선을 다하고 신명을 바칠 만한 동기부여가 사라져 버렸다고.

고등학생 때 본 TV 드라마 <보통사람들>에서 법대 고시생 역을 한 강석우가 멋있어 보여 법대를 지망하게 됐다는 김희준 변호사는 시골변호사로 노년을 보내고 싶은 꿈이 있다고 말했다. 그는 시골변호사로 무료 변론 같은 봉사도 하면서 법률가 이전에 지식인으로서 사회로부터 받은 혜택을 돌려주고 싶다는 것이다. 여기엔 분명 낭만적 감정이 개입한 걸로 보이지만 가치의 왜곡과 전도가 심화된 한국 사회에서는 예외적인 지혜처럼도 보인다. 시인 백석은 "세상 같은 건 더러워 버리는 것이다"라고 〈나와 나타샤와 흰 당나귀〉에서 말했다. 세속화된 사회에서 인간의 선의는 너무나도 쉽게 훼손된다. 유혹과 욕망이 뒤엉켜 회오리친다. 공익활동을 하던 사람들이 그걸 훈장처럼 내세우며 권력을 거머쥔다. 이런 모습들을 보면서 선의로 똘똘 뭉친 전남 시골 출신 변호사의 내면세계에선 Return to Nature!라는 지향이 생겼을 수 있다. 모두가 나아가기만 하려는 시대에서 그런 물러남이야말로 우리 시대 가장 귀한 진보적 태도라는 생각이 들었다.

「법률신문 2022년 9월 19일자 게재」

"
드라마 '수리남'의 민완 검사의 실제 모델
검찰의 '3축'은 강력부·특수부·공안부
어느 사이에 특수부 독주 시대로 변해
정치도 어느 순간부터 진영·팬덤 정치로
노년은 시골에서...받은만큼 사회에 환원
"

27

'K-리걸' 꿈꾸며 국제중재분야 세계적 로펌으로 키워

론스타 분쟁 정부측 대리인

김갑유

피터앤김 대표변호사

한국의 폭풍 성장기를 상징하는 강남의 랜드마크 트레이드 타워 38층, 인터뷰이가 있는 법무법인 '피터앤김' 사무실로 오르는 고속엘리베이터 안에서 나는 살짝 마뜩한 설렘 같은 걸 느꼈다. 그것은 우리나라 최고 석학이나 작가, 예술가를 만나러 가던 때의 느낌과 비슷한 것이었다. 10년 동안 한국 정부를 대리해 수조 원대가 걸린 국제투자분쟁 중재 사건을 이끌어온 김갑유 대표변호사(60·사법연수원 17기)는 과연 어떤 사람일까.

김갑유 대표변호사는 국제분쟁·중재 분야의 대표적인 전문가로 꼽힌다.
지난 30여 년간 M&A, 국제투자, IT, 제약 등 다양한 분야에서
총 300건이 넘는 중재사건 대리인 또는 중재인으로 활약했다.
2019년 유럽의 국제중재 전문가 볼프강 피터(Wolfgang Peter)와 함께
국제중재·국제분쟁전문 로펌인 피터앤김을 출범시켰다.
한국인 최초로 국제상업회의소(ICC) 국제중재법원 부원장,
런던 국제중재 재판소(LCIA) 상임위원을 역임했고,
아시아인 최초로 유엔 산하 국제상사중재위원회(ICCA) 사무총장을 역임했다.

인터뷰가 있던 바로 하루 전날(2022년 8월 31일) 한국 법무부는 세계은행 국제투자분쟁해결센터(ICSID)의 론스타 사건 중재 판정부가 우리 정부에 론스타가 청구한 손해배상금의 4.6퍼센트에 해당하는 2억1650만 달러(약 2800억 원·환율 1300원 기준)를 지급하라고 판정했다고 밝혔다. 분쟁이 시작된 지 10년 만에 받아든 결과였다. 김갑유 변호사를 만나기

로 한 것은 세간에서 한국 정부가 선방했다는 대체적인 평가가 나온 직후였다.

아닌 게 아니라 김 대표는 다소간 홀가분한 표정이었다. 시종 온화한 미소를 머금고 있었지만 이야기의 심급에 따라 긴장의 끈을 놓지 않는 삼엄함도 드러냈다. 향후 양측의 불복이나 그에 따른 응전이 있을 수 있지만, 먼저 큰 사건이 일단락된 시점의 감회를 물었다.

"이 사건은 한국 정부가 처음으로 경험하는 국제투자분쟁(ISDS) 사건이었고 청구액도 크고 국민적 관심도 높아서 한국 변호사라면 누구나 맡고 싶어 했을 사건입니다. 그런 사건을 맡게 된 게 영광이라는 생각이 들었어요. 제가 변호사 35년 차인데 진행했던 사건 중 가장 중요한 사건이었고요. 변호사가 한 정부를 대리하는 존재는 아니지만 이왕에 한국 정부를 대리하게 된 것에 자부심을 가졌고 어떤 사건보다 잘하고 싶었습니다."

일부 배상 판정이 아쉽다는 이야길 다른 매체와의 인터뷰에서 했지만 그는 자신이 들인 노력의 결과를 일단 수긍하고 있었다. 그렇다면 국제투자분쟁해결센터(ICSID)에서 이번 경우처럼 기업과 국가 간 투자분쟁을 심리하고 중재하는 일을 맡는 중재인은 어떤 사람들로 구성되는 걸까.

"국가 투자분쟁을 진행하는 방법은 여러 가지가 있는데요. 세계은행 산하 국제투자분쟁해결센터(ICSID)에서 맡는 것도 있고, 유엔상거래법위원회(UNCITRAL)에서 만든 중재 규칙을 적용하는 경우도 있어요. 중재판정인은 개인이고 보통 양쪽 당사자가 합의하에 선정을 하는데요. 합의가 안 되면 ICSID가 자기들이 가지고 있는 중재인 리스트 중에 선정을 해요. 그 리스트에는 변호사, 교수, 연구자 같은 전문가들이 망라되어 있고 국적도 다양해요. 저도 그 리스트에 들어가 있는 중재인이기도 하구요."

장장 10년을 끌어온 사건이다. 당사자나 관전자들이 피로감을 느꼈을 법도 할 시간 아닌가. 여기서 비법조인 입장에서 의문이 일었다. 개인이든 로펌이든 동시에 진행하는 사건 수는 엄청나다. 그런데 국민과 여론의 관심이 쏠린 10년이라는 시간 동안 사건의 포인트나 흐름을 어떻게 계속 놓치지 않고 붙잡을 수 있는지, 선택과 집중은 어떻게 하는지.

"장기 사건의 경우 흐름을 인지하는 게 중요한데, 사건의 핵심이나 디테일을 다 기억하고 챙긴다는 게 쉬운 일은 아닙니다. 저희 로펌은 중요 포인트를 정리하고 초점화하는 시스템이 있어요. 하지만 그런 시스템에만 의지하는 건 아니고요. 제 생각에 변호사라면 사적인 기억은 잊어도(웃음) 사건에 대한 것은 잊지를 않아요, 잊어서도 안 되고요. 예전에 어떤 사건을 진행할 때 제가 무심코 세세한 걸 이야기하니까 사람들이 제 기억력에 놀라더라고요."

직업적으로 훈련된 감각과 소명이 체화될 때 어떤 개발이 이뤄지는지를 보여주는 것일까. 나는 이것도 다윈이즘이 적용되는 사례라고 믿고 싶다.

2002년 태평양에서 일할 때 국제중재 전담팀을 만든 이후 김 대표에겐 최초라는 수식어가 따라다닌다. 한국인 최초 국제상업회의소(ICC) 국제중재법원 부원장(2014~2021), 아시아인 최초 유엔 산하 국제상사중재협회(ICCA) 사무총장(2010~2014), 한국인 최초 런던국제중재재판소(LCIA) 상임위원(2007~2012) 등을 역임했다. 이만한 커리어면 국제 중재분야 한국 최고라는 수식어를 써도 무리가 없다. 그렇다면 오늘의 이 자리에 자신을 세우기까지 그가 사용했던 가장 큰 자산은 무엇이었을까.

"아버지를 고등학교 다닐 때 여의었는데, 생물 선생님이셨어요. 어린 시절, 방학 때마다 아버지와 함께 식물, 곤충 채집을 다녔는데요. 그것이 참 즐거웠습니다. 그러면서 자연스럽게 사물에 대한 관심이 생겼고 아울러 관찰력과 분별력이 생긴 것 같아요. 그래서 다른 이들은 쉽게 알아보지 못하는 사물의 차이를 저는 비교적 쉽게 알아봐요. 예를 들면 자동차 새 모델이 출시됐을 때 구 모델과의 차이 같은 것들요. 그런 자연과학적인 관심이 국제중재 사건 때 마주치는 생물, 물리, 화학, 환경,

천체 같은 다양한 분야를 이해하는 데 도움이 되었고요."

한국에서 학부(서울대 법학)까지 나온 이후 시간차를 두고 미국 유학(하버드대학교)을 다녀온 것이 전부인데, 국제중재에서 중요한 언어인 영어를 어떻게 익혔고, 또 다양한 의뢰인을 대리할 때 변호사에게 가장 중요한 자질은 무엇이라고 생각하는지 물었다(그는 다른 인터뷰에서 국제중재 변호사에겐 체력, 실력, 매력이 중요하다고 말한 바 있다).

"저는 아직 영어가 편치 않습니다. 제 경우엔 변호사로 일을 하면서 프랙티스(실행)를 한 것 같아요. 그런데 사실 영어 구사력이 국제분쟁을 진행하는 변호사가 가지고 있어야 할 가장 중요한 자질은 아니에요. 중요한 건 내용인데요. 상대방에게 어떤 내용을 갖고 어떤 태도로 말하느냐, 비록 우리나라 억양이 섞인 서툰 영어라도 최선을 다해서 문화적 정체성을 숨기지 않으면서 설득하는 정성이 바로 대리인이 가질 수 있는 실력이고 매력인 셈이죠. 예컨대 이태리어만 읽고 말할 수 있으면 누구든지 오페라 아리아를 부를 수 있지만, 그때 유창한 이태리 발음이 테너의 능력을 보증하지는 않잖아요. 그것과 같다고 생각해요."

그는 상기한 것처럼 태평양에서 일하다가 비교적 늦은(?) 58세에 국제중재 전문 로펌을 창업했다. 그 배경을 그는 이렇게 설명했다.

"대형 로펌에 있을 때부터 아시아 또는 세계 시장을 무대로 제가 가진 전문성과 경쟁력을 펼쳐보이고 싶은 생각이 있었어요. 그러기 위해서는 독립을 하는 게 좋겠다는 생각을 갖고 있었죠. 그러던 중에 현재 공동대표를 맡고 있는 볼프강 피터라는 분에게서 제안을 받았어요. 볼프강 피터는 제가 진행하는 사건의 중재인이었는데, 독일분이고 스위스에 사무실을 두고 있는 그 분야에서 꽤 저명한 분이에요. 어느 날 제가 파리에 출장을 가 있었는데 전화를 주신 거예요. 긴히 하고 싶은 말이 있으니 만나자고 해서 그분이 파리까지 와서 만났는데 로펌을 같이 하자는 거예요. 정말 생각지도 못한 제안이었죠."

그렇게 2019년 11월 설립된 피터앤김은 다양한 국적을 가진 40여 명의 변호사들이 모여서 일하고 있다. 피터앤김에서 가용할 수 있는 언어는 무려 14개 언어란다. 아시아 및 세계 시장을 공략하기 위해 최근 국제중재 분야의 거점인 싱가포르에 정식사무소를 한국 로펌 최초로 냈다. 현재 국제중재분야에서 세계 로펌 16위까지 성장했는데 내심 1위까지 올라가보고 싶단다. 그 바탕에는 한국 변호사들의 자질에 대한 믿음이 깔려 있다고.

"어떤 국가나 민족에도 우수한 인력들이 있는데, 한국의 경우에는 다른 나라에 비해 그 인력의 상당수가 법조계에 들어오고 있어요. 의료 분야가 그런 것처럼요. 그러니까 상대적으로 다른 나라 법조인들보다 우리 변호사들 능력이 탁월할 수밖에 없어요. 우리만큼 문제를 빨리 해결하는 나라도 없고 일도 효율적으로 하거든요. K-팝, K-푸드 같은 것이 있는데, 'K-리걸'을 만들어보고 싶은 꿈도 있어요."

인터뷰 중간 다시 론스타 사건이 화제에 올랐을 때, 그는 한국 정부를 대리하게 된 것이 자신에게는 '행운' 같은 것이었다고 표현했다. 국민의 이목이 쏠린 소송을 처리해야 하는 한 나라의 정부가 제비뽑기 하듯 대리인을 정하지는 않았을 터. 행운이라는 말을 쓰는 그에게서 나는 상대측 대리인과 론스타, 그리고 정부 모두를 배려하는 웅숭깊은 겸허함을 보았다. 그는 불쑥불쑥 우문을 던지는 격외의 인터뷰어에게도 시종 깍듯했는데, 답변의 형식은 간결했고 그 내용은 한결같이 구체적이었다.

그는 명성에 비해서는 대중들에게 덜 알려진, 약간 베일에 가려진 인물이다. 대중매체에 나가 얼굴과 이름을 널리 알릴 수 있는데도 그렇다. 그에 대해 그는, 전문성을 가지고 가장 잘 할 수 있는 일에 몰입하고 싶고,방송이나 정계를 기웃거리며 대중에게 노출되어 이미지가 소비되는 것에는 관심이 없다고 잘라 말했다. 그는 학창시절 틈만 나면 목적 없이 걷는 것을 좋아했고 버스를 타고 종점까지 다녀오는 것도 좋았다고 했다. 그때 그에겐 수많은 사물과 자연과 사람이 눈에 들어왔을 것이다. 인터뷰를 마치면서 그를 키운 8할은 주유(周遊)와 응시, 그리고 고독이라는 생각이 들었다. 설렘을 안기는 모든 일류들이 그렇듯이.

「법률신문 2022년 9월 5일자 게재」

28

피아니스트를 꿈꾸다 암 투병하며 법학으로 진로 바꿔

박지영

법무법인 로고스 변호사(현 법무법인 슈가스퀘어 변호사)

다섯 살 때부터 피아노를 치기 시작, 예원학교와 서울예고를 다니면서 피아니스트를 꿈꾸던 중 원인 모를 통증이 찾아온다. 국소마취만 하고 주사바늘을 뼈마디에 꽂는 무시무시한 고통을 참아내며 골수검사를 받는다. 그러고선 받아든 임파선암 선고. 불과 열아홉 살의 나이였다.

변호사 3만 명 시대라고 한다. 표본집단으로 놓고 보아도 이 정도 숫자면 생태계를 구성하는 개체의 다양성은 필연적이다. 이질적이면서

박지영 변호사는 5세에 피아노를 시작해 예원학교, 서울예고를 졸업했다.
대입을 준비 중이던 19세에 암 선고를 받았다. 항암치료와 학업을 병행하며
서울대 음대 작곡이론과를 졸업한 후 법률가로 진로를 바꿔 서울대 법대에 편입했다.
2000년 제42회 사법시험에 합격, 2003년 사법연수원을 수료하며 변호사가 됐다.
2005년 자서전《피아노 치는 변호사, Next》를 펴냈다.
법무법인 로고스에서 건설·부동산, 가사,
문화예술·저작권 분야 자문 및 소송 업무를 수행했다.

도 예외적인 이력과 캐릭터를 가진 이들이 매년 변호사 세계에 입성한다. 박지영 변호사(52·사법연수원 32기)는 그중 가장 독특한 프로필을 가진 케이스로 보아도 별 무리는 없다. 암 투병을 하며 서울대 음대를 졸업하고 진로를 바꿔 서울법대 3학년으로 학사편입 후 사법시험을 패스하고 변호사가 되었으니까.

불굴의 의지로 시련과 고난을 이기고 꿈을 이룬 흔하디흔한 성공담으로 보였다면 박지영 변호사를 만나봐야겠다는 생각은 하지 않았을 것이다. 그런데 그의 삶을 리서치하던 중 중요한 의문이 떠올랐고 그걸 확인해보고 싶은 떨칠 수 없는 호기심이 들었다. 이를테면 그것은 인간의 정신적(지적) 한계와 효용에 대한 것이다. 먼저 성장 환경을 물었다.

"둘만 낳아 잘 기르자는 표어가 있던 시기에 태어났어요. 딸만 둘인데 제가 둘째고요. 부모님은 정말 전폭적인 사랑을 주시는 분들이었어요. 딸에게 해주실 수 있는 것 이상을 해주셨어요. 아버지 사업이 어려워져 지방(창원)으로 내려가게 되었고 저도 피아노를 그만두고 일반학교에 가야 되는 상황이었는데, 합격 통보를 받은 예원학교 등록 마감일 저녁에 아버지가 전화를 하신 거예요. '지영아 등록했어, 걱정 마.' 그날 밤을 잊을 수가 없어요. 그러고선 내가 아프게 되었는데, 이후 아버지는 당신이 편찮으실 때조차도 지영이가 아팠던 것만큼은 아니야,라고 말씀하셨어요. 정말 의연하신 분이었죠."

그나저나 음악과 법의 거리는 얼마나 되는 걸까. 그리고 한 사람이 가지고 있는 정신세계에는 과연 어떤 신비나 섭리가 깃들어 있는 것일까. 피아노라는 가장 센서티브한 예술의 영역에서 가장 이성적이고 논리적인 법의 세계로 월담을 하는 것이 어떻게 한 사람의 영육 안에서 일어날 수 있을까. 나는 여기서 이런 가설을 세워보았다. 피아노는 일종의 예술적, 감각적 극치를 추구하는 일이고 법은 이성적이면서 지적인 극치를 파고드는 일이다. 어쩌면 박 변호사는 이처럼 어떤 극치의 세계를 본능적으로 알아보고 그걸 지향하면서 삶의 희열과 존재감을 확인하는 사람은 아닐까. 그러니까 완미한 결구력을 추구하는 본능이 그에게 내재되어 있는 것은 아닐까. 이에 대해 박 변호사는 이렇게 말했다.

"피아노든 법이든 그때는 그것밖에 할 게 없었어요. 돌이켜보면 그것이 제가 해야 했던 일이었던 거예요. 강렬하고 진하게 제 삶을 지배했던 피아노를 그만두어야 했을 때 거기에 갈아 넣었던 제 모든 걸 다시 갈아 넣을 수 있는 것이 당시로서는 법학이었어요. 우주공학이나 농생명화학 같은 게 아니었구요. 피아노는 제가 한번 치기 시작하면 중간에 끝낼 수가 없어요. 마지막 마디를 쳐야 하죠. 변호사로 일을 하면서도 느낀 것인데 의뢰인으로부터 사건이 들어오면 완결을 해주고 싶은데 중간에 끊기는 곳이 있어요. 미국은 소송 중에 변호사가 부동산을 팔아주기도 하는데 우리나라는 공인중개사만 그걸 할 수 있더라구요. 그래서 제가 공인중개사 자격증을 땄어요. 이런 것이 말씀하신 것처럼 완결성이라는 극치를 추구하는 저의 기질에서 나온 것일 수도 있겠어요."

완결성 또는 연속성을 추구하는 사람은 결국 '과정의 아름다움'을 발견하게 된다. 음악이 그런 것처럼 결과가 목적이 아니라 과정 하나하나가, 마디 하나하나가 자신에게 만족감과 희열을 안겨주는 '시그니처'가

될 수도 있기 때문이다. 삶에서 극적인 반전이 있었던 박 변호사도 이 점을 강조한다. 결과가 목적인 삶은 행복과 멀어질 수밖에 없다는 것이다. 피아노를 치던 음대생이 암을 이겨내고 변호사가 된 이력이 세간에 화제가 되었고 그래서 책도 내었지만 정말 하고 싶은 이야기는 무엇을 해냈고 무엇이 되었다는 결과에 있지 않다고 박 변호사는 말했다.

"보통은 제 책의 제목을 줄여서 〈피아노치는 변호사〉라고 말하지만 〈피아노치는 변호사, 넥스트〉가 풀네임이에요. 그것은 제 삶이 다 연결된다는 의미거든요. 저는 암선고와 투병의 경험이 저의 보물 1호라고 생각해요. 삶에서 중요한 것과 중요하지 않은 것이 무엇인지를 알게 됐죠. 그러면서 '과정'이 중요하다는 걸 알았어요. 사람들은 무엇을 하고, 무엇이 되고, 어디를 나오고, 무엇을 가졌냐 같은 결과에 집착하는데, 그게 중요하지 않더라구요. 제가 좀 늦게 시작하다 보니 나는 그냥 내 삶의 오솔길을 걷고 있다는 생각이 들었어요. 어딘가에 도착할 필요가 없다는 걸 깨달았죠. 넥스트라는 걸 책 제목에 붙인 것도 그런 의미예요."

여기서 내가 제동을 걸고 따지듯 물었다. 결과에 집착하는 삶의 맹점을 말하기 위해 삶의 속도나 타이밍보다는 과정의 아름다움이 중요하다고 했는데, 변호사라는 직업의 소여는 기본적으로 승소와 패소를 다투는 데 있고, 그렇다면 결과에 집중할 수밖에 없는 현실에 직면하는 것 아니냐고. 과정이 중요하다는 삶으로부터의 인사이트와 직업적인 지향을 어떻게 조화시킬 수 있느냐고.

"제가 경험을 해보니까요. 사건을 진행하는 과정에서 고민의 총량이 많을 때 결과도 좋았어요. 어떤 결과를 미리 기대하고 과정에 최선을 다하는 게 아니라 결과를 미리 생각하지 않고 그냥 그 과정에 충실하게, 내가 할 수 있고 해야 하는 걸 다할 때 결과가 좋았다는 거예요."

역시 그렇구나. 네 마디든 다섯 마디든 악보(의뢰인)에 따라 매 마디(사건의 구성) 최선을 다한 훌륭한 연주에 커튼콜의 박수가 이어지는 것과 같은 이치라는 것.

박 변호사는 자신의 책에서 투병 생활 중의 참담했던 무기력증과 고통에 대해 이렇게 썼다.

"몸은 아플수록 정신은 더 또렷해지고 모든 감각들은 더 촉수를 곤두세운다. 피아노 줄을 뚝뚝 끊던 손이었는데 이제는 물 한 컵을 드는데도 후들거렸다. 토하는 기가 가셔도 몸에 남아 있는 약 성분이 15년 동안 피아노 연습으로 단련된 손가락에 남아 있는 힘을 맥없이 쏙쏙 빼가고 있었다. (중략) 손에 주사바늘을 너무 많이 꽂아 핏줄이 모두 숨어버렸다. 피를 뽑을 때마다 간호사 여러 명이 달려들어야만 했다. 찬 바람을 조금만 쐬거나 말을 조금 많이 했다 싶으면 어김없이 목에 바위가 솟는 것 같은 통증이 찾아왔다. 작정을 하고 외출을 하려고 채비를 하다가도 옷을 갈아입는 도중 옷의 무게에 치이고 지쳐 그대로 주저앉았다."

옷까지도 무겁게 느껴져 외출을 포기해야 했던 이가, 이런 경험까지를 과정으로서 자기 삶에서 지우지 않고 지금 자신을 끌고 가는 삶의 사슬이라고 이야기한다. 여기서 나는 전체를 보면서 구성 하나하나의 완결성을 추구하는 심미적인 미학주의자의 모습을 박 변호사에게서 발견한다.

끝으로 극적인 전회가 있었던 이제까지의 삶을 돌아봐달라고 부탁하면서 인생이 무엇이라고 생각하는지를 물었다.

"음, 제가 보기에는 사랑하다가 가는 것이 삶이라고 생각해요. 사랑에는 목표(결과)가 없으니까요. 각자의 여건이나 환경에 따라 사랑에 대해서도 다양한 현현이 있겠죠. 타인에 대한 사랑을 중시하다가 정말 가까운 이의 사랑을 놓치는 경우도 있는데, 사랑도 내 의지에 따라서만 되는 것도 아니라고 생각해요. 과정 안에도 사랑이 있고 그래서 결과값이 없는 사랑도 있는데, 사실은 그게 우리 삶의 모습과 가장 가깝다고 생각해요. 저는 지금 신원(伸冤, 가슴에 맺힌 원한을 풀어버림)이라는 개념을 많이 생각해요. 제가 신촌 세브란스 병원 병동에서 소아암에 걸린 아이들을 많이 봤는데요. 그 아이들 중에는 하고 싶은 걸 못하고 좌절하고 삶이 멈춰버린 아이들도 많아요. 그 원과 한을 어떤 의미에서는 제 삶이 신원하고 있는 게 아닐까 하는 생각을 해요."

박 변호사는 모든 이에게는 미션이라는 게 주어지는데 그것을 가능한한 직업적으로 하는 일 속에 포개놓을 때 세상이 좋은 쪽으로 진화할 거라고 말하기도 했다. 모든 인간의 삶은 경험과 연혁이 쌓이면서 절벽이나 단애처럼 저마다의 고유한 지층을 가질 것이다. 결과만을 바라보았던 삶의 지층에서 우리가 볼 수 있는 것은 아마도 밋밋한 욕망이라는 단색일 것이다. 하지만 과정의 완미한 아름다움을 생각하며 살아온 이의 삶은 필설로 표현하기 어려운 퇴적층의 압도적인 무늬를 보여줄 것인데, 나는 박지영 변호사와의 대화를 마치면서 그 퇴적층의 신묘한 단면을 보아버린 느낌이었다.

「법률신문 2022년 8월 22일자 게재」

"
암 선고와 투병은 내 삶의 보물 1호
삶에서 무엇이 중요한지 아닌지 알게 해
그러면서 과정이 중요하다는 걸 깨달아
사랑하다가 가는 것이 삶이라 생각
사랑에는 목표(결과)가 없으니까
"

29

교화는 비행소년의 미래를 보려는 어른의 마음

빈태욱

청주지법 소년부 부장판사

바야흐로 소년범죄가 폭발 일로에 있다. 만 14세 미만 '촉법소년'에 의한 범죄는 4년 새 34%가 급증했고 소년범죄의 재범률은 성인범죄 재범률의 세 배 가까이 된다. 수치뿐 아니라 점점 조숙화, 흉포화되고 있는 것도 그냥 넘길 수 없는 소년범죄의 우울한 현실이다. 급기야 새 정부의 법무부장관이 공개적으로 촉법소년의 나이를 하향 조정할 수도 있다는 발언을 해 소년범죄 이슈에 불을 당겼다. 우리나라엔 이런 소년범들에게 법적 처분을 내리는 소년부 판사들이 있다. 그들은 어떤 이들일까.

빈태욱 판사는 진주고와 고려대 법대를 졸업하고
2002년 제44회 사법시험에 합격했다. 사법연수원을 제34기로 수료한 뒤
군법무관을 마치고 대전지법 판사로 임용됐다. 대전고법(청주지방법원 소재지 근무),
청주지법, 대전지법·대전가정법원 논산지원 판사를 거쳐
광주지법·광주가정법원 순천지원 부장판사를 역임하고
2022년 2월 청주지법 부장판사로 소년부 재판을 맡았다.
충북지방변호사회 법관평가에서 2017년, 2018년 우수법관으로 선정됐다.

청주지방법원 본관 6층에서 만난 빈태욱(47·사법연수원 34기) 부장판사의 첫인상은 소년 같았다. 깔끔한 와이셔츠와 넥타이 차림이었지만 수줍은 미소와 호기심 가득한 눈동자는 영락없는 소년의 그것이었다. 순천지원에 있던 그는 올 2월부터 청주지법에서 소년부 판사로 일하고 있다. 이전에는 형사부에서 일한 적이 훨씬 많았다고 한다. 어른과 소년을 모두 피고인으로 대해본 그에게 형사부 재판과 소년부 재판에 임하는 법관의 자의식-마음에서 울리는 소리랄까-에서 가장 두드러진 차이가 무엇인지부터 물었다.

"대부분의 피고인이 성인인 형사재판에서는 일단 이 사람의 행위가 유죄인지 무죄인지를 고민하는데, 그러기 위해 '과거'에 주목합니다. 판결 전 조사라고 해서 그 사람의 비행이나 범죄가 어떤 동기나 조건에서 행해졌는지를 면밀히 살피는 것이죠. 하지만 교화에 목적이 있는 소년부 재판에서 제가 주안점을 두는 건 행위자의 '미래'를 보는 것입니다. 이 친구가 했던 비행이 얼마나 엄중하고 반복적인지를 살피는 것도 필요하지만 어떤 처분을 해야 이 친구를 효과적으로 교화하고 우리 사회 구성원으로 바르게 편입시킬 수 있는지를 고민합니다. 그 과정에서 살펴야 할 게 많은데요. 주관적 인상을 최대한 배제하고 보호관찰소에 기록이나 보고서를 많이 요청해서 그것들을 꼼꼼하게 보고 성장과정 등 비행에 이른 맥락을 신중하게 보려고 노력하죠. 이를테면 가정환경이 나쁘지 않고 아이에 대해 부모님의 관심이 많은 등 보호력이 양호한 경우엔 시설 내 처우보다는 사회 내에서 교화를 할 수 있는 처분을 내리는 게 아이의 미래를 위해서 옳다고 보는 거죠."

빈태욱 판사는 소년범의 특징을 즉흥적이어서 자신의 행동이 불러올 결과를 생각지 않고, 또래 집단에 대한 애착이 강한 걸 꼽으면서 이런 특징을 감안할 때 보호처분의 내용이나 프로그램의 효율성이 상당히 중요한데, 현행 소년법에는 현실과 다소 괴리가 있는 조항이 있다고 얘길 한다. 현행 소년법에 의한 소년보호처분 제1호부터 제10호까지 있는데, 제1호는 가정위탁 제2, 3호는 수강 및 사회봉사 제4, 5호는 장단기보호관찰 제6, 7호는 보호시설 제8, 9, 10호는 장단기 소년원 송치다.

"제가 생각할 때는 제1호부터 제10호까지의 처분을 통해 교화의 목적을 이루는 데는 일정한 한계가 있습니다. 소년범죄가 정말 다양하고 흉포화되고 있기 때문에 개별주의에 따라 보다 세밀하고 적확한 처분을 내릴 수 있어야 하는데, 현행법은 이런 현실과 좀 괴리가 있다는 거죠. 예를 들어 제1호와 제10호 사이의 처분은 교화의 효과를 극대화하기 위해 중복해서 병과 처분을 할 수 있는데, 제9호와 제10호만은 병과를 못 합니다. 그러니까 소년원 처분 이후에라도 보호관찰을 하면 더 큰 효과가 있을 텐데, 이게 불가능한 겁니다. 소년원 송치 기간도 1개월(제8호) 6개월(제9호) 2년(제10호)인데, 왜 1년은 없는지 아쉬울 때가 있습니다. 또 한 가지 사회봉사명령을 받은 소년범들은 성인들과 사회봉사를 같이 이행하게 되는데요. 이게 과연 바람직한 것인지에 대해서도 더 고민해야 합니다."

이 얘길 듣고 나는 현행법에 따라 일선 현장에서 민·형사적 판단을 해야 하는 판사들이 어쩌면 우리 입법체계의 모순이나 부조리를 가장 예민하게 느끼는 존재일 수 있다는 생각이 들었다. 그렇다면 판사들이 가지는 문제의식이 입법에 어떤 모티프로 작용하면 좋을 텐데 삼권분립의 헌법 정신에 따라 그것은 원천적으로 어렵다는 것이다. 빈 부장판사도 판사는 판결로 말할 뿐, 입법이나 법개정 추진은 행정부나 정부부처가 해야 할 일이라고 강조한다. 얼마 전 한동훈 법무장관의 촉법소년 연령 하향 조정 발언 같은 것도 그 같은 맥락에서 나온 것으로 이해하고 있다는 것. 차제에 사법부와 입법부 구성원들이 정례적으로 모여서 법을 연구하는 스터디 같은 게 이뤄지면 어떨까 싶기도 하다. 그러면 현직 소년부 판사는 촉법소년의 연령 규정에 대해서 어떤 생각을 가지고 있을까.

"소년범죄의 양상을 봤을 때 촉법소년 하향조정은 행정부에서 충분히 입법제안할 수 있고, 법무장관의 발언도 그런 현실을 이해하는 데서 나온 거라고 생각해요. 국민적 합의만 있으면 하향 조정도 할 수 있겠죠. 그런데 그 이전에 충분히 범죄심리학자, 아동심리전문가, 보호관찰관, 일선 판사 등 관련 전문가들의 의견을 충분히 수렴해야 한다고 생각합니다. 개인적으로 저는 촉법소년들이 중한 범죄를 저지르는 걸 많이 보지는 못했어요. 일방적으로 처벌 강화 여론 쪽에 초점을 안 뒀으면 하는 게 개인적인 바람입니다."

법조 바깥에 있는 일반인 시각에서 보면 소년부 재판관은 판관뿐 아니라 교사의 역할도 수행해야 하는 존재로 보인다. 보통 판사는 냉철한 심판을 하는 사람이다. 그런데 그런 기본적인 역할과 교사에게 요구되는 자애와 연민, 용서를 향하는 마음은 서로 부딪칠 수 있다고도 보이는데 이에 대한 생각을 물었다.

"판사로서 수사 자료를 보면 일단은 어, 이 정도 비행을 했다고? 이러면서 엄중한 처분을 생각하고 재판장에 갑니다. 그런데 또 반성문도 올라오고 울면서 죄를 뉘우치고 그런 모습을 보면 사실 처음 가지고 있던 마음과 충돌하기도 하고 갈등이 많아집니다. 심지어 2주 전엔 이런 경우도 있었습니다. 사회 내에서 보호관찰을 밟고 있는 여자소년이 그 기간 동안 계속 다른 비행을 저질러 아버지가 시설 내 처우를 해달라고 탄원서를 내는 경우도 있었어요. 그런데 또 이 아이가 울면서 다시는 안 그러겠다고, 바뀌겠다고 그러면 결국 교화 가능성과 미래를 보는 쪽입니다."

현재 세종시에서 청주로 출퇴근하면서 고등학교, 중학교, 초등학교에 다니는 세 자녀를 양육하는 가장이기도 한 그는 가끔 아이들에게 엄한 모습을 보이기도 했다는데, 소년범을 대하는 소년부 판사로 일한 이후 그것을 성찰하는 순간이 있었다고 했다. 애들은 어른을 보고 배우는 존재라는 걸 알았다고. 연수원 졸업하면서는 한때 검사를 지망하기도 했지만 군검사 시절 적성에 맞지 않다는 걸 깨달았고, 판사로 임용된 이후엔 외부 간섭 없이 매순간 고독하고 독립적인 판단을 해야 하는 판사라는 직업이 천성에 맞다는 걸 깨달았다고 한다. 철저한 자기 절제와 냉철한 중립을 유지해야 하는 법관으로서 받는 스트레스는 그동안 철인3종경기, 마라톤, 사이클 등으로 해소했다는데, 특히 수영 3.8㎞, 사이클 180㎞, 마라톤 42.195㎞로 이뤄진 철인3종경기 풀코스를 15회 완주했다고.

동양은 물론이고 중세 이후 문명을 선도했던 유럽 사회도 소년을 미개한 존재로 보던 시절이 있었다. 성년의 신체와 의식 수준에 도달하지 못한 소년을 열등한 대상으로 간주하면서 자신들의 체제를 공고히 하기 위해 착취하고 복속시켰던 것. 그것은 로마교회에서, 왕궁에서, 시장에서 일제히 이뤄졌다. 천부인권사상이 어지간히 범용화되기 전까지 이런 양상은 계속됐다. 사정이 이렇다면 현대에 이르러 우리나라를 비롯해 세계 도처에서 일고 있는 소년범죄의 폭발적 증가는 가히 소년들의 역습, 소년들의 반격이라고 봐도 큰 무리는 없을 것이다.

문학적 관점에서 인간의 역사는 성년과 미성년(소년)간 쟁투의 역사처럼 보이기도 한다. 자기 뜻에 따라 소년들을 길들이려는 어른과 거기에 저항하는 소년의 서사는 신화시대 이래 역사 페이지를 충분히 채운다. 이 대결이 흥미로운 것은, 미성년 역시 곧 입장을 바꿔 성년의 처지에서 새로운 미성년을 적으로 맞이한다는 데 있다. 이 절대적이고 불가역적인 순환은 무엇을 말하는 것일까. 성년과 미성년은 공존을 요구하고 있는 건 아닌지.

마법도 법이라면, 여기 그 공존에 필요한 마법을 궁구하는, 소년의 표정과 눈동자를 가진 믿음직스러운 법관이 있다.

「법률신문 2022년 7월 18일자 게재」

문제 소년의 주관적 인상 최대한 배제
기록이나 보고서 꼼꼼하게 많이 보고
성장과정 등 비행에 이른 맥락도 살펴
어떤 처분을 해야 효과적일지 고민

아이들은 어른을 보고 배우는 존재
소년부 판사는 교사의 역할도 수행
'촉법소년 하향' 충분한 의견 수렴을…
스트레스는 마라톤·사이클로 풀어

30

길은 이미 내 안에 나 있어… 가시적 성과에 연연 안 해

김예원

장애인권법센터 변호사

김예원 변호사를 만나기로 하고 그에 대한 리서치를 하면서 내게 화두처럼 떠오른 건 '인간이 내는 길'이라는 레토릭이었다. 인간은 어떻게 자기의 길을 만드는가. 한 사람의 운명을 결정짓는 숱한 모티프에 우연과 필연은 어떻게 개입하는가. 그 과정에서의 충격과 내성의 작동 방식, 감성과 지적 분별력 등이 어디서 어떻게 만들어지는지를 확인하면 그가 이뤄낸 각별한 일들의 본질적 의미가 자연스레 드러나지 않을까 싶었다. 그것을 추정하고 검증하는 일은 아마도 중세 학자들이 시도했던 금석학만큼이나 막연하면서도 지난한 일일 테지만 말이다.

김예원 변호사는 2009년 제51회 사법시험에 합격했다.
2012년 법무법인 태평양의 공익재단법인 동천,
2014년 서울시 장애인인권센터에서 변호사로 근무했다. 2017년 장애인권법센터를 꾸렸다.
이후 2018년 법무부 장애인차별시정심의위원회 위원, 2019년 서울시 인권위원회 부위원장,
2020년 대검찰청 검찰인권위원회 위원 등을 지냈다.
2021년부터 문화체육관광부 문화다양성위원회 위원 등을 맡고 있다.

김예원 변호사의 인상은 단아하면서도 삶과 세계에 대한 호기심을 가득 머금고 있는 것이었다. 깊은 강만이 보여주는 윤슬처럼 표정에서 빛이 넘쳤다. 2017년에 개소한 이래 6년째 장애인권법센터를 이끌고 있는 강단이 슬쩍 보인 듯도 싶었다. 내가 단도직입적으로 물었다. 고군분투라는 말이 과하지 않을 정도로 장애인 피해자의 권익을 위한 일에 진력을 하고 있는데 그동안 어떤 변화와 성과들이 있었는지를. 그러자 돌

아온 대답은 가시적인 성과에 신경을 쓰지 않는다는 것이었다. 제도적 개선이나 사람들의 인식변화를 상정하거나 그걸 기대하면서 일을 하는 게 아니라 비유하자면 오리배를 탄 이들이 발을 재재 굴리듯이 그렇게 꾸준히 나아갈 뿐이라는 것이다. 그러면서 덧붙이는 말이 이랬다.

"제가 맡은 사건들이 사회적 이슈가 되는 경우가 다른 이들이 생각하는 것보다 드물어요. 제가 피해자 보호를 위해 사건에 대해 구체적으로 말을 하는 경우가 거의 없기 때문이에요. 로펌 같은 데서 맡는 사건들은 언론에 나오고 쉽게 이슈가 되기도 하지만요. 저는 관계부처 공직자들을 만나도 사건의 핵심을 추상화해서 설명하곤 했어요."

이 말은 자신의 이름이 지워지는 것에도 무심하다는 것인데, 그가 공명심에 이끌려 개인적인 의도를 가지고 장애인 피해자 보호 및 지원을 해온 게 아니라는 것이 분명해지는 대목이다. 인플루언서가 대세인 시대다. 유명의 정도, 그러니까 인지도가 곧 그 사람의 사회적 지위와 가치를 결정한다. 그런 시대에 어떻게 이런 태도가 가능한 걸까. 이 의문은 자연스레 인간의 선의라는 게 어떤 경로를 통해 만들어지는 것인지에 대한 궁금증으로 나아갔다.

알려졌다시피 김예원 변호사는 태어나면서부터 한쪽 눈에 장애가 있다. 그리고 그것이 장애인의 설움과 불편함에 대해 남들보다 각별하고 애틋하게 생각하게 된 직접적인 계기가 되었다. 그러면서 그는 자신의 감수성 형성에 강원도 춘천이라는 고향 마을의 정취와 주변 사람들, 그곳에서의 성장 경험이 영향을 미쳤을 거라고 말한다.

"시골에서 나고 자라다보니 사회에서 비주류에 속하는 이들, 사회로부터 환대를 받지 못하는 존재들, 지극히 평범한데 사는 것이 힘든 사람들과 어울리게 되고 그들의 공동체를 경험하게 되면서 그들의 애환이 자연스럽게 보였던 것 같아요. 제가 지금 이타적인 삶을 살고 있다고 말하는 게 아니구요. 제 경험이 남들보다 그들을 더 가깝게 느끼게 했다는 거예요."

그런데 그것만으로는 설명이 되지 않는다. 장애가 있거나 지방 시골 출신이라고 해서 모두 다 이타적인 성정을 갖게 되는 것은 아니니까. 오히려 콤플렉스를 갖고 더 출세지향적이 되거나 그악스레 권력을 좇는 경우도 많다. 이에 대한 부연 설명은 이랬다.

"제가 장애인 피해자의 인권 보호 같은 공익 활동에 관심을 갖고 힘쓰게 된 건 특별한 계기에 의한 것이라기보다는 주변에 항상 좋은 사람들이 있었기 때문인 것 같아요. 저도 인간이기 때문에 편하게 살고 싶은 마음이 없진 않은데요. 학창시절부터 사법연수원 시절까지, 제가 존경할 만한 사람들을 보려고 노력했어요. 이를테면 교회공동체라든가 학회

라든가 공익법률기금 활동이라든가 좋은 사람들과 교류하기 위해 애를 썼어요. 그리고 저도 그들에게 좋은 사람이기 위해 애를 썼구요."

김예원 변호사의 말에서 악의는 사람에게 쾌락을 전파하면서 종국에는 추락을 안겨주지만 선한 의지는 아름다움을 감염시키면서 자기 긍정을 공유하게 한다는 걸 확인하게 된다. 하지만 여기서 인터뷰어의 의문이 다 풀린 것은 아니다. 로스쿨 제도 도입 후 변호사들이 사법시험 시절보다 대량으로 양산되었고 소비자들이 법률서비스를 받는 절차는 수월해졌지만 대신 변호사의 사회적 위상은 전보다 떨어졌고 변호사들의 질적 격차도 전과 달리 벌어졌다는 게 중론이다. 변호사가 소신을 갖고 공익활동에 나서기가 더 어려워진 환경인 것만은 분명하다. 그런데 10년째 수임료도 없는 장애인 피해자 지원을 하는 게 어떻게 가능할까. 좋은 변호사라면 응당 변호사이기 이전에 좋은 사람일 텐데, 그것에 요구되는 사회적 감수성이나 교양은 어떻게 키운 것일까.

"저는 다행히도 제가 하는 일 속에서 끊임없이 배워요. 제 직업 자체가 정치적으로 올바른 것이 무엇인지를 계속 고민하게 하는 직업이니까요. 사실 좀 직설적으로 말하면 비즈니스로서의 변호사 업은 예전보다 무척 어려워진 게 사실이에요 하지만 제가 하는 일에 대해서 저 스스로 느끼는 자족감이라는 게 있어요. 그 자족감이 주는 기쁨이 다른 모든 유혹을 넘어설 만큼 크죠."

최근 출근길 시위로 이슈가 된 전국장애인차별철폐연대(전장연) 시위에 대해서도 물었다. 이에 대해 김예원 변호사는 가청력이 높은 특유의 또렷한 발음으로 단호한 답을 내놨다.

"전장연은 우리 사회에 특별하거나 무리한 요구를 하는 게 아니거든요. 정치인들이나 제도권이 하기로 한 약속을 지키라는 것뿐이에요. 약속을 지키라는 요구가 왜 비난을 받아야 하나요. 그런데 공당, 특히 여당 대표라는 사람이 자신이 할 일을 하면 되는데, 그건 하지 않으면서 오히려 비난을 전장연 사람들에게 돌리고 있어요."

장애인권법센터 일에다 어린이집, 유치원, 초등학교에 다니는 세 자녀를 돌보느라 늘 시간을 쪼개 쓰고 있는 김예원 변호사는 다음 달 새로운 경험에 나선다. 현직 판사로 재직 중인 남편의 법관연수에 동행하기 위해 세 자녀와 함께 미국행에 오르는 것. 차제에 그는 연구자의 길을 선택했는데, 듀크대에서 비지팅 스칼라십 비자를 받아 피해자지원이 어떻게 미국 형사법 체계에서 이뤄지고 있는지를 집중적으로 연구할 계획이라고 한다. 미국에서 돌아온 이후 혹시 공직 제안이 들어오면 응할 생각이 있느냐고 물었더니, 자신은 더 배워야 한다면서도 기회가 오면 수용할 수도 있는 여지를 남겨두었다.

마지막으로 공익 활동에 나서는 후배 변호사들에게 들려줄 조언을 요청했더니 이런 말을 돌려준다.

“공익 활동이 예전보다 다변화되어 있거든요. 동물복지, 환경, 이주민 문제 등등으로요. 그렇다면 각자가 살아온 경험과 관련해서 관심이 가는 게 있을 거예요. 관심을 갖는 것, 들여다보는 것, 그리고 참여해보는 것에서부터 시작하라고 말하고 싶어요. 그런 관심이 분연히 떨치고 일어나는 의지보다 훨씬 삶을 좋은 방향으로 이끌거든요.”

아, 그렇구나. ‘인간이 내는 길’은 이미 그 사람 안에 초입이 나 있는 것! 좋은 태도가 좋은 삶을 결정한다는 것. 김예원 변호사가 새삼스레 우리에게 알려준 새롭고 오래된 금언일 테다. 김 변호사는 동종업계 종사자들이 다 보는 매체라서 <법률신문> 인터뷰가 타 매체보다 더 신경이 쓰인다고 전했다.

(김예원 변호사는 2025년 7월 9일 국회 법사위 공청회에 출석해 이재명 정부의 검찰개혁 방향에 대한 반대 의견을 소신을 가지고 개진해 눈길을 끌었다.)

「법률신문 2022년 6월 20일자 게재」